本书系教育部人文社会科学研究青年基金项目
"现代化生态下西部乡土文化传播体系的构建与创新"成果
（项目编号：15YJC860009）

本书受西北大学新闻传播学院
"凝视与探索新闻传播学丛书"项目资助

西部现代化进程中的乡土文化传播研究

以通渭小曲为例

姜鹏◎著

中国社会科学出版社

图书在版编目（CIP）数据

西部现代化进程中的乡土文化传播研究：以通渭小曲为例/姜鹏著．—北京：中国社会科学出版社，2016.12

ISBN 978 - 7 - 5161 - 9529 - 1

Ⅰ.①西…　Ⅱ.①姜…　Ⅲ.①乡村—地方文化—文化传播—研究—通渭县
Ⅳ.①G127.424

中国版本图书馆 CIP 数据核字（2016）第 325572 号

出 版 人	赵剑英	
责任编辑	张　潜	
责任校对	季　静	
责任印制	王　超	

出　　版	中国社会科学出版社	
社　　址	北京鼓楼西大街甲 158 号	
邮　　编	100720	
网　　址	http://www.csspw.cn	
发 行 部	010 - 84083685	
门 市 部	010 - 84029450	
经　　销	新华书店及其他书店	

印　　刷	北京明恒达印务有限公司	
装　　订	廊坊市广阳区广增装订厂	
版　　次	2016 年 12 月第 1 版	
印　　次	2016 年 12 月第 1 次印刷	

开　　本	710×1000　1/16	
印　　张	14.75	
插　　页	2	
字　　数	252 千字	
定　　价	56.00 元	

凡购买中国社会科学出版社图书，如有质量问题请与本社营销中心联系调换
电话:010 - 84083683

序

姜鹏的这部专著是在其博士学位论文的基础上修改而成，终于准备出版了，邀请导师作序。基于对他的为学为人的了解和博士论文开题及进展和修改过程中数易其稿的经历，我应允了。

姜鹏来自陇中地区，2010年考进厦门大学新闻传播学院攻读"传播与社会发展"方向的博士学位。由于他的生活、学习、文化、工作背景，他对西北现代化进程中乡土艺术的发展和保护具有一贯的关心和兴趣，读博的学习方向因此令其如鱼得水。他曾在博士论文后记中写道："东南隅，西北角，大地上没有我的足迹，但我已走过。"毕业之时，面对着求职中的多种机会，他选择了回到西北，任教于西北大学。

记得考博面试时，姜鹏用英文表示自己读博的目的之一是拓展知识面。入学以后，他在导师的严格指导下始终践行自己的诺言。他的特长之一是有较强的理论思维，喜欢哲学，善于把握抽象的概念和理论，在宏观上把握问题。但与此同时，他对于实证研究的细节要求，小至一个标点符号，一个着重号，都十分用心，做读书报告时几乎从不出错，不论是大的误差还是技术性差错。偶有一两处，经导师指出，绝不二过。兼备上述两种特质的博士生，其实不多见。同时，平和的性情使其能够以正确的心态对待各种不同的传播理论和社会发展理论的区别，从中梳理出适合自己的思想进路和理论途径。

由于出身书画之乡，或许是难以割舍的故土情结，姜鹏最终将博士论文选题锁定在西北现代化进程中的乡土文化传播。经过与导师反复磋商探讨和开题答辩，他回到故乡，一竿子插到底，在最基层展开田野调查，做系统、详细的观察和访谈，思辨与实证结合，宏观与微观兼顾，拍摄现场照片，一切亲力亲为，取得了许多宝贵的、富有质感的第一手资料。结论和对策性建议均建立在实证研究的基础上。他耐心地听取导师的所有修改意见，连引注的细节也不放过，最终作品十分规范、严谨，得到评委的一致好评。论文的进展过程体现了他一贯的特色：愿意尽心尽力地做好自己分内的事情，甚至是超过老师们所要求的高标准，willing to perform above and beyond duty。

细究起来，凡是受过经院式传播学理论与研究训练的人才，一般在学术上都大同小异，恰似工业流水线上的产品。那么，还有什么因素能将博士与博士区分开来呢？我想，其中的因素之一就是他们对待"人"的态度。现代化，归根到底是人的现代化，人们的一切努力应该是为了令人生更加充实美好，包括物质文化和精神家园。姜鹏的博士论文从选题动因到调查成果及成稿努力，都体现了这种终极关怀。其行文笔调也佐证了这一点。

于是，出于对弟子的持续努力的肯定，遂作此序。相信他会再接再厉，在学术上继续进步。

厦门大学新闻传播学院教授、博士生导师　陈嬿如

2016 年 5 月

目　　录

第 一 章

绪 论

"一个民族不应该只有 GDP，还应该有 DNA。"①

——冯骥才

一 研究缘起与研究意义

著名社会学家费孝通先生将中国描述为"捆绑在土地上的中国"，他说，"从基层上看去，中国社会是乡土性的。靠种地谋生的人才明白泥土的可贵。城里人可以用土气来蔑视乡下人，但是乡下，'土'是他们的命根。在数量上占着最高地位的神，无疑的是'土地'"②。费先生描绘的是20世纪四五十年代中国社会的现实状况，那时的中国是一个超级农业大国，农民占整体人口结构的比例最高，农业不仅是国民经济的基础，也是国民经济的支柱。由于新中国成立后面临的特殊的国内与国际环境，当时的国民经济基本上处于自给自足的状态，整个中国的乡土气息相当浓厚。历经六十多年的风雨变迁，尤其是改革开放政策的实施，中国在政治、经济、文化、社会、国际关系等诸领域都发生了翻天覆地的变化，社会发展速度日新月异，创造了社会现代化进程的"中国神话"。根据中国社会科学院发布的《城市蓝皮书：中国城市发展报告（No.5）》（2012 年版），

---

① 职茵：《"大唐西市论坛"开讲：冯骥才谈及"非遗"保护——不能只有 GDP，还应该有 DNA》，《西安晚报》2008 年 10 月 30 日，第 4 版。

② 费孝通：《乡土中国》，北京出版社 2005 年版，第 1 页。

截至 2011 年，中国的城镇化率已经突破 50% 的临界点，达到 51.27%，城镇人口也首次超过农村人口，达到 6.9 亿人，城市创造的国民产出达到了 90% 左右。[①] 这样看来，现在的中国似乎已经不再是费先生笔下的"捆绑在土地上的中国"了，农业人口比例在减少，农业占国民生产总值与国内生产总值的比例也在逐年下降，自给自足的农村经济根基严重动摇。农业生产环节中所必需的种子、肥料、农药、机械等都需要在城市或城镇的工厂中生产，农业产品的运输与销售更离不开现代交通物流和城市市场。与此同时，城市的工业产品也像洪水般涌入农村的千家万户，电视、电脑和各种电器深深影响和改变着农村人的生活方式和行为观念。城市和农村，就如一对孪生姐妹，随着中国社会的现代化进程，关系变得更为密切。尽管如此，需要指出的是全国仍然有大约 300 万个村社，它们依旧是我国稳定持续发展的关键因素。伴随着城镇化的深入，大量的农村人口流入城市，成为城市的缔造者。除了一小部分进城务工人员转变为城市人外，更多的人则过上了城乡"两栖"生活。从这个状况来说，中国的城市化与现代化从一开始就打上了乡土的烙印，乡土某种程度上仍然是中国城市或城镇的底色。因此，中国发展过程中的很多问题都需要从乡土社会中探究根源和寻找答案，而其中的乡土文化问题就是一个非常重要的议题。

文化是社会发展的巨大助推剂，为现代生产力的发展提供思想导引和智力支持。钱穆先生从源头上将文化分为三类：游牧文化、农耕文化和商业文化。显然，中国文化是非常典型的农耕文化，其主流价值观涉及天命观念、家族本位、礼俗伦理、中庸之道等，这跟西方以商业为显著特征的文化截然不同。文化产生的根源和成长土壤的不同决定了不同文化不能按照统一的模式发展。因此，对于中国而言，只有适应国情的文化模式才能更好地促进中国社会现代化，而乡土文化作为中国文化模式的显著代表，其重要意义不言自明。

改革开放后，中国社会发生了翻天覆地的变化，无论是农村还是城市都朝着现代化的方向迈进。在社会大变迁的过程中，城市化或城镇化进程

---

① 潘家华、魏后凯：《城市蓝皮书：中国城市发展报告 NO.5——迈向城市时代的绿色繁荣》，社会科学文献出版社 2012 年版。

加快，西方文化与城市文化不断地挤压、侵蚀着乡土文化的生存空间。在现代化洪流的裹挟下，中国乡村也逐渐具有了诸如个人主义、理性化、非感情化等西方发达社会所具有的现代性特征，人们的精神生活方式越来越趋同于城市，乡土文化有一种被边缘化的趋势。我们暂且不对这种变化作任何价值判断，但我们需要注意的是，作为中国文化之"根"的"乡土"的变迁，已经影响到了中国文化之"本"的生存。这对于中华民族树立共同文化意识，形成对国家、对民族文化，乃至自我认同都不是好消息。乡村建设运动的先驱梁漱溟先生毕其一生都在思考中国问题，即"中国向何处去"这一问题。他最终选择了改造与建设一个"新乡村"来实现中华文明的伟大复兴。"今后除非中国民族更无前途，即也没什么自救运动再发动起来；如其有之，新运动之趋向，将不能不从'民族自觉'出发。""民族自觉的头一步，便是觉悟到乡村，从这一步，就可以觉悟到一切，觉悟到我们原来的社会构造的特殊，觉悟到我们不能不自有我们的前途。"① 乡土文化是民族文化的根基，是中华民族区别于其他任何民族的基本文化标志。因此，研究乡土文化对保持民族及民族文化的独立性具有决定意义，这就是论文选题的第一大缘由。

伴随着现代化的脚步，城市文化逐渐渗透到乡村的角角落落，乡村文化生活逐渐"类城市化"。我们可能想当然地以为乡村文化生活将更加丰富，更加多彩，然而，现实的状况将我们的美好想象击得粉碎。在现在的乡村，不仅我们童年记忆里的一些乡土文化生活，比如庙会、皮影戏、社火表演、踩高跷、地方戏曲等鲜有踪影，而且更为糟糕的是，由于青少年对民族文化没有深切的参与和体会，所以对民族历史、民族文化认知肤浅，并且深受西方外来文化的影响，直接导致了中国"文化安全"受到威胁与挑战。同时，越来越多的农村人在闲暇时间选择了聚众赌博、群体喝酒、闲聊闲逛等不健康的方式打发时间，乡村文化生活已经变得极为单调、枯燥和乏味，乡土文化前景着实堪忧。

乡村"类城市化"的发展，不仅使得乡土文化的根基受到极大的破坏和影响，而且让人们的生活具有了一定的"工具理性"色彩。"工具理

---

① 梁漱溟：《梁漱溟全集：第二卷》，中国文化书院学术委员会编，山东人民出版社 2005年版，第 486 页。

性"是法兰克福学派提出的一个重要概念，其最直接、最重要的思想渊源是德国社会学家马克斯·韦伯在其代表作《新教伦理与资本主义精神》中所提出的"合理性"（rationality）概念。马克斯·韦伯认为，现代资本主义精神是由理性主义主导的，在这个社会里，"人们被赚钱、赢利所支配，将其视为人生的最终目的，经济赢利不再属于人类满足物质需要的手段"①。这种生活状态完全超越了前资本主义社会的人的想象，"每个人都将聚敛财富当做生活工作的唯一目的，就是背着钱财和物质负累潜入坟墓，这只能理解为某种反常本能——拜金欲——的产物"。② 在韦伯看来，现代性就是一朵带刺的玫瑰，现代社会就是工具理性不断扩张与宗教脱魅的过程。现代社会的人拥有理性，却没有了价值追求，只懂享受，漠视情感，彻底沦落为生活的奴隶，是"无灵魂的专家"和"无心的享乐人"。于是乎，手段成为目的，成为套在人们身上的桎梏和枷锁。这就是现代社会所具有的"工具理性"色彩。继马克斯·韦伯之后，卢卡契、霍克海默、阿多诺、马尔库塞和哈贝马斯等都对工具理性有过论述，批判其导致的人的"异化"和"物化"现象。工具理性在法兰克福学派的视野中成了西方现代社会的痼疾，是"科学"与"理性"主导的现代社会的"阿喀琉斯之踵"。

以儒家文化为代表的中国文化秉持人文精神，强调"天人合一、以人为本、刚健有为、贵和尚中"，这完全不同于西方具有强烈工具理性色彩的现代文化，是一种以家庭伦理、礼俗礼制为本位的文化。随着中国市场经济秩序的初步建立，商业经济的快速发展，唯利是图的商品拜物教思想是否也毒害和侵蚀着中国人的思想与生活呢？如果答案是肯定的，那么，把乡土文化作为研究对象，提升保护意识，对抗现代化所带来的负面影响，营造共同的精神家园就有着巨大的文化意义，这是论文选题的第二大缘由。况且，文化现代化是社会整体现代化的重要组成部分，研究现代化背景下的乡土文化，促进乡土文化的创新与发展，也是实现新乡村建设与文化现代化的一个重要环节。

---

① ［德］马克斯·韦伯：《新教伦理与资本主义精神》，中国社会科学出版社2009年版，第32页。

② 同上书，第45页。

众所周知，传统乡土文化主要倚重"代际传播"方式进行流传与保存，其叙事方式偏重于音义结合的口语媒介，具有显著的地方性、民间性和草根性特征。随着乡村"类都市化"的发展和以城市取向为核心的外来文化的传播与冲击，乡土文化的处境尴尬，危机四伏。危机首先表现在乡土文化的传播与流传方式发生了变化，其生态环境与传播秩序面临土崩瓦解的危险，以金钱和利益为核心的拜物教文化有替代"代际传播"的乡土文化的趋向。因此，无论是探究现代化背景下乡土文化的变迁，还是要有效地保护乡土文化，传播这一维度至关重要，这是我选择传播作为研究关键词的一个重要缘由。

另外，媒体技术的快速发展让人类进入了全媒体时代，以因特网为代表的"新媒介"使得媒介话语权多元化。尼尔·波兹曼认为，媒体具有强大的"定义现实世界"的力量，这种力量具有隐蔽性。他认为媒体本身的形式非常重要，这是因为不同的媒体对于内容的偏好有所不同，比如报纸偏好文字，而电视更偏好图像，不同的媒介偏好就会影响和塑造出不同的文化。这就是尼尔·波兹曼"媒介即隐喻"论点的主要内涵。① 媒介技术的快速发展极大地改变了人们的认知和交流方式，使得人类社会实现了从印刷时代向全媒体时代的转变。大众媒介不仅改变了人们的信息接收方式和生活方式，延伸了人的官能，也笼罩并影响着乡土文化的审美空间与想象。乡土原生态文化中"人界—物界—神界"的对话交流方式及其根基开始松动瓦解。在审美空间的断层上，大众传媒强有力地介入，塑造了一种全新的审美空间，营造出现代化背景下的乡土文化"媒介景观"。伴随这一过程，原汁原味的乡土文化被以各种方式解构、建构和延伸，其生存和传播方式发生了多种变化，这一现象也值得我们仔细钻研探究。所以，现代媒介环境下如何更好地保护、传播与传承乡土文化，是中国传播学界需要深入探讨的一个具有较大实践意义与理论价值的问题，这是论文选题的第三大缘由。

我国西部地区幅员辽阔，土地面积约为685万平方公里，约占我国土

---

① ［美］尼尔·波兹曼：《娱乐至死》，章艳译，广西师范大学出版社2004年版。

地总面积的71%，而西部人口也占到了全国总人口的27.04%，① 可以说，如果没有西部现代化就没有中国的现代化，没有西部文化的现代化也就没有整个中国的精神文明。

因为发展相对滞后的原因，西部地区受到现代化浪潮的冲击较东部要小，乡村生活的气息浓郁，乡土文化留存的土壤也更为肥沃一些。费孝通先生非常关注西部乡土文化的发展问题，曾先后九次到甘肃兰州进行考察，当谈及乡土文化的重要性时他说："经济的发展只能解决我们生存的基本问题，但如何才能生存得更好，更有价值，使自我价值的发挥得到更宽阔的拓展，并从中发展出一种新的人文精神，是需要在原有的人文资源的基础上，用文化和艺术的再发展来解决的。"② 文化对人具有熏陶、陶冶与教育的功能。乡土文化作为乡土社会的人存在的文化环境，对人的影响巨大。英克尔斯认为，社会的现代化首先是人的现代化，人的现代化表现在人的思想、心理、行为方式、生活方式等方面。③ 因此，加强西部乡土文化及其教育功能的研究，对于促进西部人的现代化，加快西部现代化进程具有重要的社会意义。

最近几年，国家将文化放到了战略高度加以重视，强调要提升国家"软实力"，捍卫"文化安全"，促进中华文化的发展繁荣与复兴。从2010年到2012年，国家陆续出台发布了《中共中央关于制定国民经济和社会发展第十二个五年规划的建议》《中华人民共和国国民经济和社会发展第十二个五年规划纲要》《中共中央关于深化文化体制改革、推动社会主义文化大发展大繁荣若干重大问题的决定》《国家"十二五"时期文化改革发展规划纲要》《文化部"十二五"时期文化改革发展规划》等一系列政策文件。这些文件首次以罕见篇幅着力论述了文化产业和文化遗产保护传承问题，提出要构建现代文化产业和公共文化服务体系，使文化产业获得跨越式发展，成为新的经济增长点和国民经济支柱性产业，从而提升国家文化软实力。国家把文化提升到战略高度来重点规划，是文化发展理

---

① 数据来源于时任国家统计局局长马建堂在国新办2011年4月28日新闻发布会上所发布的"2010年第六次全国人口普查主要数据公报（第1号）"。

② 费孝通、方李莉：《关于西部人文资源研究的对话》，《民族艺术》2001年第1期。

③ ［美］阿历克斯·英克尔斯：《人的现代化——心理·思想·态度·行为》，殷陆君编译，四川人民出版社1985年版。

念的一种新突破，这对于西部以及西部文化的发展而言都是好消息。文化是民族的血脉，是人民的精神家园。研究现代化与全媒体背景下的乡土文化及其传播，发掘利用宝贵的民族文化资源，对于推进民族文化产业的发展，传播西部文化，创造有利的发展环境，树立良好的西部区域形象，提升区域软实力，具有较大的发展意义，这也是本选题的第四大缘由。

二 概念、理论与文献回顾

（一）现代化·现代性·发展

迄今为止，学术界对"现代化"的概念看法不一，所以也没有公认的确切定义。但可以确定的是，现代化本身是一个历史性的发展的概念，是社会发展到一定阶段的产物，又是社会发展领域里带有整体性变迁的一种现象、一种形式。C. E. 布莱克认为，它是"传统的制度和价值观念在功能上对现代性的要求不断适应的过程"①。北京大学著名现代化研究专家罗荣渠先生从宏观历史学的角度，把现代化作为一个全球化大转变的过程，从传统农业社会向现代化工业社会转变的大过程，进行整体性研究，提出了自己关于现代化理论的广义和狭义概念："广义而言，现代化作为一个世界性的历史过程，是指人类社会从工业革命以来所经历的一场急剧变革，这一变革以工业化为推动力，导致传统的农业社会向现代工业社会的全球性的大转变过程，它使工业主义渗透到经济、政治、文化、思想各个领域，引起深刻的相应变化；狭义而言，现代化又不是一个自然的社会演变过程，它是落后国家采取高效率的途径（其中包括可利用的传统因素），通过有计划地经济技术改造和学习世界先进，带动广泛的社会改革，以迅速赶上先进工业国和适应现代世界环境的发展过程。"② 具体来说，社会现代化作为一个大系统，是由"经济现代化、政治民主化、城市化、科学技术化、生活方式现代化、社会结构现代化、组织管理现代化

---

① ［美］C. E. 布莱克：《比较现代化》，杨豫、陈祖洲译，上海译文出版社1996年版，第18页。

② 罗荣渠：《现代化新论（增订版）》，商务印书馆2004年版，第17页。

和人的现代化组成"①。现代化既可以指人类社会的发展过程，也可以指人类社会的发展目标。过程意味着从"传统社会"向"现代社会"的转变，目标意味着人类社会对"现代性"的追寻和趋向。所谓现代化理论，也并不是一种理论，而是有关现代化问题的各种不同学派的理论的统称。何传启将世界现代化的历程分为两个阶段：第一次现代化以工业经济为特征，是指从农业社会向工业社会的转变过程；第二次现代化以知识经济为特征，是指从工业社会向知识社会的转变。他认为，第二次现代化不是现代化的终结，未来还会有新形式的现代化。当前，发展中国家正在主要完成第一次现代化，而发达国家正在进行第二次现代化。他提出，有些国家，比如中国，正在同时进行第一次和第二次现代化，是一种"综合现代化"模式。②

"现代人的社会和社会的人的时代性质或属性，可以称之为现代性（modernity）。"③ 它是现代社会在政治、经济、文化、思想观念、生活方式等方面所表现出来的不同于传统社会的各种属性之和，是相对于"传统性"而提出来的。因为它是对特征属性的描述，所以具有静态性的特点，而现代化一词侧重对发展过程的描述，因而更具有动态性特征。学者们对"现代化"的概念众说纷纭，也就导致了对"现代性"定义的莫衷一是。关于现代性与现代化的已有研究成果可谓汗牛充栋，孔德、斯宾塞、滕尼斯、迪尔凯姆、齐美尔、帕森斯、列维、勒纳、丹尼尔·贝尔、英克尔斯、麦克勒兰德、布莱克、艾森斯塔特、马克斯·韦伯、吉登斯、哈贝马斯、马尔库塞、福柯、塞缪尔·亨廷顿、阿普特、贝克、胡伯、弗兰克、沃勒斯坦等都有各自与众不同的见解，限于篇幅，这里就不再展开综述。

发展与现代化的概念，既有联系，又有区别。从概念的内涵来讲，发展要大于现代化。现代化具有阶段性，有起点，也有终点。发展则是绝对的、线性的，是一种由欠发达状态向发达状态持续不断趋近的过程，是一

---

① 段若鹏、钟声等：《中国现代化进程中的阶层结构变动研究》，人民出版社2002年版，第10页。

② 何传启：《第二次现代化》，高等教育出版社1999年版。

③ 路日亮：《现代化理论与中国现代化》，宁夏人民出版社2007年版，第15页。

种状态描述，没有起点与终点。发展概念的这种特点造就了一种发达与不发达、先进与落后、富裕与贫穷的等级关系，成为具有普适性的社会变迁态势。目前发展中国家的发展其实就是实现现代化的过程；发达国家也有发展问题，何传启教授称为"第二次现代化"。

"发展研究"（development studies）涉及新闻学、传播学、政治学、经济学、文化学、社会学等多个学科领域，属于边缘交叉学科范畴，其议题围绕发展中国家如何实现现代化这一问题展开，主要目的是探索第三世界国家现代性的成长和社会发展道路问题。信息传播领域是发展研究的"富矿"，它为社会发展提供了许多可资借鉴的经验和研究成果。目前，信息传播领域有关发展、现代化和现代性的研究已经硕果累累，下面就做一简要回顾。

（二）社会发展中的传播及其角色

第二次世界大战后，全球民族解放运动风起云涌，资本主义殖民体系分崩离析，大量的新兴民族国家在非洲、亚洲、中东和加勒比海地区如雨后春笋般建立。但这些新兴国家无论在政治治理，还是经济发展方面毫无经验可谈，它们甚至没有基本的医疗卫生设施，国民教育一片空白，衣食温饱都是大问题。与此同时，西方发达资本主义国家又急于开拓海外商品倾销市场，他们把目光自然而然地投向了这些新兴的民族国家。但让西方资本家失望的是，极度落后的状态使得这些新独立的国家无力消费他们的商品，他们的美梦化为泡影也就成了必然。此外，战后美苏争霸，冷战格局形成，美苏双方都想极力扩大自身影响力，拓展自己在全球的势力范围。在这样的国际大背景下，一系列的发展援助计划也就应运而生，而西方学者也开始把"发展"作为关键词，研究"不发达"问题，一系列相关研究成果破土而出。

人类对于发展概念的认识经历了很多阶段，走过了一段很长的历史时期。从最早的"发展＝经济增长"，到"增长与公平发展观"，再到"人本全面发展观"，最后到"可持续发展观"，简约地勾勒出人类对社会文明发展认识的渐进轨迹与图景。历史经验告诉我们，单一强调经济增长，而忽视社会发展的其他方面，会导致发展的不平衡与畸形，产生一系列不良后果。于是，人们开始重新定义发展与现代化，逐渐认识到文化现代化、人的现代化等非"硬性"发展维度的重要性。1981 年联合国通过"经济和社会平衡发展"的决议，在题为《联合国发展十年：行动的目标》的文件中提出："不发达国家的问题并不仅仅是增长，而是发展。发展就是增长加变革；变革既可以是社会的、文化的，也可以是经济的；既可以是性质上的，也可以是数量上的。"① 从此，全面发展的理念逐渐受到越来越多的国家的认可，文化的发展被正式着重地提出，"国家身份"问题也越来越引起民族国家的重视。

与此同时，第二次世界大战后媒介技术迅猛发展，以广播、电视为代表的电子媒介以其技术优势征服了全世界的人们，并对人类社会形成了深远的影响。这就产生了一个很有价值的问题：怎样利用大众传媒促进国家与社会发展更好地发展？对于这一问题的追问与探索最终导致了发展传播学的诞生。如果二战后的民族解放与发展运动是发展传播学诞生的国际背景的话，那么，媒介的发展就是其诞生的技术背景。

前文提到，发展中国家的发展其实就是实现现代化的过程。因此，信息传播领域的发展研究某种程度上是建立在现代化理论基础之上的，而其中心话题就是：媒介在实现国家和社会现代化过程中的角色与作为。围绕这一中心议题，一大批经典研究成果相继问世，主要的一些著作包括：勒纳的《传统社会的消逝》（Lerner，1958）、劳的《传播与发展》（Rao，1960）、派伊的《传播与政治发展》（Pye，1963）、施拉姆的《大众媒介与国家发展》（Schramm，1964）、佩罗的《大众传播与国家发展》（Berlo，1968）、罗杰斯的《创新扩散》（Rogers，1962）和《农民的现代化》（Rogers，1969）、马杰德·泰拉尼安的《传播与发展》（M. Tahranian，1994），等等。下面就其中的一些代表人物、代表性理论观点做一简要综述。

1. 媒介功能说

西方对于媒介功能的研究由来已久，但由于研究角度各异，研究方法不同，理论取向分歧，关于媒介功能的学说也就纷繁杂呈。整体来看，媒介功能的研究主要集中在文化学、社会学和传播学领域。这里主要对传播学视阈中的媒介功能做一梳理与说明。

---

① 王义祥：《发展社会学》，华东师范大学出版社 1995 年版，第 16 页。

美国学者库利从现代媒介的特征（可表达性、快速性、扩散性、记录的长久性）出发探讨了其社会文化功能，提出了"自我发展理论"。库利提出了"镜中我"的概念，他确信，现代传媒的特性使得它可以通过改造现代生活的心理，促进自我人性力量的增长，从而为开创更人道、更道德的社会创造条件。"库利是第一个为解释传播媒介如何改变行为和文化做出了成功尝试的人。"①

帕克是另一位较早对现代传媒功能进行研究的学者，其观点较为零散，但却不乏真知灼见。他将报纸作为主要研究对象，着重研究了大众传媒的社会控制与社会融合功能。帕克认为，新闻媒介，比如报纸，具有一种"控制集体注意力"的机制，是新闻的采集者和诠释者，而新闻是舆论形成的关键。报纸的主要功能在于其在城市生活中所扮演的角色。报纸是城市社区功能的某种发展，它一定程度上替代了原先由人际传播来完成的一些任务。帕克在其唯一专著《侨民报刊及其管理》一书中谈到，美国出版的"外语"报纸在帮助相应语言的移民更好地投入美国社会方面发挥了举足轻重的作用，因此，他极力反对压制与控制这些报纸。他还认为，大众传媒在社会危机时期应协调人民，动员人民，发挥"社会凝聚力"的作用。② 帕克的思想为第二次世界大战期间美国大众传媒进行战争动员，履行战时"社会责任"提供了理论依据。

李普曼在其代表作《舆论学》③中阐述其媒介功能观时，提出了"两个现实"理论。他认为，在大众传播极为发达的现代社会，人们认识世界不是直接通过真实现实，而是通过大众传播媒介经过有选择性地加工后所提示的"象征性现实"来实现，所以在人的"主观现实"与"客观现实"之间存在着一个信息环境。这个信息环境不是对客观现实"镜子式"的反映，而是产生了一定的偏移，李普曼把它称为"拟态环境"。但当人们接收到"拟态环境"中的"间接信息"后，会根据这些信息调整自身行为，对真实环境做出实际反应，这种反应却是"直接的"。"两个现实"

① ［美］丹尼尔·杰·切特罗姆：《传播媒介与美国人的思想——从莫尔斯到麦克卢汉》，曹静生、黄艾禾译，中国广播电视出版社1991年版，第110页。

② ［美］R. E. 帕克等：《城市社会学》，华夏出版社1987年版，第78—95页。

③ 参见［美］李普曼《舆论学》，华夏出版社1989年版。

理论揭示了媒介对人、媒介对社会的作用机制。

最早系统考察大众传媒社会功能的人是美国政治学家拉斯韦尔。1948年，拉斯韦尔发表了《传播在社会中的结构与功能》[①]，提出大众传媒三功能说：环境监测功能、社会协调功能、社会遗产继承功能。20世纪60年代，赖特在《大众传播：功能的探讨》[②] 一文中又增加了传媒的娱乐功能。拉斯韦尔与赖特的媒介功能观为人们认识媒介功能提供了初步框架。拉扎斯菲尔德和默顿提出了大众传媒的反功能，进一步加深了我们对媒介功能的认识。在《大众传播、大众鉴赏力和有组织的社会行动》[③] 一文中他们提出大众传媒具有赋予社会地位、强化社会规范以及麻醉性的反功能。麻醉性的"反功能"是指大众传播泛滥使得社会成员对公共事务漠不关心，只获得信息，却不对信息做出实质性反应，长期处于一种信息超载下的"麻醉"状态。结合前人的研究，传播学大师施拉姆对媒介功能进行了系统总结，并对媒介功能进行了细化。他从政治功能、经济功能和一般社会功能三个方面对大众传媒的社会功能进行了总结。他认为，大众传播媒介具有五个具体的功能：1. 守望者的功能；2. 决策功能；3. 教育和社会化功能；4. 娱乐功能；5. 商业功能。[④] 与前人非常不同的是，施拉姆首次明确提出了大众传媒所具有的能开创商业行为的经济功能。大众传媒不仅能为社会发展提供信息服务，而且其本身也是知识产业的重要组成部分，是社会经济发展不可或缺的要素。

以上学者的媒介观都强调了媒介对于社会的作用与功能，承认媒介对社会系统的协调与平衡作用，其观点一定程度上具有"媒介中心主义"

---

① Harold D. Lasswell, "The Structure and Function of Communication in Society", in Lyman Bryson (ed.) *The Communication of Ideas: A Series of Addresses*, New York: Harper Collins, 1949, pp. 37–51.

② Wright, C. R., "Functional Analysis and Mass Communication", *Public Opinion Quarterly*, Vol. 24, No. 4, 1960.

③ Lazarsfeld & Merton, "Mass Communication, Popular Taste and Organized Social Action", in Lyman Bryson (ed.) *The Communication of Ideas: A Series of Addresses*, New York: HarPer Collins, 1949, pp. 95–118.

④ 参见［美］施拉姆《传播学概论》，北京大学出版社 2007 年版；Schramm, W., *Mass Media and National Development: The Role of Information in the Developing Countries*, Stanford: Stanford University Press, 1964。

的倾向，可以归为结构—功能主义学派。在他们的媒介观中，媒介的影响被放大，似乎成为社会发展的"主宰者"，而社会有成为被动客体的感觉。以英尼斯、麦克卢汉、梅罗维茨、贝尼格、丹·席勒等为代表的媒介技术主义功能学派更是突出强调了媒介的力量，将其看作是人类社会文明进步的动力。

还有学者把传媒看作是社会整合的有力因素，认为媒介的首要功能不是传递信息，而是让民众聚合到某种形式的社群当中，从而获得一种归属感。持上述观点的代表人物有大卫·霍尔姆斯[①]、派伊、詹姆斯·凯瑞等。派伊把大众媒介看作实现民主政治与新兴国家统一的基础。[②] 詹姆斯·凯瑞则打破了传播的"传递观"，提出了"仪式观"。"如果说，传递观中传播一词的原型是出于控制的目的而在地域范围拓展讯息；那么在仪式观中传播一词的原型则是一种以团体或共同的身份把人们吸引到一起的神圣典礼。"[③]

与此同时，以霍克海默、阿多诺、弗洛姆、马尔库塞、哈贝马斯等为代表的法兰克福学派则就大众传媒的功能提出了质疑，对其负面效应提出了批判，认为媒介需维护人的尊严与平等，而不是导致人的"异化"和"奴役"。以葛兰西、斯图亚特·霍尔、福柯、约翰·费斯克为代表的文化研究学派则主要采用质性研究方法开展媒介功能研究，强调受众的主体性地位，认为媒介是意识形态博弈的场所。

作为社会主义国家，中国大陆新闻学界与业界对媒介功能的认识最早受到了马克思、列宁无产阶级新闻思想的强烈影响，"党报功能观"长期成为中国新闻界的主导思想。在党报思想的指引下，我国将新闻事业当作无产阶级革命事业的重要组成部分，充当着党和人民的"耳目喉舌"。改革开放后，中国经济社会快速发展，目前已处于全面转型阶段，新闻界也正经历着全面改革。伴随这一历史过程，我国的"媒介功能观"逐渐多

---

① 大卫·霍尔姆斯的社会整合观点在其著作《传播理论：媒介、技术和社会》中有详细论述。

② Pye. L. W., *Communications and Political Development*, Princeton：Princeton University Press, 1963.

③ ［美］詹姆斯·W. 凯瑞：《作为文化的传播》，丁未译，华夏出版社 2005 年版，第 7 页。

元化，打破了以往单一的"喉舌论"媒介观，开始向最本真的媒介功能（如传递信息、反映舆论、监督社会等）转向。国内一些学者也对中国社会的媒介功能从不同角度进行了深入探讨。申凡在《传播媒介与社会发展：媒介功能理论研究》[①] 一书中认为，传播媒介本身是社会系统的一部分，对社会发展具有推动作用，是社会及其结构发展变迁的动力之一。张国良在《新闻媒介与社会》[②] 一书中从社会学理论、媒介组织等多个维度探讨了大众传媒的功能，包括负效应。邵培仁在《传播学》[③] 一书中从个人、组织、社会三个层面归纳、探讨媒介功能。李良荣在《新闻学导论》[④] 中将新闻媒介的一般功能概括为五点：沟通信息，提供情况；进行宣传，整合社会；实施舆论监督；传播知识，提供娱乐；作为企业，赢得利润。随着中国社会的全面转型发展，以及媒介化社会的逐步形成，传媒除了具备一些基础性功能，也显示出一些特殊功能。陈嬿如在《转型时期中国传媒社会功能界定》[⑤] 一文中认为，中国正处于社会转型期，在这一特殊时期大众传媒的角色需要慎重、准确界定。唯有如此，大众传媒才能更好、更健康地促进社会协调发展。她结合中国大众传媒的表现和中国的社会现实，提出转型期中国大众传媒的角色应界定为"启蒙、激励、教育和娱乐"。她认为，转型期的大众传媒要给人们一种归属感，培养民族自尊心、自信心、自豪感和爱国主义情操，激励人们奋发向上。许海认为，提高和积累人力资本是媒介在社会转型期的重要功能，也是媒介社会责任的体现。传媒需承担起促进社会顺利转型的历史重任。[⑥] 可以看出，随着社会与传媒的发展变迁，我国学者的媒介功能观也随之得到拓展，逐渐走向客观与成熟，开始向媒介的本真功能趋近。

2. 勒纳："移情性格"说

1950 年，美国哥伦比亚大学应用社会学研究所对中东地区七个国家

---

① 申凡等：《传播媒介与社会发展：媒介功能理论研究》，人民出版社 2009 年版。

② 张国良：《新闻媒介与社会》，上海人民出版社 2001 年版。

③ 邵培仁：《传播学》，高等教育出版社 2000 年版。

④ 李良荣：《新闻学导论》，高等教育出版社 1999 年版，第 101—103 页。

⑤ 陈嬿如：《转型时期中国传媒社会功能界定》，载郑保卫《冲突·融合：新闻传播与社会发展》，新华出版社 2006 年版，第 145—157 页。

⑥ 许海：《"资本积累"与转型社会中的媒介功能》，《江淮论坛》2011 年第 1 期。

约 1600 人进行了问卷调查，研究中东地区社会现代化的转变，重点探讨了这一过程中人的价值观念与行为模式的变化。此后，学者勒纳（Daniel Lerner）结合自己所做的一些后续跟踪调查与访谈，写就了《传统社会的消逝》一书，成为经典现代化理论著作中的代表作之一。该书对媒介促进社会现代化转型的功能做了比较系统合理的建构，初步探讨了居民媒介接触与国家发展之间的关系。

勒纳在《传统社会的消逝》[①] 一书中认为，一定的传播形态与一定的社会发展水平相对应。他将社会发展分为传统社会、转型社会、现代社会三个阶段，认为随着社会的发展，"传统人"需要根据社会的需求改变和调整自己，以适应新环境，"传统人"向"现代人"的转变成为必然趋势。这样的转变涉及诸多方面，包括世界观、价值观和行为策略等，而"移情"能力是一个"现代人"需要具备的重要技能。这个技能决定了一个人应对机会和创造机会的能力，如果没有这个能力就无法抓住或创造机会。他将现代性人格定义为一种"移情性格"，即考察世事不限于个人狭隘经验，能设身处地从他者角度出发。他认为，大众媒介通过信息传播不仅能够使人突破历史、地理和个人等因素的限制，刺激"移情性格"的产生，成为具有角色转换能力的现代化新人，同时还能引发人们对现代社会的想象与向往，促进建设现代社会的行为，将这种人格传播至全社会，即在国民中普及此种人格，故称为现代人格的"奇妙的放大器"。在勒纳的模式中，移情能力既可被看作是现代化的结果，也可以看作是现代化发展的动因。它是连接大众媒介、个人信息处理能力和其他社会因素的"中介"（mediator）。他认为，个体的移情能力越强，他就越能从大众媒介那里获得有关现代化的信息；移情能力越强的人就越能快速地在单位媒介接触中实现向现代化的趋向。但事实上，大众传媒如果引发了人们过高的社会期望，而社会发展水平却不能及时满足人们的期望，社会"沮丧"就不可避免。因此，根据具体发展状况适当、合理地引导民众"移情"非常重要，否则就会产生与发展相左的结果。

除了"移情性格"说，勒纳还认为，现代化的媒介体系是现代社会

---

① Lerner, D. , *The Passing of Traditional Society*: *Modernizing the Middle East*, Glencoe, Ill. : Free Press, 1958.

应该具备的重要组成部分，它具有一种"清障"作用——它既能简化人们的认知，又可以鼓舞士气，还能消除人民的消极情绪与挫败感。因此，国家可以利用大众媒介来消除社会发展与现代化过程中的障碍。

3. 施拉姆：社会发展的"温度调控器"与"臂膀说"

1964 年，受联合国教科文组织之邀，任斯坦福大学传播研究所主任的施拉姆写就并发表了《大众传播媒介与社会发展》①（又译作《大众传播媒介与国家发展》）一书。书中详细阐述了大众传播与社会发展的关系问题，着重分析了大众传媒在欠发达国家发展过程中的作用。跟勒纳一样，施拉姆也认为一定的传播形态与一定的社会发展水平相对应，信息流通是社会发展非常关键的一环，大众传播媒介是现代化进步的象征。如果没有建立起有效的传播系统，社会的其他环节，比如工业系统、教育系统、政治系统等也会受到极大影响。他把大众传播媒介称为"连接大世界的桥梁"，是从发达国家向落后国家，从发展中国家市区向郊区传播新思想、新模式的工具，是信息领域的"增值器"，是社会发展领域的"臂膀"。

施拉姆认为，媒介对信息的传递作用可以有效地加速社会变革。传播在国家发展的变革中有三大任务：（1）为民众提供有关国家发展的信息；（2）在决策过程中，保证所有人有机会参与；（3）教授民众所需的技能。② 他同时强调，有些传播任务是大众媒介可以快速高效完成的，而有一些它只能起到辅助作用。他从媒介的"看守人"、决策和"教授者"功能出发，认为大众媒介能在农业技术推广、普及卫生知识、扫盲和教育四个方面发挥直接作用。

另外，他认为传播不仅可以使民情得以上达参与决策过程，还能调节社会紧张程度。当社会发展状况落后于人民需求，传播通过提高社会期望使"社会温度"攀升。当然，传播也可以通过向民众解释或疏导的方式，使"社会温度"下降。施拉姆称这种作用为社会温度的"控制器"。

---

① ［美］施拉姆：《大众传播媒介与社会发展》，金燕宁译，华夏出版社1990年版。
② 同上书，第181页。

4. 罗杰斯：“创新扩散”说

1962 年，罗杰斯在《创新扩散》[①] 一书中对新技术的传播进行了论述，提出了著名的“创新扩散”论，强调大众传播在现代化过程中的作用，指出大众传媒是发展中国家与农村社会变革的重要因素，认为社会的变革过程很大程度上就是新思想与创新物的传播与推广过程，主张传播加速现代化进程。1966 年，罗杰斯在《大众传播与国家发展》一书中进一步完善了该模式。这里主要梳理说明罗杰斯关于传播在社会变革过程中的角色的主要观点，而对于创新扩散论的具体内容就不再展开叙述。

1969 年，基于《创新扩散》的研究成果，罗杰斯又对印度、肯尼亚和哥伦比亚三国的农村进行了调查，而后发布了他的研究成果，即《农民的现代化：传播的影响》[②] 一书。书中主要阐述了传播与农民现代化的关系，是创新扩散研究的延续。罗杰斯发现，农民的文化水平、社会经济地位等个体因素与媒介接触频率呈正相关，而媒介接触频度又与农民的观念现代化呈正相关。因此，他认为，传播工具在农村地区实现现代化转型过程中起着一种“催化剂”的作用。

1974 年，罗杰斯发表了题目为“Communication in Development”[③]的文章，对其创新扩散论又进行了进一步阐发：（1）现代化和发展：在现代化与发展的过程中，创新的采纳是居于核心地位的，是现代化的重要标志。大众媒介与人际传播在社会发展过程中所产生的传播效果非常不同，并具有一定的互相补充作用。罗杰斯认为将人际传播和大众传播合理结合起来利用，可以更好地达到发展的目标。（2）传播的作为：人际传播在欠发达国家的创新物扩散过程中有着更大的作用，但在发达国家大众媒介的作用却要更大一些。罗杰斯认为造成这个现象的原因有三个：其一，欠发达国家民众对大众媒介的接触程度有限；其二，一些信息的内容不符合受众需求；第三，媒介的可信度低。（3）大众媒介在传播与宣传创新物

---

① Everett M. Rogers, *Diffusion of Innovations* (5th Edition), New York: Free Press, August 2003.

② Everett M. Rogers & Lynne Svenning, *Modernization among Peasants: The Impact of Communication*, New York: Holt Rinehart & Winston, 1969.

③ Everett M. Rogers, "Communication in Development", *The Annals of the American Academy of Political and Social Science*, *The Information Revolution*, Vol. 412, March 1974, pp. 44-54.

方面效果良好，但在改变态度方面却没有人际传播那么好。他认为，大众媒介在现代化过程中主要扮演一种创造"氛围"或"气候"（climate）的角色，而非传播技术创新。这种"气候"（climate）是由知识、态度、信念和行为等组成的，这些元素最终组合成为一种有益于向现代化方向转变的"心理定势"（mental set）。（4）现代化与发展进程中传播的潜力：发展中国家如果将传统媒介和大众媒介相结合，就更能促进创新物的扩散和现代化的实现。在将两者结合的具体操作层面，可以利用传统媒介传递现代化的信息，也可以利用大众媒介传播传统节目。

5. 英克尔斯：媒介对现代性人格的塑造说

英克尔斯曾耗时 10 来年，调查了亚非拉 6 国，收集 6000 余个样本，把现代人的心理特征概括为 12 条，比如乐于接受新经验、新思想；接受社会的改革和变化；思路广阔，头脑开放；守时惜时，等等。[1] 在其代表作《人的现代化——心理·思想·态度·行为》《从传统人到现代人：六个发展中国家的个人变化》等书中，他系统阐述了其传媒与现代化关系的思想。他认为，国家落后不仅仅表现为经济状况，也表现为一种心理状态。社会现代化的关键是人的现代化，人的现代化是实现由传统社会向现代社会转变的最根本保证，是现代化社会稳定、持续与健康发展的基石，而社会发展也要求人的素质方面有所改变。"无论哪个国家，只有它的人民从心理、态度和行为上，都能与各种现代形式的经济发展同步前进，相互配合，这个国家的现代化才真正能够得以实现。人的现代化是国家现代化必不可少的因素，它并不是现代化过程结束后的副产品，而是现代化制度与经济赖以长期发展并取得成功的先决条件。"[2] 因此，一个国家的现代化历程就是人的现代化的转变与培育过程，而人的现代化包括人的价值观念、心理素质、思维方式、生活方式和行为方式由"传统人"向"现代人"的转变，并且突出强调人的参与意识、开放意识、进取意识、创新精神、独立性与自主性。这种转变本质上来说就是人的生存方式和发展状态的历史性转型。"无论一个国家引入了多么现代的经济制度和管理方

---

① ［美］阿历克斯·英克尔斯：《人的现代化——心理·思想·态度·行为》，殷陆君编译，四川人民出版社 1985 年版，第 22—36 页。

② 同上书，第 8 页。

法，也无论这个国家如何仿效最现代的政治和行政管理，如果执行这些制度并使之付诸实施的那些个人，没有从心理、思想和行动方式上实现由传统人到现代人的转变，真正能顺应和推动现代经济制度与政治管理的健全发展，那么，这个国家的现代化只是徒有虚名。"①

在论及传媒与现代人的关系时，英克尔斯说："在我们看来，一个现代人应当经常与大众传播媒介接触……较现代的人愿意积极地同信息来源保持接触，无论是现代的信息来源还是传统的信息来源，他都经常接触。"② 他认为，人的现代化过程受到各种社会因素的影响，教育、工厂、家庭等对于人的现代性提升影响显著。除此之外，人的现代性形成与大众传媒的使用密切相关，现代媒介能塑造现代性人格。英克尔斯承认大众传媒对于人的现代化发展的巨大作用，但他同时强调价值观、心理状态、思想行为、生活方式等层面的现代化转变是一个艰难而长期的过程。

总体来说，经典发展传播学者都相信信息传播，尤其是大众传播有助于实现社会从传统状态向现代化的过渡，是实现落后地区和国家发展的重要推动力量，他们的中心议题就是"传播加速现代化"。学者们相信，无论是在促进人的现代化，在促进民主的发育，还是在促进经济领域的进步方面，传播都能有所建树，是一种值得广大发展中国家与地区好好利用的强大力量。但传播"促进器"功能的发挥则主要倚重于受众以及受众的信息接触行为，只有社会的人在知识、态度、读写能力、行为等方面发生了变化，才能真正影响社会发展，因此其理论的"人本"色彩较浓。

6. "传播加速现代化"理论批判学派

经典"传播加速现代化"理论有两个比较明显的局限：其一，它夸大了大众传媒在实现社会发展与转型过程中的作用，忽视了历史、政治、文化、政治体制等因素的影响，具有一定的技术决定论倾向，就连该学派的代表人物施拉姆本人都说："……没有充满信心的国家领导集团，没有足够的人口、资源以及资金来源，世界上最有效的传播系统也不可能带来

---

① ［美］阿历克斯·英克尔斯：《人的现代化——心理·思想·态度·行为》，殷陆君编译，四川人民出版社 1985 年版，第 21 页。

② 同上书，第 141 页。

经济发展。"① 其二，它把传统性与现代性对立了起来，将世界机械地进行了非此即彼的二元划分。在这样一个理念观照下，传统生活方式与现代生活方式显得格格不入。因此，其理论具有形而上学的特征。

1969 年，由联合国教科文组织牵头的"关于大众传播的专家会议"在加拿大蒙特利尔召开，会上詹姆斯等学者对传播加速现代化理论提出了质疑。此后传媒实践的发展也证明，西方发达国家凭借其技术、资金、人才等方面的优势掌控了国际传播信息的流量与流向，开始向外兜售西方价值观与生活行为方式，宰制了世界信息传播秩序。学者们发现，传播不但没有导致落后国家的现代化，却更加拉大了发展中国家与发达国家之间的差距，成为西方传媒进行文化渗透与信息控制的工具。另外，现代传媒还加大了发展中国家内部业已存在的社会不公与不平等。

对"传播加速现代化"理论进行批判的发展中国家学者主要来自拉美地区，比如，弗兰克于 1967 年在《资本主义和拉美的不发达》一书中提出了发展中国家对发达国家的发展"依附理论"；伊曼纽尔·沃勒斯坦于 1974 年在《现代世界体系》（第一卷）中提出了"世界体系理论"。西方也有一些学者对国际信息传播的不平衡状态进行了反思，比如美国学者汤姆林森、席勒、奥利弗·巴莱特等人就陆续提出了"文化帝国主义""媒介帝国主义"和"电子殖民主义"等概念，对国际传播中的"文化霸权"及不合理现象进行了批判。文化帝国主义论的意义在于它是对现代性的反思，同时，试图分析全球化的历史走向以及当代的文化宿命，其引人深思之处远远大于它所提出的问题和相关的论述。而媒介帝国主义在逻辑上是由文化帝国主义所导出的，其本质是文化帝国主义在传媒领域的表现。赫伯特·席勒在《大众传播与美国帝国》《传播与文化霸权》《思想管理者》和《文化有限公司》等书中对资本主义社会传播的本质，以及世界传播新秩序的建设等问题进行了深入阐述。他认为，大众传媒是西方发达国家推行文化霸权的名片，世界传播秩序的不平衡与不公平性制约了落后国家的发展，发展中国家应该建立自己独立的传播体系，保持民族文化的特色。

---

① ［美］施拉姆：《大众传播媒介与社会发展》，金燕宁译，华夏出版社 1990 年版，第 96 页。

也有学者对以"文化帝国主义"与"媒介帝国主义"为代表的批判理论提出了质疑。他们认为，文化帝国主义理论始终持有西方中心论的立场，其内容中心还是存在西方文化"优"的优越感，它过分强调"全球化"带来的"同一性"，否定文化帝国主义对第三世界国家"文化增值"的有益影响。另外，资本主义大众传媒在全球的扩张主要是为了追求利润的最大化，他们无心于文化价值观与文化渗透等问题。况且，要追求利润最大化，就需要实现媒介内容、形式和管理等多重形式的本土化，加之全球传媒领域中一些发展中国家制作的电视剧、电影、新闻节目等强势出口并占领了一些发达国家的传媒市场，对文化帝国主义的批判声音逐渐减弱。例如，1973 年创办的墨西哥特莱维萨公司（又名墨西哥电视公司）已经成为世界最大的西班牙语传媒公司。美伊战争中崛起的阿拉伯半岛电视台更是打破了西方媒体对国际新闻信息的垄断，成为中东乃至全世界一些重大新闻的独家来源。但也有学者认为，即使媒介产品的包装形式、管理方式等实现了本土化，但媒介内容却很可能是西化的。

1980 年以后，受批判学派的影响，以马杰德·泰拉尼安为代表的发展传播学者更加多维度地考察传播对社会发展的作用问题，认为传播无法单独对社会发展产生实际效果。他主张以国家宏观发展战略为指导，将传播纳入整个社会发展系统中进行认识。他认为，媒介是社会发展的内在工具，但非决定性因素，反对媒介中心主义。他认为，发展中国家应该根据自身实际情况选择合适的、恰当的媒介发展战略与策略保护本土民族文化，重点实现人的发展。①

从经典学派关于传播与社会发展关系的乐观态度，到批判学派的悲观论调，再到马杰德·泰拉尼安的"中庸"思想，都体现出这一问题的复杂性，同时也反映出人类思维方式的"宿命"——极端对抗后的"中庸"。有学者将发展传播学的成长轨迹归纳为主导范式、参与范式、帝国主义范式和全球化范式，但不管怎样，我们对传播与社会发展的关系认识依旧会随着时代的变迁而深入。摒弃媒介中心主义观点，抛却传播悲观主义情绪，我们可以确信的一点是，社会发展绝离不开传播，传播在社会发

---

① M. Tahranian, "Communication and Development", in David J. Crowley & David Mitchell (ed.), *Communication Theory Today*, Stanford: Stanford University Press, 1994, pp. 275–307.

展过程中大有可为。

（三）传播与乡村社会发展研究综述

1. 传播与乡村社会发展研究

20 世纪 80 年代，随着传播学被引入中国，发展传播学的相关理论也随之传入中国，开始了其本土化的发展历程。在传入初期，国内对西方发展传播学的相关理论进行了大量翻译与介绍，如袁路阳的《传播事业与国家发展——国际传播学研究的一个新领域》（《新闻学刊》1986 年第 1期）、刘燕南编译的《传播事业与国家发展研究现状》[①]（《国际新闻界》1988 年第 4 期）、潘玉鹏的《发展传播学简介》（《新闻大学》1989 年第4 期）、张学洪的《我国农村新闻传播现状研究》（《中国传播效果透视》，1989 年）等。这些文章对于发展传播学在中国的兴起具有开创性、引导性的作用。

与此同时，传播与乡村社会发展的应用性与实证性研究也初现端倪。《上海郊区农村传播网络的调查分析》[②] 一文便是祝建华先生于 1984 年对上海郊区农村的传播网络及其功能进行实地调查后写就的。江苏社科院还分别于 1983 年和 1985 年对江苏农村居民新闻传播接触状况进行过两次调查。1988 年，复旦大学文化与传播研究中心、美国东西方中心文化传播研究所联合举办的"中国城乡文化观念变革国际讨论会"召开。这次研讨会以"上海城乡文化观念变革"抽样调查结果为数据支持展开讨论，认为研究文化观念及其变革，探索特定地区人群的文化观念状况及其内在规律，对于认识人的观念更新及人的现代化问题有着重要学术价值。这次研讨会的意义就如时任复旦大学文化与传播研究中心主任徐震所言："首先是在运用定量分析方法方面作了一个初步的成功尝试，它对于开阔我们视野，加强我们在更为广阔的领域里一显身手的参与能力有着促进

---

① 这篇文章是根据 1987 年罗杰斯在美国夏威夷东西方研究中心召开的"关于传播与社会变迁"的会议论文摘录、编译而成。

② 祝建华：《上海郊区农村传播网络的调查分析》，《复旦学报》（社会科学版）1984 年第6 期。

意义。"①

经过近十年的发展，中国的传播与社会发展研究在实证研究方面小有成就，受众研究、效果研究等则作为着重点开始进入学者的视野，比如王怡红的《大众媒介对观念现代化的影响》（《新闻研究资料》第 50 辑，1990 年）、闵大洪和陈崇山的《浙江省城乡受众接触新闻媒介行为与现代观念的相关性研究》（《新闻研究资料》第 55 辑，1991 年）、张学洪的《新闻传播效力的一项实证分析》（《新闻研究资料》第 57 辑，1992 年）等都是 20 世纪 80 年代末受众与效果研究具有代表性的文章。

20 世纪 90 年代后，随着改革开放的逐步深入，中国社会步入快速现代化阶段。几十年的发展历程造就了"东部—西部""城市—乡村"二元对立发展的格局。在这个大的发展背景下，学者们把更多的目光投向了广袤的西部和广阔的农村，中国传播与社会发展研究进一步本土化，理论研究与应用性研究都有长足的发展。

关于理论探讨的文章主要有：范东生的《发展传播学——传播学研究的新领域》（《国际新闻界》1990 年第 3 期）；支庭荣的《由盛转衰的发展传播学》（《新闻大学》1996 年冬季号）；陈龙的《"发展理论"演进中的媒介角色及其再认识》（《新闻与传播研究》1998 年第 1 期）；杨瑞明的《从"现代化"到"全球化"——"媒介帝国主义"理论的发展及其意义》（《新闻与传播研究》1999 年第 3 期）；殷晓蓉的《当代美国发展传播学的一些理论动向》（《现代传播》1999 年第 6 期）；吴予敏的《全球化时代的传播与国家发展》（《新闻大学》2000 年冬季号）；陈嬿如的《建设有中国特色的发展传播学》（《新闻春秋》，厦门大学出版社 2004 年版）；刘锐的《2001—2010：中国发展传播学研究现状与前景》（《国家新闻界》2011 年第 6 期）等。

课题方面，国家社科"七五"重点项目成果《新闻事业与中国现代化》② 是国内新闻传播学领域首次运用传播学原理与现代化理论进行的大

---

① 胡正娥、赵建华：《复旦大学文化与传播研究中心和美国东西方中心文化传播研究所联合举办中国城乡文化观念变革国际讨论会》，《新闻大学》1988 年第 4 期。

② 课题组：《新闻事业与中国现代化》，新华出版社 1992 年版。

规模综合性研究。裘正义的《大众传播与中国乡村发展》① 既是其博士论文，也是国家社科"七五"重点项目"传播与中国城乡现代化"的主要成果。该研究规模大，实证性强，传播理论运用系统完备，对廓清中国发展传播学的理论框架具有重要意义。段京肃主持的国家哲学社会科学基金项目"西部欠发达地区大众传播事业发展与社会进步"（1996年）也涉及大众传播与乡村社会发展的问题。方晓红在复旦大学新闻学院博士后流动站工作期间曾主持国家哲学社会科学基金项目。1999年开始，她带领200余名师生先后对江苏农村、苏南农村以及南京市进行了共计四次实地调查，然后作出了课题成果——《苏南农村大众传媒与政治、经济、文化互动关系研究调查报告》，《大众传媒与农村》② 一书便是在这次成果以及实地调查资料基础上加工而成的。方晓红的《大众传媒与农村》一书从"经济信息在苏南农村接受过程中的现状研究""大众传播媒介与苏南农村政治发展之关系""大众传播媒介与苏南农村文化发展的相互关系"等方面对大众传媒与农村、农民的关系问题展开研究，认为大众传播媒介为农村与城市文明对话构建了平台，是江苏农村现代性增长的推进器。她提出，农村的变革是媒介的发展动力，为了媒介自身的发展，大众传媒自身需要调整，以适应农村与农民的变化，否则就有被淘汰的危险。她还认为，在大众传媒影响下产生的"时间移民"是农村文化转型的一种途径。由于时代的局限性，当时新媒介尚未兴起，因此该研究所选媒介类型较为单一，主要为电视。另外，选择的调查地区为经济较为发达的江苏农村，不一定能代表中国农村的全貌。但这些都不影响该研究所具有的里程碑意义，正如李良荣教授在《大众传媒与农村》一书序言中所说："如此深入地、全方位地对一个大区域的农村地区进行调查，这在建国以后的媒体调查中还是首次，实在难能可贵。"③ 2002年，由张国良教授领衔的教育部重大项目"中国发展传播学"正式启动。课题组在全国九省市通过问卷调查、专家访谈、个案分析、内容分析等研究方法进行了媒介与受众调查，调查范围涉及上海、广东、云南、四川、江西、浙江、河南、甘肃、

---

① 裘正义：《大众传播与中国乡村发展》，群言出版社1993年版。

② 方晓红：《大众传媒与农村》，中华书局2002年版。

③ 同上书，序言第5页。

黑龙江等省市。它是 21 世纪以来规模最大、调查范围最广的一次大众传媒与受众抽样调查作业。覆盖范围兼顾了大城市、中小城镇、乡村三种类型；从地域上看，不仅包括中西部，也涉及东部。《中国发展传播学》（九卷本）① 是该研究项目的主要成果，是我国传播与社会发展后续研究的重要历史实录性文献和宝贵数据资料，也是媒介工作实践的重要改进依据。基于中国社会已全面进入媒介化社会的理论认识，该研究对全国的新闻传播事业、受众的媒介接触、大众传播与社会发展的互动关系等问题进行了全面立体的探究。课题组发现：中国的传播条件已大为改善，但城乡之间仍然存在较大差距，尤其是在以互联网为代表的新兴媒介方面；大众传播方式多样化，受众的地位得到了提升，主动性增强，他们可以根据自身条件与兴趣选择媒介；大众传媒影响力巨大，无论是城市居民还是农村人口，媒介行为都是其重要的日常活动，但中国大众传播存在结构性的不平衡现象，具体表现为由个人特征引起的个体媒介行为差异和媒体方针导致的传播内容差异两个方面。②

另外，传播与社会发展研究还向一些新领域拓展，学科范围进一步细化。张国良的《社会转型与媒介生态实证研究》③ 采用实证研究方法考察了中国最近二十余年来的"社会转型"与媒介生态的变迁。姚君喜在《社会转型传播学》④ 一书中提出了"社会转型传播学"概念，并探讨了社会转型与社会传播之间的内在互动关系，对社会转型传播学的理论进行了描述，同时主要通过个案法，对大众传媒与社会公众的幸福感、信息社会转型与西部贫困地区互联网的发展等问题进行了研究。另外，其代表作还有《甘肃大众传播与社会发展报告（2002—2003）》⑤。强月新、张明新在《转型社会的媒介景观》⑥ 一书中利用多个相互关联的个案从中部乡村地区的媒介生态、我国媒介发展的实践模式、新兴传播技术与社会发展、国内外的新闻传播研究四个方面记录、勾勒、描述了当前我国社会变迁历

---

① 张国良：《中国发展传播学》（九卷本），浙江大学出版社 2007 年版。
② 徐晖明：《中国发展传播学》（总报告），浙江大学出版社 2009 年版。
③ 张国良：《社会转型与媒介生态实证研究》，上海交通大学出版社 2007 年版。
④ 姚君喜：《社会转型传播学》，上海交通大学出版社 2008 年版。
⑤ 姚君喜：《甘肃大众传播与社会发展报告（2002—2003）》，甘肃民族出版社 2005 年版。
⑥ 强月新、张明新：《转型社会的媒介景观》，武汉大学出版社 2007 年版。

程中媒介系统的角色定位和媒介生态的格局与演变，以及这种格局的形成与演变的潜在机制。谢泳才、李红艳在《中国乡村传播学》①《乡村传播与农村发展》②《乡村传播学》③ 等著作中在国内首次提出了"中国乡村传播学"的概念，并厘清了乡村传播、乡村传播信息内容、乡村传播动力机制与农村发展之间的关系，系统论述了乡村传播学的传者、信息、传播模式、媒介、受众、传播制度和效果等研究内容。李红艳认为，"乡村传播的关注点在于如何将新的技术、新的产品、新的思想及价值观念普及到乡村社会之中"④。乡村传播研究不仅要对乡村传播与农村发展的历史进行研究，而且也要对乡村信息的种类及其变迁进行研究，还要对乡村精神进行寻根。谭英在《中国乡村传播实证研究》⑤ 一书中对由外界不同渠道传播到乡村的信息传播效果进行了验证，属于应用性实证研究。结合对乡村受众的研究，作者提出了培养现代化农民，建设新农村的一些建议。

进入 21 世纪以来，传播与社会发展议题出现了重点偏向，时代烙印凸出。首先，学者们的目光开始向更待开发的西部与落后的乡村重点转移。段京肃、李惠民、王锡苓的《经济落后地区互联网发展过程中政府和创新代理人的角色与地位——以甘肃省农村互联网的发展为例》；刘红的《大众传媒在构建新疆和谐社会中对新疆现代文化的作用》；吴建的《新闻传媒业：东西部之比较研究——以电视和报纸为例》；刘圣仁、赖浩锋的《中部农村传媒生态现状与发展策略——以江西农村传播状况为例》；方晓红的《试论党报三农映像的拟合与偏离——以〈人民日报〉为例》；赵永华、徐雪高、马九杰的《农村传媒歧视及其成因分析》⑥；童兵的《城镇化：涉农传媒必须面对的潮流》（《新闻爱好者》2003 年第 3 期 ）；李红艳的《乡村传播与农村发展》

---

① 谢泳才、李红艳：《中国乡村传播学》，知识产权出版社 2005 年版。
② 李红艳：《乡村传播与农村发展》，中国农业大学出版社 2007 年版。
③ 李红艳：《乡村传播学》，北京大学出版社 2010 年版。
④ 李红艳：《乡村传播与农村发展》，中国农业大学出版社 2007 年版，第 1 页。
⑤ 谭英：《中国乡村传播实证研究》，社会科学文献出版社 2007 年版。
⑥ 以上文章均来源于郑保卫《冲突·融合：新闻传播与社会发展》，新华出版社 2006 年版。该书是 2005 年于中国人民大学举办的"中国新闻传播国际论坛"的论文集。

（中国农业大学出版社 2007 年版）；于忠广的《社会转型与对农广播》（中国广播电视出版社 2009 年版）；仇学英的《社会主义新农村发展传播模式论》（中国传媒大学出版社 2011 年版）等都是对西部或者农村相关问题的研究。他们把媒介视为现代性的载体，强调媒介对落后地区社会发展与现代化的重要作用。陈崇山、孙五三的《人·媒介·现代化》① 则将"人"作为切入点，对大众传媒与人、大众传媒与社会现代化之间的关系做了比较全面的考察。

其次，发展传播研究以中国国情与乡村实际情况为背景，进一步具体化、针对化和本土化，研究更具时代性与问题意识。段京肃、段雪雯在《乡村媒介、媒介乡村和社会发展》② 一文中对乡村发展、"三农"问题及其与大众媒介的关系现状和问题进行了分析阐述，着重明确了"乡村媒介""媒介乡村""发展"的概念。他们认为，大众传媒总是与时代变迁紧密纠缠，无论乡村媒介，还是媒介乡村都离不开"发展"这一关键词，乡村发展过程中农民的话语权问题非常重要。段京肃在其文章《"信息断裂"与弱势群体的边缘化》③ 中探讨了"信息断裂"与"社会稳定"问题。他认为，弱势群体因为没有应有的信息传播资源和条件而失去了基本话语权，处于边缘化状态，与主流阶层之间形成了明显的"信息断裂"，逐渐成为社会不稳定的因素。再次，媒介技术的迅猛发展，影响力的与日俱增让学者们对新媒体环境下的社会发展研究更加重视。丁未、张国良在《网络传播中的知沟现象》④ 一文中认为，是否使用网络成为区隔社会分层的新维度。互联网的发展造成的"数字鸿沟"已经全面影响到社会的发展，它不仅带来了信息落差、知识分隔和贫富分化，而且对传统社会结构造成巨大冲击。

再次，受众研究与效果研究进一步深入。方晓红的《大众传媒与农村》（中华书局 2002 年版）；曹刚、方晓红的《苏南农村受众群分化的调

① 陈崇山、孙五三：《人·媒介·现代化》，中国社会科学出版社 1997 年版。

② 段京肃、段雪雯：《乡村媒介、媒介乡村和社会发展——关于大众传播媒介与中国乡村的几个概念的理解》，《现代传播》2010 年第 8 期。

③ 段京肃：《"信息断裂"与弱势群体的边缘化》（上），《淮海工学院学报》（社会科学版）2006 年第 1 期；《"信息断裂"与弱势群体的边缘化》（下），《淮海工学院学报》（社会科学版）2007 年第 1 期。

④ 丁未、张国良：《网络传播中的知沟现象》，《现代传播》2001 年第 6 期。

查与分析》（《新闻记者》2002 年第 1 期）；王玲宁、张国良的《我国农村受众媒介接触行为调查分析》（《新闻记者》2003 年第 11 期）；郑欣的《对农传播——基于受众的实证分析与对策探讨》（浙江大学出版社 2011 年版）等都是这方面较具代表性的著述。

从以上梳理的文章与著作可以看出，当前学者们越来越注重实证研究方法开展应用性研究，已将传播与社会发展的理论框架全面应用于中国的现代化问题研究。中国是世界上最大的发展中国家，发展问题是国家的首要问题，而要解决这一问题就必然走向现代化。在此背景下，国内关于"传播与乡村、社会发展"的研究就自然而然地被置放到了"发展"与"现代化"的双重理论话语框架之下，无论是其应用性研究，还是理论性探讨均与发展传播学密切相关。

国外关于"传播与乡村、社会发展"的很大一部分研究文献与"社会发展中的传播及其角色"文献存在交集，重复部分这里就不再赘述。整体来看，国外"传播与乡村、社会发展"的研究话题主要集中在信息与通信技术（ICT）、乡村旅游、乡村教育、社会经济、科技传播、健康传播等领域，研究区域也集中在欠发达国家和地区，比如印度、非洲、中东、中国等。基于信息技术与传播能够促进乡村社会发展的信念，不同学者对传播实践中的各种问题从宏观与微观的不同角度展开讨论，"信息鸿沟"问题在诸多文献中被多次提及。

A. A. Alemna 和 Joel Sam 分析了信息与通信技术（ICT）在加纳乡村扮演的角色，认为其在促进乡村发展过程中潜力巨大。作者认为，信息与通信技术首先可以联络外界，进而建立社会网络，协调人们的行动。其次，借助信息与通信技术建立管理信息系统可以有效减少管理成本，提高服务质量，比如在旅游行业。再次，通过建立数据库，它还可以在农业生产、医疗教育、气候监控、环境污染、森林保护、食品生产等领域大显身手。最后，它还具有娱乐功能。但作者提醒，通信与信息技术要想真正有效地发挥作用，需要有力的政策支持，而且信息设备要经济易得，武装到人。另外，人们的识字率，尤其是信技知识是不可或缺的。为了克服如上困难，作者建议设立社区信技中心，动员全社会力量发展信息技术，让其成为传统农业技术推广方法的有益补充。作者还提醒要注意由于信息与通信技术分配不均导致的城乡"信息鸿沟"问题。①

Vanek. J，Jarolímek. J，Vogeltanzová. T 对捷克共和国的信息和通信技术发展进行了调查。作者发现，尽管信息和通信技术在捷克得到了一定的发展，但结果尚不如意，城乡之间的"数字鸿沟"问题严重。②

Siriginidi Subba Rao 认为，信息和通信技术（ICT）有"赋权"（To empower the poor）的功能。他也极力主张消除"数字鸿沟"，认为建立信息发达的社会是减贫和可持续发展的关键因素，建设好社区网络中心（Community network centers）是有效满足乡村社区社会经济发展愿望的关键。作者提出了数字时代落实建设社区网络中心的"8C"模式，即通信（connectivity）、内容（content）、社区（community）、商业（commerce）、能力（capacity）、文化（culture）、合作（cooperation）和资本（capital）八个方面。③

Mpostol Jeremia Mashinini 则利用扎根理论对南非贫困乡村地区通过信息与通信技术融入世界的一些实际困难进行了分析。他发现，许多信息政策虽已制定，但根本没有得到实施，自然也就发挥不了实际作用。作者给出的药方是——加强统一领导，促进各政策与行动的联动与有效落实。④

2. 传播与乡土文化研究

考察社会现象与问题可以从不同角度进行，如果说受众研究与效果研究更倾向于对微观个体的研究的话，那么媒介对于社会变迁的影响则应该属于相对宏观的视角。它着眼于媒介技术对社会结构、社会关系和社会文

---

① A. A. Alemna, Joel Sam, "Critical Issues in Information and Communication Technologies for Rural Development in Ghana", *Information Development*, Vol. 22, No. 4, November 2006, pp. 236 – 241.

② Vanek. J, Jarolímek. J, Vogeltanzová. T., "Information and Communication Technologies for Regional Development in the Czech Republic – Broadband Connectivity in Rural Areas", *AGRIS On – line Papers in Economics and Informatics*, Vol. 3, No. 3, 2011, pp. 67 – 76.

③ Siriginidi Subba Rao, "Role of ICTs in India's Rural Community Information Systems", *The Journal of Policy, Regulation and Strategy for Telecommunications, Information and Media*, Vol. 6, No. 4, 2004, pp. 261 – 269.

④ Mashinini, M. J., "Challenges of ICT Policy for Rural Communities: A Case Study from South Africa, 2008", in IFIP *International Federation for Information Processing*, Vol. 282, *Social Dimensions of Information and Communication Technology Policy*, Chrisanthi Avgerou, Matthew L. Smith, Peter van den Besselaar (Boston: Springer), pp. 125 – 137.

化等的影响，媒介社会、文化变迁、媒介与文化的互动关系等都是其研究议题。其中，媒介与社会文化的研究非常关注地方性知识，常运用民族志方法，综合使用观察法、访谈法、个案法等对特定区域与族群展开文化调查。郭建斌的《独乡电视：大众传媒与少数民族乡村日常生活》① 是国内较早运用民族志法对云南独龙江地区大众传播与社会文化进行考察的著作。吴飞的《火塘·教堂·电视：一个少数民族社区的社会传播网络研究》② 也是运用民族志方法对独龙族社会传播网络及其与社会变迁之间的关系进行的研究。涉及大众传播与民族地区社会发展的研究著作还有张宇丹的《传播与民族发展》③ 等。前文已讲到，中国社会具有非常浓烈的乡土气息，乡土是中国传统文化的典型气质，乡土文化研究对中国传统文化的发展具有非凡的意义。关于乡土文化的研究多来自社会学、人类学、民族学、政治学、文学与文化学等领域，晏阳初（著有《平民教育的真义》《农村运动的使命》等）、梁漱溟（著有《乡村建设理论》《中国文化要义》等）、费孝通（著有《乡土中国》《乡土重建》《江村经济》《文化与文化自觉》等）等人都是乡土文化研究与倡导新乡村建设运动的先驱。无不令人遗憾的是，从传播学角度对乡土文化相关问题进行研究的成果不多，有较大影响力的著述甚少。下面就离本书最为接近的国内外与乡土文化传播相关的文献做一简要回顾。

乡土文化及其传播之于当代中国的意义。申凡在《论民间传播及其对中华文化的影响》④ 一文中强调了民间传播对于中华文化的重要作用。他认为，民间传播方式不仅是民族习俗的传递与沟通方式，也是民间艺术、民间文化传播与发展的"输送带"，更是民族共同心理特征的缔造者。马威在《民间构建"新民族主义文化"之路——人类学视角下的民族文化传播》⑤ 一文认为民间文化非常有价值意义。民间文化以民间形式

①　郭建斌：《独乡电视：大众传媒与少数民族乡村日常生活》，山东人民出版社2005年版。

②　吴飞：《火塘·教堂·电视：一个少数民族社区的社会传播网络研究》，光明日报出版社2008年版。

③　张宇丹：《传播与民族发展》，新华出版社2000年版。

④　申凡：《论民间传播及其对中华文化的影响》，《华中理工大学学报》（社会科学版）1996年第1期。

⑤　马威：《民间构建"新民族主义文化"之路——人类学视角下的民族文化传播》，《国际新闻界》2008年第9期。

构建"新民族主义文化",是对政府层面民族文化创造的重要补充。高小康在《非物质文化遗产与乡土文化》① 一文中表达了对城市片面化发展导致的乡土文化衰微的深切担忧。他认为,乡土文化的缺失会导致社会的认同危机,发展乡土文化是重拾价值认同与归属感的有效途径。因此,要从修复农村自然生态入手实现乡土文化在新环境下的复兴。

乡土文化及其传播的现代危机。吕新雨在《戏剧传统在大众传媒时代的命运》② 一文中认为,中国戏剧文化具有民间性、乡土性、喜剧性,不同于西方文人传统下的具有悲剧色彩的戏剧。在城市化与工业化过程中,中国戏剧乡土生态遭到破坏。在乡土社会濒临瓦解之际,兴起于城市的大众文化填补了文化传统"断裂"后的空白,中国乡土戏剧文化面临危机。龙海清在《全球化时代民间文化的困境与抢救保护策略》③ 一文认为,中国民间文化受到西方文化的严峻挑战,正面临着生态环境遭到不断破坏和传统载体不断老化、消失的困境,处于被边缘化的地步。作者提出,为了更好地保护民间文化,应该建立健全抢救保护体系,创新保护机制,实现传播载体和传播方式的多样化、现代化和转换创新,重点加强民间文化工作人才的培养。解松在《乡村文化建设与社会主义新农村建设——兼谈苏南地区乡村文化建设》④ 一文中认为,乡村文化危机主要体现在文化制度、文化功能和文化认同三个方面。乡村文化建设的重点在于实现乡村文化的主体——农民的现代化,在此过程中,实现农民的文化认同至关重要。周福岩在《民间传承与大众传播》⑤ 一文中对比分析了文化的民间传承与大众传播方式存在的异同,对大众文化取代民间文化持怀疑态度。他认为,民间传承方式倚重于人际传播,在这种传播方式下,传播者与受众之间的地位相对平等,而大众传播方式中受众则处于被支配的地位。另外,大众传播具有"非人格性"。大众无法依靠大众传播传者的人

---

① 高小康:《非物质文化遗产与乡土文化》,《人文杂志》2010 年第 5 期。
② 吕新雨:《戏剧传统在大众传媒时代的命运》,《安徽大学学报》(哲学社会科学版) 2000 年第 5 期。
③ 龙海清:《全球化时代民间文化的困境与抢救保护策略》,《理论与创作》2003 年第 4 期。
④ 解松:《乡村文化建设与社会主义新农村建设——兼谈苏南地区乡村文化建设》,《江南社会学院学报》2007 年第 3 期。
⑤ 周福岩:《民间传承与大众传播》,《民俗研究》1998 年第 3 期。

格对信息内容的可靠性进行判断，从而直接导致受众审美能力、道德判断力的钝化。但也有学者对现代媒介的影响抱持乐观态度。原明明在其硕士论文《电视对乡村生活方式变迁的影响研究》① 中认为，电视瓦解了乡村社会的传统集体文化娱乐方式，导致公共空间私人化，而且通过传播现代信息，有效消弭了城乡之间的时空隔阂，使得乡民具有了现代性精神与现代性价值观念，是乡村生活方式变迁的"催化剂"。

乡土文化及其传播过程中媒介的作为。黄灿在《媒介技术与中国民间文化的复兴》② 一文中认为，媒介技术，尤其是新媒介，是民间文化发展的新动力。它不仅可以传播民间文化，而且还可以通过与民间文化结合创造出新的文化形式。王洪在《新媒介语境中"民间文化"的再现与传播》③ 一文中对新媒介环境下的民间文化前景与命运也抱有乐观的态度。他认为，具有原生态色彩的民间文化在新媒介语境下能够得以再现与传播，只是其存在方式与传播途径会发生一些改变（比如可以通过网络进行传播与保存）。新媒介对民间文化而言意味着更为广阔的现代性创造空间。

非物质文化遗产研究。非物质文化遗产与乡土文化密切相关。在这个领域学者们已耕耘甚久，成果颇丰，不仅有国家级科研项目，也有博士和硕士论文，更有大量的学术文章见诸报刊，这里就不再展开综述。非物质文化遗产研究与本研究比较接近的领域属于非物质文化遗产的传播研究，但这方面的研究成果目前还较少。何华湘的博士论文《非物质文化遗产的传播研究——以女书为例》④ 以流传在湖南江永、道县一带的女书为参照，对非物质文化遗产传播的特点、规律及存在的问题进行了深入探讨。夏宁博的硕士论文《非物质文化遗产的传承途径探究》⑤ 对非物质文化遗产的传承途径进行了梳理，强调保护与传承非物质文化遗产应该根据其具

---

① 原明明：《电视对乡村生活方式变迁的影响研究》，硕士学位论文，西北师范大学，2009年。

② 黄灿：《媒介技术与中国民间文化的复兴》，《现代传播》2009年第5期。

③ 王洪：《新媒介语境中"民间文化"的再现与传播》，《大连理工大学学报》（社会科学版）2011年第3期。

④ 何华湘：《非物质文化遗产的传播研究——以女书为例》，博士学位论文，华东师范大学，2010年。

⑤ 夏宁博：《非物质文化遗产的传承途径探究》，硕士学位论文，云南艺术学院，2011年。

体形态与自身逻辑，采取多元化的传承方式。阮艳萍在《数字传承人：一类遗产表述与生产的新型主体》① 一文中强调数字化技术之于文化遗产的重要性。她将掌握并利用数字化技术进行文化遗产保护与传承的主体称为"数字传承人"。借助数字化技术，"数字传承人"使得民族文化遗产能为世人所共享，获得新生。这里需要说明的是，本研究主要将"活的"、有生命力的而非"遗产"文化作为考察对象，因此，与非物质文化遗产研究存在较大差别。

国外关于乡土文化传播的研究文献倒不是很多，这可能是因为西方发达国家城镇化程度高，乡土文化不像在中国一样具有特殊的普遍意义，这就导致乡土文化传播研究在由西方主导的世界学术话语体系中声音较为微弱。

Wolfe 等人探讨了大众传播的"身份建构"作用，认为文化的建构、保持与变迁，比如文化身份问题，在很大程度上是通过大众传播完成的。作者强调，我们需要更好地了解大众媒介的标记与符号是如何"促进文化认同"的（"foster cultural identification"）。②

LI Junjie 等从软实力的角度探讨了乡村文化建设的重要性与必要性。作者认为，文化是软实力的核心要素，与新乡村建设密切相关，但乡村文化建设不容乐观。乡村文化建设的问题主要表现在四个方面：政府对乡村文化建设重视度不够；公共文化项目不能满足新乡村建设的要求；乡村文化管理存在缺陷；农民素质低。作者认为，应该建立和完善新农村文化软实力体系，充分发挥基层政府在文化软实力建设中的作用，增加文化资源，加强农村公共文化服务，提高农民的整体素质，培养新型农民。③

Alan J. De Young 谈到了乡村教育传播与文化的相关问题。他把学校比作民族文化之"桥"和乡村社会变迁的"代理人"，认为乡村教育传播

---

① 阮艳萍：《数字传承人：一类遗产表述与生产的新型主体》，《西南民族大学学报》（人文社会科学版）2011 年第 2 期。

② Wolfe. Arnold S, Loy. Mike, Chidester. Phil., "Mass Communication and Identity Construction: Theory and a Case Study of Song - Recordings by a Popular Musician", *Journalism and Communication Monographs*, Vol. 11, No. 1, Spring 2009, pp. 67 - 113.

③ LI Junjie, ZHU Konglai, WANG Xiang, "A Study of Cultural Soft Power under the Construction of New Rural Areas", *Cross - Cultural Communication*, Vol. 8, No. 1, 2012, pp. 52 - 55.

对于设施不完善、资源和资金缺乏的乡村儿童来说至关重要，是乡村儿童认知、接受和参与民族文化的重要途径。除此之外，乡村教育还提供给人们观察周遭事物的新视野和新方式。作者呼吁国家教育部门多关注乡村教育，并提供有力的政策积极发展乡村教育。这篇文章对我们而言有很大的启示意义：中国的乡村儿童人口众多，重视"文化之桥"对乡村社会发展和民族文化的延续与创新具有重要意义。[①]

（四）文献点评与问题的提出

1948 年，拉斯韦尔（Harold Lasswell）发表了《社会传播的结构与功能》[②] 一文，在这篇文章中，拉斯韦尔明确提出了传播过程及其五个基本构成要素，即谁（Who）→说什么（Says what）→通过什么渠道（In which channel）→对谁（To whom）→取得什么效果（With what effects）。这就是著名的拉斯韦尔"5W 模式"。这五个要素又构成了后来传播学研究的五个基本内容，即控制研究、内容分析、媒介研究、受众研究和效果研究。通过上文对文献的综述与分析，我们发现传播与社会、传播与乡村发展研究主要有以下几个特点：

第一，非常关注传播在促进社会发展中的作用以及如何实现的话题，但其着墨最重的地方是在社会经济领域，而文化领域的研究则相对单薄，对乡土文化的传播研究就更少。

第二，研究话题主要聚焦于媒介，尤其是大众传播媒介，对社会、对文化的作用与影响，而对其他方面（比如乡村文化传播，乡村信息传播内容、乡村信息传播效果等）的关注度不足，这在"社会发展中的传播及其角色研究""传播与乡村、社会发展研究"的文献综述中非常显见。斯图尔特·霍尔说，把传播研究简化为媒介研究，无疑是对传播研究的"误称"。因此，全面地开展乡土文化传播研究，让媒介与其他传播环节或发展变量结合互动来营造健康的、积极向上的社会文化，促进社会的发

---

① Alan J. De Young, "Constructing and Staffing the Cultural Bridge: The School as Change Agent in Rural Appalachia", *Anthropology & Education Quarterly*, Vol. 26, No. 2, Jun 1995, pp. 168 – 192.

② Harold D. Lasswell, "The Structure and Function of Communication in Society", in Lyman Bryson (ed.), *The Communication of Ideas: A Series of Addresses*, New York: Harper Collins, 1949, pp. 37 – 51.

展，同时实现乡土文化在现代化语境下的创新与发展，值得探讨。

第三，已有的媒介研究主要集中在对大众传媒的研究，而对传播的其他渠道，比如人际传播与组织传播的研究较少。乡土文化所具有的民间性、草根性等特征决定了它的传播严重依赖人际传播和组织传播。因此，想要有效地保护乡土文化，挖掘乡土文化的价值，就需要加强乡土文化的传播模式研究。

第四，对乡土文化本身的传播特征、传播形态、传播目标、传播现状、传播效果、传播的反馈等关注度不足，导致乡土文化主体性的丧失。乡土文化在中国所具有的普遍性意义，使得研究现代化与现代媒介背景下的乡土文化及其传播变得非常有价值与现实意义。

第五，研究逻辑有线性、单向度的特征，对传播在社会发展中的作用与功能著述甚多，但有关社会对传播的影响或者两者之间的互动关系研究较少，这也是有待加强的一个方面。

基于以上研究缘起与文献综述，本书将从传播学和文化学角度主要就以下问题展开研究：

1. 乡土文化传播对社会发展而言具有什么样的社会功能？从传播学的角度来看，现代化进程对乡土文化产生了哪些影响？其生存发展面临什么困境？

2. 新乡村建设背景下，乡土文化如何摆脱困境，再造现代中国的精神家园？

3. 乡土文化如何消除现代传媒的负作用，并借助现代传媒扩大影响力，更好地服务于社会发展？

三　研究方法与概念界定

（一）田野调查地点的确定

本书的研究对象为乡土文化，且主要的注意力集中在乡土艺术方面，而研究的主旨在于乡土艺术的传播研究。由于乡土艺术是深深扎根于基层与民间的，对其进行的研究就无法绕开具体的语境而展开，因此，选择一个比较恰当的地点开展田野调查工作是非常重要的，这直接关系到研究的成败。

　　笔者最终选择了甘肃省通渭县作为田野调查地点，这主要是基于两个方面的考量。首先，田野调查工作是否可以较为顺利地进行直接关系到有价值的研究资料能否顺利获取。因为通渭是笔者的家乡，选择她作为田野调查地点便具有了天然的便利性，笔者不仅对她有着很深入的了解，而且在当地也具有良好且成熟的社会关系，这都为田野调查的顺利开展铺平了道路。另外，最为重要的一点是，通渭在乡土文化与乡土艺术方面具有非常典型的特征，她是西北陇中地区典型的以农业人口为主的地区，广大的农村为乡土文化、乡土艺术的传播与发展提供了肥沃的土壤。乡土文化在通渭地区表现形式多样，有国家非物质文化遗产"通渭小曲"、通渭剪纸、通渭影子腔、通渭花儿、通渭社火、秦腔庙会，等等。通渭人喜好书画艺术，"家中无字画，不是通渭人"。全县书画创作人员逾3000人，其中不少农民扛起犁头是庄稼把式，拿起笔杆是书画艺人，形成了一种为人称赞的"通渭现象"，通渭也因此被国家文化部等部门授予"中国书画艺术之乡""中国书法之乡"和"中国民间文化艺术之乡"荣誉称号。通渭在乡土文化与乡土艺术方面所具有的典型特征决定了她能够提供给笔者具有说服力和解释力的研究资料。

　　当前，作为一个西部欠发达的县份，通渭社会现代化正在如火如荼地进行当中，而乡土文化与乡土艺术也正在经历着挣扎、奋争和图存，因而，选择她作为"西部现代化进程中的乡土文化传播研究"的实证调查地具有典型性和地缘意义。

（二）研究方法

　　社会研究的方法论（methodology）所涉及的主要是社会研究过程的逻辑和研究的哲学基础。或者说，方法论所涉及的是规范一门科学学科的原理、原则和方法的体系。[①]对于社会研究过程的逻辑和研究的哲学基础的不同理解造就了两种主流的方法论倾向：实证主义和人文主义方法论。实证主义方法论强调对社会现象和问题保证具体与客观的分析研究，得出类似于自然科学的概括性结论，保证研究过程的可重复性；人文主义方法论则承认人类社会与自然的差异，个体与个体之间的差异，认为研究者可

---

　　① 风笑天：《社会学研究方法》，中国人民大学出版社2001年版，第6页。

以发挥主观性对复杂的社会现象进行探索性研究，用马克思·韦伯的话说，就是要"投入理解"。

定性研究和定量研究是传播学领域的两种基本研究范式，分别受人文主义和实证主义两种方法论的影响而产生，是社会研究的方法论在研究方式上的体现，它们两者各自在对社会现象"质"和"量"的研究中扮演着重要角色。定量研究将问题与现象用数量来表示，进而分析、考验和解释，从而获得意义，其目的是对事物及其运动的量的属性做出回答。定量研究主要借鉴了社会学、人类学、心理学等学科的研究方法，主要有实验法、问卷调查法、内容分析法等。定性研究方法是指"在自然环境下，使用实地体验、开放型访谈、参与型与非参与型观察、文献分析、个案调查等方法对社会现象进行深入细致和长期的研究；其分析方式以归纳法为主，研究者在当时当地收集第一手资料，从当事人的视角理解他们行为的意义和他们对事物的看法，然后在此基础上建立假设和理论，通过证伪法和相关检验等方法对研究结果进行检验；研究者本人是主要的研究工具，其个人背景及其与被研究者之间的关系对研究过程和结果的影响必须加以考虑；研究过程是研究结果中一个不可或缺的部分，必须详细加以记载和报道"①。定性研究搜集材料的方法主要为访谈、观察与实物分析三种。基于相关资料的分析和本论文的研究问题，文章主要采用定性研究方法，材料搜集主要采用以下方法：

观察法。观察法是进行社会调查的一种重要研究方法，它是一种通过研究者亲自到现场，凭借有目的、有计划的直接观察来获得研究材料的方法。笔者主要利用观察法获得关于乡土社会中的乡土艺术、集体文化活动，比如通渭小曲、庙会、社火表演、书画民俗、仪式庆典等的一手材料。重点对调查区域内的乡土艺术形式——通渭小曲的生存现状和活动情况进行了观察，尤其是结合民众的历史记忆和历史文献对通渭小曲的时代变迁情况进行了比对分析。同时，通过对通渭平襄镇、马营镇、陇阳乡、李店乡等地的实地调查，获得了一些重要的与乡土文化传播相关的一手资料。另外，还重点对调查区域内重要的乡土文化和艺术承载体——庙会和社火进行了深入观察，主要目的是获得有关乡土文化和艺术在民间的社会

---

① 陈向明：《社会科学中的定性研究方法》，《中国社会科学》1996 年第 6 期。

功能及其参与度的相关信息。

观察形式既包括参与式观察，也包括非参与式观察。由于笔者是对家乡地区进行调查，因而不仅有语言方面的优势，而且能够很好地融入当地社会，所以观察到的材料会更加真实，信度也比较高。加之笔者长期生活在该调查区域，对该区域非常熟悉，对于一些资料与现象的解读会更加准确、更加合理、更加符合实际，这些开展调查的良好条件都增加了本书的可信度。

访谈法。访谈法是社会科学的另一种重要调查研究方法，属于质性研究方法，与日常生活中的交流和交谈不同的是，传播学研究中的"访谈"具有很强的目的性。访谈本质上来讲是一种言语事件，具有以言表意、以言行事或以言致效的功能。就研究者对访谈结构的控制程度而言，访谈可分为结构型（structured）、半结构型（semi – structured）和无结构型（un-structured）三种类型。

本书主要采用开放型与半开放型访谈相结合的方法，分别对普通乡民、乡土艺术工作者、民间艺术团体、艺术教师与学生、媒介工作者、政府与文化部门、研究专家、典型个案等群体设计针对性访谈提纲进行多次访谈。对普通民众的访谈目的主要是了解基层群众的乡土文化生活状况和他们的真实愿望，以及他们对乡土文化变迁的看法。因为普通民众人数众多，所以笔者主要选取了乡土文化活动较为活跃，乡土艺术团体和工作者较为集中的通渭县南川社、曹家山村、城关大队、西关大队、姜滩社等村落作为普通民众访谈的主要地点，重点对其中乡土文化与艺术参与度和认知度较高的民众进行了访谈。对乡土艺术工作者的访谈是此次实地调查工作的一个重点，这对弄清楚乡土文化传统的传播与传承方式和目前的发展困境具有重要的实证价值，所以，笔者对通渭县境内较为知名的乡土艺术工作者进行了较大范围的深入访谈。由于这些乡土艺术工作者大都是与一定的艺术团体捆绑在一起，因此，对这个群体的访谈主要是以艺术团体为单位进行的，主要对通渭县城内的民间曲艺社、大众秦剧团，还有通渭小曲重镇马营镇的定西市通渭小曲联谊会、通渭小曲协会等的团体成员进行了面对面访谈。为了了解乡土文化教育传播的相关情况，笔者还对通渭县第一中学、李店乡小学、陇阳乡小学等学校的相关学生和教师进行了访谈。为了了解乡土文化和艺术发展的政策扶持以及媒介传播情况，笔者分别对通渭县委宣传部、文广局、文化馆、博物馆、书画院、图书馆、电视台和《通渭文化》杂志的相关负责人进行了访谈。另外，笔者还与当地在研究乡土文化和艺术方面有较高造诣者进行了交流，其中部分较为典型的人员被选作个案研究的对象。

通过对通渭当地 45 名乡土文化和艺术相关人士的两个多月的访谈，笔者获得了宝贵的来自民间的声音。在访谈的过程中，通渭民间曲艺社许克俭会长、通渭小曲协会夏旭东会长、通渭书画院张晓燕院长、通渭文化馆姚子峰和刘宏业馆长、通渭喜龙山庙管会宋义会长等人还给笔者提供了一些珍贵的一手内部资料，这都为本研究的顺利展开和深入探讨奠定了坚实的实证基础。

文献法。文献法是史学研究最常用的一种研究方法，强调对一手文献资料的采集与掌握，并对文献进行准确解读与分析，再利用已知知识，分析推演出未知知识，达到研究创新与突破的一种方法。本研究文献法的运用主要集中在对学界已有的研究理论、著述及对有关调查地区的历史、地理、风土人情、乡土文化等的材料掌握方面。另外，在实地调查期间，由笔者发现或"获赠"的一些宝贵一手内部材料也成为本研究开展文献研究的重要资源。在对通渭小曲展开研究的过程中，由潘守宽主编的《通渭小曲锦集》、王赟提供的《通渭小曲选》手稿、许克俭搜集整理的《通渭小曲》，还有李艳春、柴政伦、王继云、曹俊儒等人提供的部分手稿成为笔者进行通渭小曲文本分析的重要文献来源。

个案法。个案法是了解某一特定现象，在其特定范围内、特定时间内的综合情况的研究方法。个案研究如同解剖麻雀，是源于心理学的一种研究方法，其目的主要是通过对典型个案的解剖，形成对某一类具有共同特点的社会现象比较全面、立体和深入的定性认识，常常与描述性研究、解释性研究和探索性研究相结合使用。本书运用个案法主要对乡土文化传播过程中一些典型事例、典型人物以及具有示范作用的乡土文化传播案例进行剖析，主要选取了魏家庙庙会、通渭县李店小学"姜智民乐班"等作为案例分析对象，分别对乡土文化的传播生态、文化氛围和教育传播的现状、困境、重要性以及所能给予的启示进行了深入剖析，以期能够以小见大，从而达到抛砖引玉或示范启发的作用。

（三）概念说明：乡土文化

民国学者王伯昂认为乡土是指"吾人所居住之本乡、本地的一切自然和人为的环境而已"①。费孝通在《乡土中国》《乡土中国生育制度》等著作中讲到的"乡土"主要是指"乡村"，而乡土社会的基本单位是村落。在他眼里，乡土性是中国的基础色调，而"乡土"之根就在于一个"土"字，他把中国描述为"捆绑在土地上的中国"。费先生关于乡土的认识引领了社会学领域关于这一概念的基本认识。本研究也主要采用社会学领域的认识，将乡土看作与城市相对应的一个概念。

有关文化的定义很多，目前还没有一个能为大多数学者所认可的明确的统一定义。英国近代人类学家爱德华·泰勒关于文化的定义影响最广，在《原始文化》一书中他阐明："文化或文明，就其广泛的民族学意义来说，是包括知识、信仰、艺术、道德、法律、习俗和任何作为一名社会成员的人所掌握和接受的任何其他才能和习惯在内的复合体。"② 文化概念内涵丰富，外延宽广，雷蒙德·威廉斯（Raymond Williams）称之为"英语中最复杂的两三个单词之一"。本人无心也无力对其进行界定，但有一点可以肯定的是，"文化是一个民族或一个区域的群体在其历史的发展中自觉与不自觉地所选取的有利于该民族或该群体生存、繁盛的物质与精神的生活方式"③。它包含了物质文化、精神文化和制度文化等不同形式。

因为没有关于"乡土"和"文化"的统一明确概念，所以"乡土文化"的概念自然也是众说纷纭。冯连惠等将乡土文化定义为"从农村生活方式中生长出来的文化形态"④。赵健杰认为"乡土文化是一种建立在延续几千年的农耕经济基础上的、人同土地休戚与共的利益关系在人们的心理、习俗和观念上的集中反映，是我国农民特有的文化传统。"⑤李友

① 王伯昂：《乡土教材研究》，商务印书馆1948年版，第2页。
② ［英］泰勒：《原始文化》，上海文艺出版社1992年版，第197页。
③ 朱恒夫：《中国文化史教程（修订本）》，江苏教育出版社2004年版，第3页。
④ 冯连惠、孙震、杨乔等：《精神文明辞书（续编）》，人民中国出版社1995年版，第302页。
⑤ 赵健杰：《土地关联：家园依托与社会保障——新型工资劳动者角色规定及价值选择的基本条件》，《中国工运学院学报》2000年第4期。

梅则将乡土文化的概念进一步明确化、具体化，认为它是"可以被社会行动者中的乡村农民这一特殊群体共同习得的思想、观念、规范和习俗的总称；是由乡村农民顺应社会背景和具体的生活处境建构出的行为原则和关系模式。它可以体现为信仰、价值观念、社区精神、道德规范、行为准则、公众制度、历史传统、风俗习惯、生活方式、文化环境和特定象征等大文化的特征"。[①] 本研究中的乡土文化主要是指产生于我国漫长的农耕经济主导的社会历史变迁过程之中，在中国具有普遍意义的不同于城市文化的物质文化、精神文化和制度文化总和，包括知识、信仰、艺术、道德、法律、习俗、生活方式等诸多层面和内容。本选题侧重于研究精神生活层面的乡土文化现象，以乡土文化中的艺术、习俗等为主要调查对象进行探讨。

　　特别说明：文中所引受访者的直接观点，其访谈时间等具体信息均以脚注形式注明。另外，访谈的所有具体情况，包括访谈人员、访谈时间和访谈地点等信息均于文末"附录2"中以访谈时间先后为序逐一列出。

---

① 李友梅：《快速城市化中的乡土文化转型》，上海人民出版社 2007 年版，第 1—2 页。

第 二 章

发展传播学视阈中的乡土
文化社会功能分析

> "'乡土根性'使一个狭小的语言共同体始终忠实于它自己的传统。这些习惯是一个人在他的童年最先养成的，因此十分顽强。"①

乡土文化承载着中国传统社会的文化价值观和审美取向，是普通乡民重要的精神表达方式和生活方式。在各种各样的文化活动和生活方式中，乡土社会的文化价值观和审美情趣得以永续传播与传承，这对传统社会的有机运行和文化模式的巩固和统一具有重要的作用。

当前中国社会现代化进程的快速推进，使产生于传统社会的乡土文化的生存与发展处于新的社会语境之中。作为精神文化的重要组成部分，乡土文化是社会发展重要的精神食粮和助推力。所以，乡土文化及其传播是中国社会发展绕不开的一个重要话题。在新语境中，乡土文化不仅需要延续它的传统文化功能，也有必要焕发出新时代的社会功能。

那么，在中国社会高速现代化和发展的语境下，乡土文化能够扮演什么样的角色呢？下面，笔者主要以本研究的实地调查区域——甘肃省通渭县为例，分析乡土文化及其传播所具有的社会发展功能。在进行具体的分析前，首先对甘肃省通渭县的区域和文化特征做一简要介绍，以便对这个地区具有一个整体性的认识。

---

① ［瑞士］索绪尔：《普通语言学教程》，高名凯译，商务印书馆1980年版，第287页。

一　区域及文化特征①

（一）通渭人文

通渭县为甘肃省定西市属县，位于甘肃省东南部，地处陇西黄土高原腹地、渭河支流——牛谷河中上游，现辖 18 个乡镇 332 个村。通渭历史悠久，文化积淀深厚，已有 2100 余年的历史。汉元鼎三年（公元前 114年），汉武帝从陇西郡分设天水郡，辖 16 县，郡治平襄（今通渭县城所在地），是为通渭置县之始。平襄县为天水郡附廓首县，县名平襄取"平定襄戎"之意。五代十国割裂割据之后，北宋以秦州为据点，经略陇右。1068 年，即宋神宗熙宁元年，陕西秦凤路副督总管杨文广在散渡河上游擦珠谷（今通渭县西部）筑一大堡②，以作屯防，因境内有牛谷河通往渭河③，朝廷赐名"通渭堡"。熙宁五年（1072 年），通渭升堡为寨，崇宁五年（1106 年）升通渭寨为通渭县，因寨为治，属巩州（治今陇西），县名至此确定。忽必烈至元七年（1270 年），通渭县移治今城区④，属陕西行省巩昌路辖（治今陇西）。清初，陕甘分治，通渭改属甘肃省巩昌府。中华人民共和国成立后，通渭县属天水专区辖，1955 年改属甘肃省定西专（地）区（现定西市）所辖至今。

通渭县辖 18 个乡镇 332 个村，"平襄镇"为通渭县城所在地。

通渭地处黄土高原南部的连绵地带，为黄土丘陵沟壑区，自然条件严酷，平年干旱少雨，境内沟壑纵横，植被稀少，素有"十年九旱"之说。通渭是以农业为支柱产业的地区，全县人口以农业人口为主。截至 2011年末，全县总人口为 44.67 万，而农业人口占到了 90% 以上。因境内水资源极度匮乏，加之农业技术和基础设施建设落后，农业生产基本处于"靠天吃饭"的状态，每逢大旱之年，作物绝收，老百姓的日常生活，甚至生存就受到了极大的影响和威胁。通渭的城镇化率也远远低于全国和全

---

① 参见通渭县志编纂委员会《通渭县志》，兰州大学出版社 2010 年版，第 3—4、598—618页。

② 今甘肃省通渭县西部什川乡李家坪古城遗址。

③ 一说取通往渭州（今临洮）之意得名。

④ 今通渭县平襄镇。

图2—1   通渭县地图

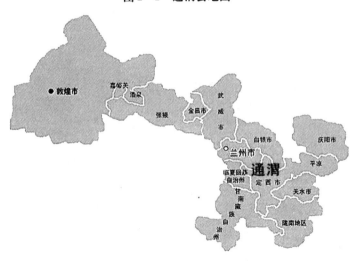

图2—2   通渭县区位图

省的平均水平①，仅为 14.15%，比全国和全省分别低了 37.12 个和 23 个

————————

①   根据 2011 年国家和甘肃省发布的国民经济和社会发展统计公报，全国城镇化率为
51.27%，甘肃省为 37.15%。

百分点。① 与发达地区相比，县域城镇数量少，规模小，仍处于城乡分离、工业与农业分离的强二元经济社会格局。

甘肃省简称"陇"，通渭县位于陇中地区，为定西市管辖县，地理位置介于省会兰州市和天水市之间，属于黄土高原丘陵沟壑地貌，自然条件严苛，素有"十年九旱"之说。

（二）"通渭现象"

在历史发展的长河中，地处中原文化与西域文化交汇地带的通渭形成了自己独特的区域文化。通渭自古崇尚耕读，人才辈出，乡土文化气息浓郁，清乾隆年间陕西巡抚赞誉通渭"政事、文章最优"②。东汉著名通渭籍"夫妻诗人"秦嘉、徐淑，其忠贞不渝的爱情故事和文近旨远的五言诗章为中国文学的发展做出了重要贡献。③ 在社会主义新时代，大陆旅英华人首位获得英国皇家科学院院士称号的杨子恒、中国科学院院士姚檀栋、中国科学院院士尚永丰等都是从通渭走出的农家子弟。

通渭人不仅崇尚文化，也钟情于艺术，其乡土文化与乡土艺术源远流长，是陇中地域文化的典型代表。通渭县被文化部、中国书法家协会、全国工商联先后命名为"中国书画艺术之乡""中国民间文化艺术之乡""中国书法之乡""全国书画产业先进县"，但这些名头都不足以说明通渭人对于书画艺术的热爱。从官方的统计数据来看，通渭籍国家、省级书法和美术协会会员共有 82 人，其中中国美协会员有 5 人、甘肃美协会员 35 人，中国书协会员有 25 人、甘肃书协会员 55 人，在甘肃省县级同类人员中名列第一。作为一个人口只有 40 多万的小县份，通渭的画廊和书画装裱店就有 380 多家，习字作画者和有一定创作水平的人员达 3300 人，年书画作品交易额达 5000 万元以上，通渭已经成为甘肃省乃至西北地区重要的书画艺术作品的交流交易中心和集散地。④

---

① 数据来源：2011 年甘肃省通渭县国民经济和社会发展统计公报，2012 年 5 月发布。
② 通渭县志编纂委员会：《通渭县志》，兰州大学出版社 2010 年版，第 4 页。
③ 参见陈维山《通渭史话》，甘肃文化出版社 2008 年版，第 65—69 页。
④ 资料来源：《通渭县书画事业发展情况》，通渭县书画院内部资料（2013 年 8 月）；《通渭县 2010—2015 年书画产业发展规划》，通渭县书画院内部资料（2010 年 4 月）。以上资料均由通渭书画院院长张晓燕提供。

　　除了专业经营与创作人员人数众多，通渭普通老百姓喜爱字画也蔚然成风，这是通渭书画发展创新的群众基础。很多农民农闲时节"放下锄头，拿起笔头"进行书画创作，其中既有80岁以上的老人，也有不满10岁的小朋友，逐渐形成了"人人爱书画，个个练书画，家家挂书画"的"通渭现象"。用当地人的话说就是"有吃有穿，清洁平安；字画满堂，生活自然""家中无字画，不是通渭人"。毫不夸张地说，艺术已经内化为当地人的一种风俗，甚至是某种信仰，俨然成为通渭人的一种生活方式。

图2—3　通渭书画艺术节进行书法表演的小学生

（三）通渭小曲

　　"通渭苦，甲天下"，但通渭人在严酷的自然条件之下，创造出了独特而丰富的地域文化。这些文化深深扎根于黄土高原，脱胎于通渭劳动人民的日常生活，天然具有了一种泥土的芬芳。除了喜好书画艺术，通渭人还发展出了一整套属于自己的文化生活方式。庙会、小曲、春缨、遮面、影子腔、社火、窗花、脊兽等都是当地老百姓日常生活中不可或缺的文化元素，是人们表达情感，展现审美，维护人际关系，娱乐自身的途径，具有浓郁的乡土气息。作为国家级非物质文化遗产的"通渭小曲"就是当地文化生态系统中的一朵奇葩。人们不禁会问，在如此贫穷、自然条件如此恶劣的环境中如何能孕育出如此琳琅满目、绚丽多姿的文化？答案确实值得认真探究，但可以肯定的是，通渭的乡土孕育了通渭文化，通渭人也离不开通渭文化，通渭文化离不开通渭人。

国家级非物质文化遗产"通渭小曲"又称"通渭小唱"，其形成的确切年代无史可考，大致是在明、清之际由通渭劳动人民通过糅合陇东道情、碗碗腔、北路乱弹、西北民歌和山歌的各种音韵发展而来，因其通俗短小，民间也称其为"小唱"和"干嚎儿"。通渭当地人喜好小曲的程度甚至超过了在西北地区最为流行的戏曲秦腔，当地有句谚语"宁看通渭的地摊子，不看兰州的三鞭子"①，这正是当地人喜好小曲的真实写照。在20世纪50年代至80年代，小曲在通渭曾经拥有"庄庄②唱小曲，人人学小曲，个个爱小曲"的辉煌。目前，通渭小曲在当地流传极为广泛，全县18个乡镇均有小曲的影子，其中尤以马营、平襄两镇最为兴盛。

图2—4 甘肃通渭县小曲分布图

资料来源：甘肃省通渭县文化馆。

---

① 一种秦腔特技绝活，这里指代"秦腔"。
② 同"村村"，通渭俗语。

通渭小曲群众基础深厚，其演出时间多在农闲时候，场所一般选在农家院舍或村头地摊进行，演出的时候不排练、不化妆、不表演，演唱者甚至可以"闭着眼睛"跟着伴奏拉开了嗓子唱，这种演唱方式民间一般称为"地摊清唱"，是当地老百姓日常生活中最为常见的演唱形式。随着社会的发展，通渭小曲逐渐被搬上了舞台，出现了剧台化的表演形式，这种表演形式需要化妆、排练，而且搭配了一些表演动作，需要演员登台演出。

图2—5 通渭小曲"地摊"清唱
农闲时节小曲爱好者正在农家院落自娱自乐。（张子斌摄）

资料来源：甘肃省通渭县文化馆。

通渭小曲由曲牌、曲调和脚本三部分组成，其曲牌和曲调是固定的，人们只要填入新词便可以创作出新的曲目，它的这个特点非常便于普通民众参与创作，民间的创造力也因此能够得到充分的发挥，这或许也是通渭小曲极具吸引力与生命力的原因之一。在内容和题材方面，通渭小曲以爱情故事、神话故事、历史故事、典型人物等为主，集中体现出当地老百姓对于真、善、美和美好生活的殷切追求。因其具有的巨大历史价值、文化价值和社会价值，通渭小曲于2011年5月被列为第三批国家级非物质文化遗产。

伴随着西部大开发的步伐，通渭也进入城镇化和现代化快速发展时期，人们的价值观和娱乐方式开始多元化，尤其是现代传媒技术的出现使得人们的文化生活方式发生了巨大的变迁，产生于农耕文明中的通渭乡土文化又该怎样创新与发展确实是值得我们研究与探讨的课题。

二 乡土文化社会功能分析

人是文化的动物，也是传播的动物。乡土文化传播是在我国漫长的农耕经济主导的社会历史变迁过程中人们创造和发展文化的本能需求。它对特定文化群体共同"集体意识"的形成、身份认同的达成、精神信仰的维系等方面具有重要作用。

（一）仪式主导下的"狂欢"和"凝聚"

仪式活动是一种古老的文化现象，最早起源于人类与超自然的"对话"与"沟通"，具有强烈的宗教神秘色彩，是人类在改造自然的过程中出现的一种普遍文化现象，具有符号性、象征性、隐喻性、神秘性和共享性等特点。随着社会的发展，仪式活动早已突破远古时期的宗教范畴，逐步演变为社会各个领域的日常仪式活动，比如各类庆典活动、文化礼仪活动、体育开闭幕式、政治与外交礼仪等，仪式因此也演变为人与人之间，人与群体之间，群体与群体之间进行对话与沟通的重要媒介，是人们获得自我身份认同和群体意识的重要途径。

人们通常会把传播看作是一种具有目的性的过程或者技术。传播的"传递观"就强调传播的"工具性"，认为传播就是信息通过媒介载体进行的"运输"过程，是一种"时间对空间的消灭"。美国学者詹姆斯·凯瑞打破了传播的"传递观"，提出了传播的"仪式观"。他从仪式的角度定义了传播，认为"传播一词与分享、参与、联合、团体及'拥有共同信仰'这一类词有关"。这一定义反映了传播的本质是共性、共有、共享与沟通。

基于传播的仪式定义，詹姆斯·凯瑞进一步指出，"传播的起源及最高境界，并不是指智力信息的传递，而是建构并维系一个有秩序、有意义、能够用来支配和容纳人类行为的文化世界。"[1]"如果说传播的传递观其核心在于讯息在地理上的拓展，那么传播的仪式观其核心则是将人们以团体或共同体的形式聚集在一起的神圣典礼。"[2] 因此，传播的"仪式观"所强调的是传播在时间上对于社会的维系作用及其信仰表征的共享功能（即使有的信仰是虚幻的），而不仅仅是信息的地理扩散和人类的传播行为本身。

传统的中国乡土社会中，人们是以血缘和地缘为纽带联结成了文化表达的社会空间。由于以土地为基础的农业经济在中国历史发展的长河中占据了压倒性的地位，因此，中国的传统文化也不可避免地与农耕社会的自然周期和规律产生了必然联系，表现在传统节日方面，就是中国绝大多数传统节日与文化习俗都是与农业生产密切关联的，尤其偏向于以二十四节气作为一些重要节日的制定依据，例如春节、元宵、二月二（也称龙抬头）、清明、端午、七夕（也称七巧）、中秋、重阳、腊八等都是由此而来。

传统文化中的"社火"表演就是一种在中国传统节日春节期间由各乡村群众自发组织的集体性文化娱乐活动，主要流传于北方地区，尤以西北地区常见。东汉史学家班固在《白虎通义·社稷》里说："社者，土地之神也。土生万物，天下之所主也，尊重之，故自祭也。"火，即火祖，是传说中的火神，能驱难避邪，亦有红火、热闹之意。在古代农业社会，生产力低下，科学技术落后，人们无力主宰大自然，土地成为先民赖以生存的唯一基础，成为他们的最高的"神"。为了能够获得农业丰收，人们幻想着通过某种仪式来"娱神"，以求来年风调雨顺、五谷丰登、人畜兴旺，于是人们围绕他们最高的神——"土地"和"火"，以社[3]为单位"击器而歌，围火而舞"，这大概就是"社火"的起源。詹姆斯·凯瑞指出了仪式的宗教根源性，认为它从未完全脱离宗教的基本隐喻。因此，我们可以将社火看作是一次"弥撒仪式"，在那种场合下，虽然人们没有学

---

① ［美］詹姆斯·W. 凯瑞：《作为文化的传播》，丁未译，华夏出版社 2005 年版，第 7页。

② 同上书，第 28 页。

③ 古代方圆 6 里为一社。

到什么新的东西，但是特定的世界观和价值观却得到了描述和强化。社火是一个高度仪式化的行为，更是一种戏剧化的行为，它不单纯是信息的传播，更是对文化群体共同的"美好世界"的描述与再分享。在这个高度规则化的仪式中，新知识显得不是那么重要，重要的是文化群体的特有价值观和世界观得到了反复描述与强化。

"通渭社火"是一种典型的西北社火形式，它主要是在春节至元宵节期间进行筹备和表演，多以自然村为单位组织活动。从大年初四开始，各个村的人们就开始筹划，通常会选出一个"社火头"① 统一指挥和调配人马，但凡日常用度、购买服装、置办道具等的钱都是村民自愿捐赠。由于演出节目排练和表演强度大，故直接参加人员多为中青年，但是老年人、妇女、儿童也都会间接参与，做一些力所能及的"后勤工作"。大年初四到正月十三是筹划准备阶段，在这段时间里，村里的人只要有空都会聚集到属于他们村自己的"小广场"来帮忙。经过大约十天的准备，正月十四、十五社火队就要"出马"② 了。社火队一动，全村的人都会出动，不管男女老幼都会跟着社火队浩浩荡荡向村外进发。一般来说，社火队出村首先要去的地方就是"社庙"。来"社庙"的目的，是给"庙神"表演社火，以感谢"神"一年来的保佑。按照当地人的说法，只有先让"神"看完了，才能开始给居民们表演。可以说，通渭社火深深地打上了"娱神"的烙印，"娱人"必须是在"娱神"之后才能进行的，具有突出的宗教仪式色彩。

"社火"最初是一种"娱神""酬神"的仪式活动，发展到后来就带有了一些世俗性、功利性，甚至娱乐性的色彩。"社火"需要全村的人集体参与，在完成人—神"沟通"的同时，人们也能参与其中共享喜悦，由此逐渐演变为具有狂欢性质的集体仪式。也就是说，它在后来的发展过程中具有了"娱人"的成分。每年正月十四、十五是各乡镇社火进县城集中展演的日子。在这两天，社火队会给各商户和各单位"下帖"③，如

---

① 在通渭俗称"总理"。

② 出发表演之意。

③ "下帖"通常是发一张类似请柬的纸片，如果对方愿意接下就表示愿意招待社火队进行表演，它起到一种礼仪和接洽的功能。

果对方接帖，社火队就会按照一定的顺序在单位或商户门前进行表演，表演完毕，各接帖方都会自愿给一定的经济赞助，以示感谢，这种表演形式当地称为"过街社火"①。晚上，社火队大多会进村串户表演。社火经过之处，锣鼓喧天，爆竹声声，村民们也会闻声"倾巢而动"，好不热闹。当然，也有不串户而选择村子的一处宽阔地（例如"打麦场"）进行"官摊演出"②的。"官摊演出"时，全村居民自愿送来各样饭菜款待社火队人员，人们扶老携幼，有本村的，也有邻村的，熙熙攘攘，热闹非凡，是辛劳一年的村民们真正的狂欢时刻。老百姓喜欢"耍社火"，也喜欢看社火，更喜欢"接社火"，这是因为他们相信社火可以辟邪驱鬼，带来幸福安康，这是带有浓厚原始宗教仪式色彩的文化信仰。"人们围绕着群体共同的象征符号聚集到一起，置身于一种面对面的直接联系，并沉浸于集体的兴奋状态。"③通过社火的展演，人们的情感得到了表达，精神得到了宣泄，审美得到了满足，这是乡土文化娱乐功能的集中体现。

通渭社火的传统表演内容丰富，形式多样，涉及音乐、舞蹈、曲艺、杂技、武术、戏曲、工艺美术等众多艺术门类，具有突出的地域特色和乡土气息，是一个乡土艺术的集中"展演场"。通渭小曲编校、通渭县第一中学语文教师王赟认为，"社火"应为"社话"，其中的"话"指的是民间曲艺活动。在通渭民间，"演社话"（俗称"耍社火"）又被称为"演故事"，而"社话"就是依据曲艺的文字脚本演唱故事。因此，通渭"社火"应该理解为以元宵节为主要时间段，以乡村为活动中心，以驱邪、娱神、乐人并施予教化之功的民间群众综合性曲艺活动。④任何文化都有其生存和发展的载体，王赟认为，"通渭小曲"的主要载体就是社火，正是社火，才让小曲演唱发扬光大。

如果没有以传统节日庆典为目的的社火表演，很多乡土文化与艺术，例如小曲，就会失去依存的附体。通渭小曲是通渭社火的一个重要表演节目。在社火表演中，通渭小曲还会搭配秧歌队一起表演，小曲伴奏、伴

---

① 因其表演场所主要是在商户或单位门前的大街上而得名。

② 通渭方言，公共场所集中演出之意。

③ ［美］戴安娜·克兰：《文化社会学》，王小章、郑震译，南京大学出版社2006年版，第20页。

④ 上述观点参考了由王赟主编的通渭县第一中学校本教材《通渭小曲选》的自序部分。

唱，秧歌伴舞，在娱乐中人们的精神面貌得到了提升。因以"走唱"形式演出，当地人也把"唱小曲"称为"耍秧歌"。一般来说，"耍秧歌"表演可分为四个阶段："大年初六至初九，在本村热身试演，谓之'热窝'；初十至十二，进入本村居家小院，谓之'闹窝'；十三至十五出村演唱，谓之'出窝'；第四阶段便是'送瘟'，时间在正月十六子夜。"①在"送瘟"阶段，人们一般会装扮成神仙模样，如四大天王、秦琼敬德等，一手拿着麻鞭，一手拿着各种兵器，帽子、耳朵、兵刃、麻鞭和腰际还会挂上用以辟邪的各式彩色纸幡。入更后，送瘟队伍便要出发，挨家挨户地除瘟。他们口发"嗷嗷"（拟声词）之声，居民家里所有物件和家什都要用麻鞭和兵器击打，以除魔驱邪，现场气氛肃煞异常。通渭社火中的"唱小曲"也具有娱乐、酬神、驱邪、祭祖、祈求丰收等多重象征性意涵，仪式色彩浓厚，但在历史发展进程中，"唱小曲"活动也逐渐演变为当地人日常生活中的一项重要娱乐手段。

图 2—6 通渭社火中的"唱小曲"表演

通渭社火的"唱小曲"表演通常由秧歌伴舞。

另外，在进行小曲和社火演出的时候，人们通过互相交流，社会与人际关系得到了协调，人们的文化共识得到了又一次升华和聚合，共同的信

① 姚子峰：《通渭小曲探析》，《通渭文化》2010 年第 1 期。

仰、价值体系和文化表征使得文化群体具有了强大的凝聚力和向心力。乡土文化传播"就像血液流经人的心血管系统一样流过社会系统，为整个有机体服务，根据需要有时集中在这一部分，有时集中在另一部分，保持接触和平衡以及健康"①。这体现出乡土文化及其传播在协调社会与人际关系，形成社会规范与集体意识，促进社会整合等方面所具有的社会功能。因此，无论是社火还是小曲，还是其他乡土文化和艺术生活，它们都提供给人们一种情感凝聚的方式，同时激发出人们对于乡土的热情，成为乡民的精神食粮和文化标签。

在仪式观的视野中，传播是意义与符号组成的综合系统，该系统的使用过程就是传播过程，在这个过程中一个共享文化就被创造了出来，并会进一步被"修改和转变"。因此，从历史角度来看，传播造就了文化和艺术。总之，作为乡土文化的民间小曲和社火既是一种具有强烈仪式内涵的祭礼，也是中国传统乡土社会中的人们借"娱神"行乐的一种集体性文化娱乐活动，具有突出的娱乐功能。在历史的发展过程中，民间小曲和社火从最初的"娱神"逐步向"娱人"转变，具有了明显的世俗倾向和双重文化品格，是寄寓民众热烈而朴素的文化追求、宗教热情和社群感情的"中国式狂欢"。它们集信仰仪式、激励娱乐、关系协调、社会整合、身份认同、价值观统合等多项功能于一身，是各种乡土文化和艺术展示与传播的"集合场域"。

通渭乡土文化在当地乡土社会生活中扮演了重要的精神纽带角色，它不仅是人们表达情感的重要方式，也是通渭人精神面貌的直接反映，在通渭社会的机能运作过程中发挥着重要的功能。通渭人把乡土文化当作一种文化身份的认同，这或许也是小曲和社火在当地备受喜爱的一个重要原因。包括小曲、社火在内的乡土文化是通渭传统文化的重要组成部分，也是通渭先进文化的重要创新源泉。它不仅可以促进新乡村精神文化的建设，也能凝聚民心、鼓舞斗志、增强民族自尊心和凝聚力，在新时期依然具有重要的社会价值。

改革开放后，中国社会快速向现代化转型，人们的价值取向开始多元

---

① ［美］威尔伯·施拉姆、威廉·波特：《传播学概论》，陈亮、周立方、李启译，新华出版社 1984 年版，第 20—21 页。

化，道德滑坡现象严重。新时期，我们需要一股力量凝聚人心，团结群众，而乡土文化中仪式传播的象征性信息正好可以发挥这样一种社会整合的媒介功能。因此，乡土文化作为华夏文明的底色，它的传播对于民族凝聚力的产生、文化安全的捍卫、身份认同的强化以及集体文化意识的留存都具有决定性的现实价值。

（二）无声的教化

乡土文化传播的价值也体现在其教育教化功能方面。教育是社会成员完成社会化的一个重要途径，教育的完成除了通过学校教育外，更多的是在日常生活中实现的。乡土文化传播的教化教育功能主要是通过潜移默化的方式达成的。以通渭小曲为例，它的传播方式主要是通过人际表演形式完成的。作为传播者的民间小曲创作者，为了达到教育、教化民众的目的，创作出了许多反映当地老百姓道德价值观和社会规范的曲目。

中国传统文化深受儒家文化的影响，追求"以人为本"的道德观，以"修齐治平"为社会理想目标。"修身"在中国传统的"和谐文化"中具有前提性的位置，它是社会理想目标达成的第一步，只有"修身"才能"治国"，才能"平天下"。而要"修身"，首先就要做到自身内心的和谐，而要做到这一点，就需要通过"克己"来完成。"克己复礼曰仁"，"仁"是儒家文化中的一个重要概念，它强调个人的责任和义务。因此，要"为仁"首先就需要"克己"，即"为仁由己"，这要求个人具有"爱人"之心和"孝悌"观念，在社会生活中要约束言行、遵守礼仪并待人友善，这样才能达到社会的和谐——这是中国传统文化的人本道德观。张岱年指出："中国传统文化中以人为本的道德人本主义的思想传统，把道德实践提到至高的地位，对于人的精神开发，对于个体道德自我的建立，有着十分重要的意义。"[①]

作为扎根于中国传统文化的通渭小曲，其表演内容就清晰地表露出了这一道德倾向。例如，深受通渭老百姓喜爱的传统通渭小曲曲目《王祥卧冰》是根据历史故事改编而成，讲述的是晋人王祥为了能让患病的继

---

① 张岱年、方克立：《中国文化概论》，北京师范大学出版社 1994 年版，第 5 页。

母喝上鱼汤，在寒天雪地间去结冰的河面"卧冰求鲤"的故事。他"卧冰求鲤"的行为终于感动了龙王，龙王给他送上了大鱼，其愿终遂，主人公王祥也因此被后世奉为践行孝道的典型人物。这个故事在现代人看来似乎充满了荒诞和愚昧，王祥怎么可能卧冰而不被冻死呢？但事实是，这个曲目是最受当地老百姓喜爱的曲目之一，当地老百姓似乎很愿意"被愚"（当然不能认为当地老百姓真的是愚昧的）。其实，通渭小曲中《王祥卧冰》的故事不管有多么荒诞与不合生活逻辑，它在当地老百姓的心目中已然不仅仅是一个故事了，更是一种"受听习惯"，不听是万万不行的。在通渭的现代语境中，这个故事本身已经完全超越了承载它的文本，传递给了老百姓一种"道德"和"价值"，体现了通渭人对于伦理孝道的理解。

《张连卖布》是另一个经典的通渭传统小曲曲目，讲述的是本来家底殷实的农民张连因沾染赌博恶习而倾家荡产、妻离子散，后经邻居王妈教育劝阻，才意识到赌海无边，发誓浪子回头，后在家安心务农，最终跟妻子重归于好的故事。这个故事的广为传唱，对净化社会赌博风气、劝化乡人起到了良好的教育与警示效果。张连戒赌成功回归正常人的生活，并与妻子破镜重圆的圆满结局，也顺应了老百姓的理想心愿。下面是通渭小曲曲目《张连卖布》中邻居王妈劝阻张连的唱词选段：

《张连卖布》唱词节选①

你爹妈在世时勤劳节俭，置下了田和地日子宽展②。
到你手输完了祖先家产，只落得少吃穿受尽艰难。
要不是四姐娃③将你照管，你张连诚恐怕没有今天。
她为你吃尽苦织布纺线，过的是穷日子从没摊嫌④。
常言说浪子回头金不换，从今后把手洗再莫耍钱。
你应该知错改错没怠慢，跟四姐一条心料理家园。

---

① 唱词由通渭马营小曲协会会长夏旭东提供。
② "宽裕"之意，通渭方言。
③ 张连之妻。
④ "嫌弃"之意，通渭方言。

你快去给四姐赔情①道歉，我保那四姐娃留你身边。

乡土文化为文化群体成员提供了一系列的行为和价值规范体系，通过"润物细无声"般的传播和影响，达到了个体与个体、个体与群体、个体与整个社会在世界观、人生观、价值观和伦理道德观等方面的相对一致，从而实现文化的社会整合、社会规范与社会约束功能。邻居王妈通过对比赌博前和赌博后张连家里发生的变化说明赌博的危害，再描述张连之妻四姐娃的坚贞与不易，动之以情，晓之以理，劝诫张连"浪子回头"。曲目唱起来朗朗上口，说理过程丝丝入扣，内容发人深省。正是在类似曲目的经年累月的反复传唱间，通渭小曲的教育教化功能逐渐得以实现。

"从维护文化自身的持续与发展而言，教育的过程就是文化的过程，教育的内容也就是文化的内容，教育的形式也就是文化的形式。"② 因此，乡土文化传播教育教化的实质就是文化的维护、延续和发展。跟大众传播相比，乡土文化传播无论从传播者、传播内容，还是传播方式等方面更具有"亲民性"。"寓教于乐"的传播方式，让乡土文化的传播具有天生的优势，潜移默化间其教育教化的功能就实现了。

（三）对抗"工具理性"的理性工具

马克斯·韦伯③是公认的现代化理论的鼻祖之一，"理性化"（rationality）是其现代化思想的核心概念，也是他对现代化理论的最大贡献之一。马克斯·韦伯把人的"理性"分为四类：工具理性（也译为"目的理性"）、价值理性、形式理性和实质理性。

韦伯所谓的"工具理性"是指"目的合乎理性的，即通过对外界事物的情况和其他人的举止的期待，并利用这种期待作为'条件'或者作

---

① "赔不是"之意，通渭方言。
② 朱增朴：《文化传播论》，中国广播电视出版社1993年版，第60页。
③ 其观点主要参见［德］马克斯·韦伯《经济与社会》（上下卷），林荣远译，商务印书馆1997年版；［德］马克斯·韦伯：《新教伦理与资本主义精神》，中国社会科学出版社2009年版；尹保云：《什么是现代化——概念与范式的探讨》，人民出版社2001年版。

为'手段'，以期实现自己合乎理性所争取和考虑的作为成果的目的"①。他还说："谁若根据目的、手段和附带后果来作为他的行为的取向，而且同时既把手段与目的，也把目的与附带后果，以及最后把各种可能的目的相比较，做出合乎理性的权衡，这就是目的合理性的行为；也就是说，既不是情绪的（尤其不是感情的），也不是传统的。"② 简单来说，韦伯的工具理性就是个体为了达到个人利益的最大化，其行为采取精心设计和合理计算策略，其出发点主要围绕自身的物质或精神的"利益"而展开，忽视外界和他人的因素。工具理性是出于人类本能的，因此也是普遍存在于人类社会的，具有固定不变性。相对于工具理性的本能性，韦伯还提出了"价值理性"概念。"价值合乎理性的，即通过有意识地对一个特定的举止的——伦理的、美学的、宗教的或者任何其他阐释的——无条件的固有价值的纯粹信仰，不管是否取得成就。"③ 价值理性与工具理性不同，它不具有个人功利性，它往往与人们对道德、审美和信仰的追求密切相关，因而也是流变的，甚至是牺牲的。总之，"所谓目的理性，就是按照天生的自利和自保来行事；所谓价值理性，就是扼守后天学习的道德的、审美的、宗教的教条"④。

马克斯·韦伯所说的"形式理性"是指事物的可计算与实际计算的程度，程度越高，行为越理性化。换句话说，形式理性是把事物根据它的内在规定性进行分解，使之量化、指标化，进而实现精确计算的过程。它侧重对程序、手段、方法和可行性的考察，而对目标与后果漠不关心。这就像是水质监测选取某些特定指标进行量化处理一样，工作人员只会对有限的量化数据和监测环节负责，但导致水质变化的整体环境和复杂社会因素不在他们的考量范围之内。

韦伯的"实质理性"概念较为模糊，相对于形式理性，"实质理性就是除了技术上可计算的范围，还要考虑其他的因素"⑤。"实质理性"把复

---

① ［德］马克斯·韦伯：《经济与社会》（上卷），林荣远译，商务印书馆1997年版，第56页。

② 同上书，第57页。

③ 同上书，第56页。

④ 尹保云：《什么是现代化——概念与范式的探讨》，人民出版社2001年版，第71页。

⑤ 同上书，第72页。

杂的事物进行复杂化和原样化处理，以目标和结果能否实现为重要意图，而方法、手段、程序和可行性等因素不再是重点关注对象，这就使"实质理性"的后果往往呈现出复杂化、不确定和不可控的特点。

以上四种合理性概念，价值理性与实质理性具有一致性，工具理性与形式理性具有统一性，我们可以把这两对具有密切关联性的概念看作是区分不同类型的价值观、思维方式和行为方式的重要维度。马克斯·韦伯认为，现代化就是"理性化"的过程，而他所指的"理性化"主要是指工具理性化和形式理性化。显然，在马克斯·韦伯的视野中，"价值理性—实质理性"维度和"工具理性—形式理性"维度成为区分传统社会与现代社会的框架，现代化实质上就是从第一维度向第二维度的演进过程。当然，不管是"传统"还是"现代"社会，它们一般都会同时包含这两个维度，只不过不同的是它们所具有的整体偏向性。如果一个社会整体偏向"价值理性—实质理性"维度，那它就是一个相对传统的社会，反之就是相对现代的社会。因此，"传统"与"现代"也是一对相对概念。

韦伯认为，现代化具有很多负面的影响，他对现代社会中价值理性和实质理性的缺失感到非常惋惜。他认为，现代资本主义精神是由理性主义主导的，在这个社会里，赚钱和赢利不再是人类满足自身物质需要的途径和手段，而是成为很多人的终极人生追求和人生目的，这是现代资本主义社会普遍存在的一种现象。韦伯认为，人类对于金钱的贪婪追求是某种反常本能——拜金欲的产物。① 现代人为了追逐金钱，忽视了生活和生命的本质意义；虽然拥有理性，但却丢失了价值追求。当生活手段变成生活目的之时，现代社会就具有了强烈的"工具理性"色彩。

继马克斯·韦伯之后，法兰克福学派的诸多学者对现代社会的"工具理性"倾向做了进一步探讨，批判其导致的人的"异化"和"物化"现象，其中尤以法兰克福学派的第二代旗手哈贝马斯②最为著名。哈贝马

---

① 参见［德］马克斯·韦伯《新教伦理与资本主义精神》，中国社会科学出版社 2009 年版，第 32 页。

② 参见［德］哈贝马斯《交往行为理论》（1—2 卷），张博树译，重庆出版社 1994 年版；［德］哈贝马斯：《交往与社会进化》，张博树译，重庆出版社 1989 年版；哈贝马斯：《公共领域的结构转型》，曹卫东译，学林出版社 1999 年版；许正林：《欧洲传播思想史》，上海三联书店 2005 年版。

斯认为，人们无休无止地追求眼前利益、个人利益、经济利润、工作效率而忽视价值追求的"工具理性"倾向使得自己永远陷入了韦伯式的"铁笼"。在它的无孔不入的渗透下，人们的生活变得机械化、工具化、物质化和自私化，以前那种追求内心世界和谐的人生观取向荡然无存。工具理性在哈贝马斯的视野中成为西方现代社会的痼疾，是"科学"与"理性"主导的现代社会的"阿喀琉斯之踵"，哈氏对工具理性在资本主义社会疯狂而野蛮的扩张进行了大力的批判。在批判工具理性的同时，哈氏试图给出一剂治愈这"痼疾"的良方，最终他提出了"交往行为理论"。

哈贝马斯认为，人类只有通过"合理的"交往，才能冲破工具理性所编织的韦伯式"铁笼"。这种交往是通过语言的彼此沟通、互动和协商，以最终达成共识和团结为结果的。"在相互理解的功能方面，交往的行为服务于文化知识的传递与更新；在协调性行动方面，交往的行为服务于社会的整合与团结的构建；最后，在社会化方面，交往行为服务于个人同一性的形成。生活世界的符号性结构是通过有效知识的连续化，由群体团结的稳定化和具有责任能力的行为者的社会化的途径再生产出来的。""文化、社会和个人作为生活世界的结构要素与文化再生产、社会整合和社会化的这些过程相一致。"① 可以看出，在"交往行为理论"中，"交往行为"是一个中心概念，因为只有交往行为才能让客观、主观和社会三者连接起来。与此同时，哈贝马斯还强调了"交往行为"的合理性。他所提倡的"交往理性"是在理性原则的指引下对工具理性的动态性对抗，通过平等交流达到意见的统一和相互的理解，从而营造出一个平等、自由、和谐、非暴力的合理"生活世界"。

韦伯和哈贝马斯都对现代化的不良结果进行了批判，他们的矛头直指高度现代化的资本主义社会。改革开放后，中国社会包括西部地区都步入了现代化的快车道，尤其是随着中国特色市场经济体系的建立，中国的很多乡村开始向城镇化转型，商业气息逐渐笼罩了原先淳朴的乡野。市场经济是以商业逻辑作为其主要运行原则的，在这一原则的支配下人们的行为不可避免地会"异化"和"物化"。商品拜物教主导下的价值观最终会导

---

① ［德］哈贝马斯：《交往行为理论》（第 2 卷），张博树译，重庆出版社 1994 年版，第 188—189 页。

致人们交往和生活中的唯利是图和"价值理性"的丢失，沦落为生活和金钱的"奴隶"，"迷失"了生活目的。这种"工具理性"的倾向与现代化和发展的价值目标是相悖的。一切社会的发展，从本质上来说，不就是为了人的全面、自由的发展和彻底解放吗？如果现代化的结果是人的"物化"和"被奴役"，发展的意义又何在？

因此，当我们从理论回归到乡土社会的时候，我们不禁会想到传统文化的现代价值。如果按照韦伯的观点，乡土文化生活就是一种追求价值理性和实质理性的生活方式，它对现代社会的工具理性倾向具有克服作用。当我们将视野再延伸到哈贝马斯所描述的"合理世界"时，我们又会发现，人们就是通过乡土文化的传播进行彼此对话沟通、互动协商，最终达成共识和团结，实现哈氏所讲的"理解功能""协调功能"和"社会化功能"的。有这样一个对抗工具理性的"理性工具"，我们又如何能不重视它，而甘愿被绑架在现代化的车轮上，丢弃对于价值的追求，堕落于纸醉金迷呢？在"传统"和"现代"交织场域，乡土文化传播永远有它的独特价值，它不仅是中国文化的"根"，也是现代化进程中的中国文化的"干"。

（四）"小传统"的现代功能

罗伯特·雷德菲尔德将文化传统置于二元分析的框架内，提出了"大传统"与"小传统"概念。雷德菲尔德所说的"大传统"主要是指以城市为中心，由社会精英们所建构和代表的文化，包括科学、哲学、文学、艺术等；而"小传统"则主要是以农村和民俗文化为代表，主要包括民间流行的宗教、传说、民艺等。在雷德菲尔德看来，"小传统"是居于劣势与弱势地位的，在现代文明的发展进程中肯定会被"大传统"所同化和吞噬。① 如果按照他的观点，我国传统的乡土文化就属于"小传统"范畴，在现代化的大潮中会被都市文化所湮灭，其消亡在所难免，而对乡土文化的保护的种种努力就是一种"堂吉诃德式"的抗争。他的观点将城市文化与农村文化对立了起来，本质上来说是一种文化"进化

---

① 参见 Redfield Robert, *Peasant Society and Culture*, Chicago: University of Chicago Press, 1956。

论"的观点。在持文化"进化论"观点的许多学者眼中，乡土文化是种仅仅维系生存却不扩张和发展的"内卷化"（Involution）文化，在优胜劣汰的法则下，它的消亡既合理也必然。"进化论"学者认为人类社会从农业社会转型到工业社会是一种进化的结果，理所当然地，植根于农耕经济的乡土文化将被都市文化所取代。其逻辑就是社会物质方面的"进化"发展会带动社会精神层面的必然"进化"，这种逻辑其实犯了将"关联"关系作为"必然"联系进行推论的错误。

20 世纪 60 年代后，发达国家逐渐步入了"后现代"阶段，社会形态从工业经济向知识经济、从工业社会向知识社会转型。在"后现代化"阶段，社会发展目标不再是单纯的经济增长，而是人类的幸福指数增长和生活质量的提高。法国学者佩鲁就对"经典现代化"理论提出了批判。他认为，社会的发展应该是整体的、内生的和综合的发展，其主要目标是实现人的全面发展。他指出，"经济增长论"的错误在于它过分强调了经济增长的重要性，而忽视了文化的价值，陷入了"经济决定论"的泥潭。他的观点是一种"人本"的发展观点。① 德国学者贝克在《风险社会》一书中认为，经过"经典现代化"阶段之后，人类社会进入了"再现代化"阶段，即从工业社会向"风险社会"的转型阶段，人类社会的发展具有高风险性。② 反观发达国家的社会发展历程，我们发现当资本主义社会进入高度现代化以后，一系列的社会问题也接踵而至，如能源危机、交通问题、恐怖主义、环境恶化、气候变化等，社会的发展目标仅仅依靠经济的发展和物质的丰富是不能实现的。

当中国社会在快速现代化的时候，乡土文化的破碎、断裂与式微是进化发展历程中出现的一大潜在"风险危机"。当大批的农民离开乡村进入城市，成为城市的缔造者的时候，乡村的集体记忆、文化认同和身份认同又从何而来？当我们在向全面现代化和全面小康社会迈进的时候，我们看到的是中国人精神层面的荒芜。中国的很多问题在农村，农村的很多问题在农民，只有物质的繁荣，而没有精神的支柱，发展的意义又从何谈起？没有精神文化的民族和社会不仅是悲凉的，其发展也是高风险和不可持续

---

① 参见［法］佩鲁《新发展观》，张宁等译，华夏出版社 1987 年版。

② 参见［德］乌尔里希·贝克《风险社会》，何博闻译，译林出版社 2003 年版。

的。因此，高速现代化的中国，是不是需要摒弃绝对"进化"发展的思路，从物质发展的狂热中觉醒，重视乡土文化以及承载它的广大乡村，注重人民精神层面的认同和归属感建设呢？

中国社会是"后发展"的社会，"后发展"有后发展的优势，我们不仅可以从发达国家那里学到一些发展的宝贵经验，又可以避免片面发展的问题而少走弯路。因此，在"后发展"的中国乡土文化的传播与建设就非常必要，其功能不仅表现在国家的全面发展与精神文化建设的宏观层面，也在于人民的"人本"发展价值层面。经济的发展只有带来人的全面发展和幸福指数的持续提升，才能说这个发展是有价值、有意义的，而不是畸形的。当举国在提"软实力"战略的时代，发展乡土文化，传播乡土文化，实现乡土文化复兴，提升其精神文化影响力，就是增强国家"软实力"的表现。这种"软实力"不仅仅是对外交往中的文化表现，更是一种对内的人民精神福祉。

三　社会与人的现代化

现代化理论行为学派的开拓者、美国社会学家英克尔斯认为，社会现代化的关键是人的现代化，人的现代化是实现由传统社会向现代社会转变的最根本保证。"无论哪个国家，只有它的人民从心理、态度和行为上，都能与各种现代形式的经济发展同步前进，相互配合，这个国家的现代化才真正能够得以实现。"[①] 乡土文化给予中华民族以民族认同感，它将中华民族的传统与现代精神联结为一体，是我们进行"文化寻根"的重要依据和线索，对社会转型期的国人现代性的提升具有不言而喻的发展意义。

包括乡土文化在内的文化传播是人的现代化和社会化的重要语境，通过社会生活中广泛的人际交流和共享，文化传播使人类的知识经验和文明智慧得以传承和延续。它在维系社会共识和文化认同，形成社会规范和文化模式等方面发挥着重要作用。在乡土社会，乡土文化传播就是民众生活

① ［美］阿历克斯·英克尔斯：《人的现代化——心理·思想·态度·行为》，殷陆君编译，四川人民出版社1985年版，第8页。

方式的一部分，是人们社会化行为发生的现实场域，它已内化于乡土民众的生命体系之中，就如施拉姆所言："我们既不完全像神，也不完全像动物。我们的传播行为证明我们完全是人。"① 在传统的乡土社会，人们通过人际交往潜移默化地建构起了一整套价值观念和对周围环境的认知体系，其中包括家庭伦理、风俗习惯、礼俗文化、宗教信仰等。通过人际"在场"的深度交流和交往，一个具有共同文化意识和文化模式的群体逐渐形成。

英克尔斯把一个国家的现代化历程看作是人的现代化的转变与培育过程，而人的现代化包括人的价值观念、心理素质、思维方式、生活方式和行为方式由"传统"向"现代"的转变，并且突出强调人的参与意识、开放意识、创新精神与独立性。作为社会的重要精神资本，乡土文化对现代民众施以各种各样的影响，它既是文化信息的承载主体，也是现代人精神面貌和思想的塑造客体。通过传播新思想、新观念、新知识、新事物，它可以塑造现代人格，提升民众的现代性，体现出乡土文化所具有的社会发展的"助推器"功能。需要指出的是，伴随着社会转型，社会中的个体也在不断地变化。作为社会主体的"人"的现代需求、人格特征和价值观念等都是乡土文化与时俱化、自我创新必须考虑的现实因素。因此，社会主体的时代转型决定了乡土文化也必须相应地做出合理转型，只有通过自我创新，才能更好地发挥其社会化功能，推动乡土社会和人的现代化发展。

---

① ［美］威尔伯·施拉姆、威廉·波特：《传播学概论》，陈亮、周立方、李启译，新华出版社 1984 年版，第 39 页。

第 三 章

西部现代化进程中的乡土文化传播流变

> "人与土地的脱离是现代人的一种畸形，一种病态，而且还是一种危机和大悲剧的根源。"①

如前文所述，乡土文化及其传播在人们的日常生活中发挥着重要作用，它不仅扮演着社会黏合剂的角色，也是人们的精神文化食粮，表达着人们朴素的精神信仰，对一个文化群体的人生观、价值观和伦理道德观的形成发挥着举足轻重的作用。在中国社会全面迈向现代化的今天，它又是人们留存乡村集体记忆，保持文化认同和身份认同，对抗工具理性的重要手段。然而，现代化是一把"双刃剑"，在它给人们的物质方面带来极大丰富的同时，也严重挤压了乡土文化的生存与传播空间，对它造成了巨大的冲击和破坏，使得乡土文化在现代语境中发生了诸多的流变，有些甚至处于濒危状态。认识到这些变化，深入了解乡土文化的处境，是乡土文化保护与发展的必要前提。

一 西部现代化对乡土文化的影响

目前，海洋经济与海上贸易对世界经济的影响非常大，靠近海岸线的地区商贸活动一般来说较为活跃，区域经济较为繁荣。由于相对封闭的地理环境的制约，我国西部地区的经济发展水平逐渐与东部地区产生了较大的差距。虽然海洋经济不是导致区域发展不平衡的唯一因素，但不得不承

---

① 赵鑫珊：《哲学与人类文化》，上海人民出版社 1988 年版，第 215 页。

认它的影响至为深远。对于我国而言，区域的经济发展不平衡问题长期得不到有效解决，直接制约着社会健康发展的全局性，直接影响到我国社会的全面现代化。尤其是改革开放政策实施以来，对外贸易影响中国社会经济发展的程度更为深入，远离海洋的内陆地区的经济发展更是雪上加霜。

为了扭转东西部区域经济发展的不均衡状态，西部大开发战略被提上国家重大发展与建设的日程。1999 年 6 月 17 日，江泽民同志在西北五省区国有企业改革和发展座谈会上，提出要实施西部大开发战略，指出加快开发西部地区是全国发展的一个大战略、大思路。1999 年 9 月 22 日，中共十五届四中全会通过《中共中央关于国有企业改革和发展若干重大问题的决定》，明确提出要实施西部大开发和加快小城镇建设，强调要进行全面的调查研究，拿出方案，加紧实施。随后，国务院西部地区开发领导小组于 2000 年 1 月召开了西部地区开发会议，研究加快西部地区发展的基本思路和战略任务，部署实施西部大开发的重点工作，西部大开发战略由此全面展开。2000 年 10 月，中共十五届五中全会通过的《中共中央关于制定国民经济和社会发展第十个五年计划的建议》把实施西部大开发、促进地区协调发展作为一项战略任务，强调："实施西部大开发战略，加快中西部地区发展，关系经济发展、民族团结、社会稳定，关系地区协调发展和最终实现共同富裕，是实现第三步战略目标的重大举措。"① 随后，国家出台了一系列的扶持政策，加大对西部地区的建设资金投入和政策倾斜力度，西部地区迎来了快速发展的机遇期，社会现代化的速度加快，社会整体的转型与变迁正在如火如荼地进行中。

在西部大开发的号角中，乡土文化作为深深扎根于农耕经济的文化形式，面临着各种严峻考验。由于现代化的一个非常重要的表现形式就是工业化和城镇化，作为农耕文明的代表性文化，乡土文化从根源上受到了严重冲击。这种冲击体现在各个方面，既有物质方面的影响，也有制度方面的影响，更有观念方面的影响。

---

① 《中共中央关于制定国民经济和社会发展第十个五年计划的建议》，2000 年 10 月 11 日中国共产党第十五届中央委员会第五次全体会议通过。

二　西部乡土文化的传播流变

（一）传播与传承模式的流变

传播与传承是乡土文化延续和发展的基础。现代化进程对乡土文化的显著影响首先体现在其对乡土文化的传播与传承方面。以通渭小曲为例，受社会发展的影响，喜爱这种传统曲艺文化的人，尤其是年轻人越来越少。在当地调查期间，定西市通渭小曲联谊会会长李艳春就表达了自己对通渭小曲发展前景的忧虑，他说："如果年轻人都不爱小曲了，我们搞这个的就没有接班人了。没接班人，那就麻烦大了，根都断咧。"① 那么，现代化到底对乡土文化产生了哪些影响呢？

1. 共时性民间传播场域

传统的乡土文化传播模式概括起来就是"以人为中心"的传播，其人际传播的特征非常明显。如果按照拉斯韦尔信息传播的"5W"模式分析，乡土文化传播的五个环节（传播者、信息内容、传播渠道、受众、传播效果）都是围绕人来完成的。当然，拉斯韦尔的传播模式过于直线与机械，是不能完整描述乡土文化的传播过程的，因为乡土文化的传播是一种具有高度双向互动性的传播过程，传播者与受众一般是面对面地进行传播与反馈的，现场性非常强，传播与反馈一气呵成，具有快速、直接、即时的特点。如果我们把通渭小曲的表演看作是一种文化信息传播的话，那它的表演者就是信息的传播者，而广大的观众就是信息的接收者。表演者在表演的过程中直接可以感受到来自观众的信息反馈，观众也可以将他们的意见通过各种方式在表演现场进行表达。与此同时，观众与观众之间也是互相影响与互动的，通过他们之间互相的交流、交谈、品评，文化信息流夹杂着社会交往的各种信息在表演场开始扩散。因此，在表演现场，表演者与观众、观众与观众就构成了一个以"人"为纽带的传播系统，这是一个观众与表演者之间对话与交流的"即时场域"。

"以人为中心"的传播还表现在第二个方面，那就是日常生活中的乡土文化传播。这种传播更多的是通过日常交往的"口语传播"和"人际

---

① 笔者对李艳春的访谈，2012 年 9 月 23 日。

传播"形式达成，其扩散形式具有"二级传播"或"多级传播"的特征。"二级传播"理论是拉扎斯菲尔德和卡兹等人于1940年进行的"伊里调查"中提出的，他们对美国选民的投票意向的影响因素进行了研究。他们发现，大众传媒并没有足够的力量左右人们的选举倾向，选民态度的转变是诸多社会因素合力的结果。在影响选民态度的因素中，"意见领袖"是最为重要的一个。"意见领袖"是指消息灵通人士，或某一专业领域的专家，或者社会群体的权威人士等。意见领袖的看法和意见对其他人的影响很大，而大众传播实质性地影响受众，达到其传播目的，首先就需要通过这些"意见领袖"。拉扎斯菲尔德等人的研究结果于1944年在《人民的选择》一书中进行了详细的阐述，他们的研究肯定了人际传播在信息传播链中的作用，对否定当时甚嚣尘上的大众传播"子弹论"提供了有力证据，开创了大众传播效果研究的"有限效果"论传统。洛厄里（Shearon A. Lowery）和德弗勒（Melvin L. DeFleur）所著的《大众传播效果研究的里程碑》一书将"伊里调查"以及它所发现的"两级传播""政治既有倾向假说""选择性接触假说"等理论列为大众传播效果研究的一大"里程碑"。

在乡土文化的传播扩散中，乡土文化信息最先到达特定的"意见领袖"，或者说最先影响这些"意见领袖"。这类"意见领袖"可能是乡土文化的爱好者，也可能是乡土文化活动的直接参与者，也可能是文化群体中的"权威人士"。这些"意见领袖"通过与其他文化成员的交往、交流和交谈，就将各种乡土文化信息和知识传递给了他们。在这个过程中，传递的信息可能是关于乡土文化的某一消息，也可能是乡土文化的知识介绍，也可能只是一种"谈资"或聊天话题。传播的目的和动机也很多：有的是纯粹出于一种交流目的；有的是为了表示自己的"专业"和"权威"，具有表现动机；还有的是一种邀请行为，邀请对方一起去关注或参与文化活动，具有一种维护人际关系，进行公关的动机。传播动机是多样的，短小的篇幅是无法完全覆盖的，但现实中的乡土文化传播确实是在这些"意见领袖"的引领下发挥其作用的。在通渭县调查期间，正值通渭县平襄镇"魏家庙"庙会的日子。这天是庙神的诞辰日，为了庆祝"圣诞"，庙里一般都会请比较有名的秦腔戏班"唱戏"，让"神"看戏。庙会在当地是非常重要的乡土文化活动，唱戏是为了给"神"看，但人也可以去看。"即将唱戏"这是一条重要的乡土文化信息，单就这一信息的传播来看，首先是当地的一些秦腔爱好者或者庙会义工最先在老百姓中间散布这一"重要信息"，这实质上起到一种通知的作用。经过这一级传播后，信息就会传播到村里的"意见领袖"那里，再由这些"意见领袖"传播给更多的人。当然，普通人也有一些早就知道了这一信息，因为每年的庙会时间是固定的，或者还可以通过其他渠道获得这一消息，但信息的告知只是传播效果达成的初步阶段，接收者在认知、态度，直至行为方面发生的变化才是效果是否能够真正达成的最终表现。在信息传播效果的最后阶段，"意见领袖"的作用非常大。村里的人可能大都已经知道庙会即将开始的时间，但却不一定真正打算去看。在促使人们行为发生变化的因素中，"人际传播"发挥了至关重要的作用，尤其是"意见领袖"通过强力说服和热情的邀约，使得许多人的态度从知晓转变为倾向于实际行动。于是，在魏家庙庙会那天，通渭的老百姓你约我，我约你，逐渐在村里的开阔地聚集，然后一群人结伴而行，浩浩荡荡往"山场"① 进发，一路走，一路聊，乡土文化气息沿途漫延。

以人际传播为主要形式的乡土文化传播维系了文化群体的共同文化认同和精神信仰。因为其对于人际传播的依赖性，导致乡土文化的传播在"一传十、十传百"的传递过程中极易发生变形和变异。这就像是一部复印机复印一篇文章一样，当文章被复制了很多次后，就会变得字迹模糊。乡土文化信息在民间的流传也会出现类似于复印机一样的模糊化情况，当信息到达传播范围的最外围的时候，其信息或许已经是"面目全非"，其影响力也是"强弩之末"。因此，以人际传播为特征的乡土文化传播不可能是没有范围限制的横向传播，它只能是在一定的文化群体内进行传播。当信息到达群体边际的时候，就会处于"可传可不传"的状态。这个时候，任何的影响或干扰因素都会导致已经极端异化的乡土文化信息的传播中止。所以，从传播的横向截面来看，乡土文化信息传播是有区域性的，它是属于某一文化群体特有的文化知识，是区分不同文化群体的标志性特征。在特定的文化群体内部，乡土文化传播的信息才是有价值和有充分意义的，对其文化成员的信仰、伦理、道德、行为和价值观等方面才能起到

---

① 因为当地的庙会一般都是在山上，所以庙会被当地人称为"山场"。

规范、约束、教化、引导的作用，所以这种信息传播方式具有一定程度的封闭性，是一种内部的闭合性传播，这就决定了乡土文化传播模式所具有的"共时场域"是很局限的。

通渭小曲在其漫长的发展史中，由于"错用乡语"而导致了"音随地改"，从而形成了各个乡镇音调和唱词都略有不同的特点。这些独特的曲调只有和当地的语音字调结合起来才能保持原有旋律的抑扬顿挫。以人际传播和口语传播为主要传播形式决定了通渭小曲是"以地划界"的区域文化，形成了目前其"一源多流"的生存格局。在笔者调查走访期间，迄今收录通渭小曲曲目最为齐全、内容最为丰富的《通渭小曲戏总集》一书即将出版。通渭县第一中学语文教师王赟是一位小曲爱好者，县文化馆委托他对通渭小曲的部分原始手稿进行了编辑审阅。在编审这些原始手稿的时候，他发现里面有很多的错字、别字，误用、乱用词语的情况很普遍，这是由于"小曲里方言用语太多，本身不好记录，加之记录者文化水平较低造成的"，"如果从严格的文法来看，这些手稿可以说是千疮百孔的"[①]。但他同时也认为，通渭小曲原始手稿的这些特点正好是小曲文化的一个典型特征，不但不能按照文人的观点进行修正，而且需要加以原样保留，"如果加大修改，小曲会失去乡土性"，"文人可以指导情节，可以写作，但不要创作，内容的丰富还要交由民间"[②]，所以王赟尽可能地保留了他所编审的通渭小曲原始文稿中的各种"错误"，只是他会加一些注释进行解释。

2. 历时性的专业传播场域

如果乡土文化在老百姓中间的传播是属于带有区域性的"共时性"传播，那么乡土文化的专业传播传承就是一种"历时性传播"。通渭小曲在其历时性传播与传承过程中主要通过两种方式进行："传帮带"和家族式传承。现年74岁的许克俭老人是通渭民间曲艺社的社长，也是通渭小曲的重要传承人之一。作为一个深深迷恋、钻研、保护和传承通渭小曲的专业人士，他开始学习小曲其实是从日常的耳濡目染开始的。据他自己说，当他还是小孩子的时候，就开始听当时通渭特别出名的小曲演唱家马

---

① 笔者对王赟的访谈，2012 年 9 月 2 日。

② 同上。

鸿发的小曲，逐渐地被通渭小曲吸引住了，不久便进入了痴迷状态，开始走上学习之路。后来，他拜通渭县平襄镇通渭小曲刘家班班主刘崇杰为师学习器乐。刘崇杰在通渭小曲界享有盛誉，他早年在陕西学艺，精通小曲伴奏的板胡、二胡、三弦等各种乐器，并能演奏六十多首小曲曲调及所有曲牌。据说，刘崇杰的二胡伴奏技术最为精湛，其把位准确，节奏稳健，旋律独特。[1] 许克俭说，自己通过拜师学艺受益匪浅，初步掌握了小曲器乐演奏技巧。[2] 另外，为了能够更熟练地掌握乐器演奏技巧和音乐简谱常识，他在 1957 年加入了当时的通渭县秦剧团，开始专职从事音乐与戏曲的相关工作。在随后的岁月里，他开始利用节假日和工作之余，自费到山里乡间、村屋农舍走访艺人，重点搜集一些艺术价值比较高的曲目。即使是在"文革"期间，他对通渭小曲的喜爱也从未退减。他说，那时候全国风潮云涌，革命的浪潮对通渭小曲造成了极大的冲击，小曲基本消失了，即使有，也成了革命"样板戏"，需要配合"革命"进行宣传，他就"曲调照样演，宣传照样搞"，在搞"革命"的同时"娱人娱己"[3]。

　　许克俭老人走上通渭小曲的演绎和保护之路已近六十年，这六十年间，他对通渭小曲的全面搜集整理、研究传播从未间断过。但说到他自己为什么如此迷恋通渭小曲，他认为这要得益于很多通渭民间老艺人的口传心授，是这些老艺人让他走上了通渭小曲的演奏之路，这个爱好是打小形成的，现在已经是他生活中的一个重要组成部分。他粗粗算来，直接指导他和"帮带"过他的民间老师就多达十余人，更不用说间接受益过的那些师傅了。据他介绍，他的曲调传承尊师主要有字有恒、王建业、王岳西、张兴贵、孙发荣、马鸿发六人[4]，演奏传承尊师主要有李炳春、李俊吉（已故）、刘崇杰三人。白驹过隙，当年的少年已经是两鬓染白，当年的学徒业已成为行业内的"明星"和专家。目前，许克俭被通渭县列为国家级非物质文化遗产通渭小曲的主要传承人之一，是通渭小曲刘家班的第二代传人，现在许多年轻人也成了他的"传帮带"对象，比如小曲器

---

①　参见通渭县文化馆内部资料《国家级非物质文化遗产名录项目申报书——传统戏剧》（通渭小曲戏），2007 年。

②　笔者对许克俭的访谈，2012 年 8 月 22 日。

③　同上。

④　这些通渭小曲尊师均已故。

乐演奏者邢继荣、安维吉①、李明星、张国胜、陈海山、杨宏贤、巩胜玉②等和小曲演唱者李东林、常爱宗、卢小琴、陈惠萍等都是他手把手教过的徒弟。这些中青年人已经成为通渭小曲表演和传播传承的骨干力量，说起这些，许克俭觉得自己为社会做了一些力所能及的贡献，"我学于人，又教于人，再传于人"，说到这里是他最为自豪的时刻。

表 3—1 通渭小曲刘家班传承谱系

代别	姓名	性别	出生年月	文化程度	传承方式	从艺时间	备注
第一代	刘崇杰	男	1934.2	粗识字	师徒	45 年	已故
第二代	许克俭	男	1939.3	高中	师徒	45 年	
第三代	安维吉	男	1944.5	初中	师徒	40 年	
第四代	巩胜玉	男	1963.11	高小	师徒	23 年	

资料来源：通渭县文化馆《国家级非物质文化遗产名录项目申报书——传统戏剧》（通渭小曲戏），内部资料，2007 年。

正是有类似于许克俭老人这样的文化传承人，才使得通渭的乡土文化源远流长，绵延不断。通渭小曲刘家班中的第二代传人许克俭承师恩于刘崇杰，后又由他传给了第三代、第四代传人安维吉和巩胜玉等人，这个过程都是以"人"的口传心授为核心的。虽然通渭小曲的传承方式与其他乡土艺术的传承会略有不同，但大同小异，他们的行业传承方式主要就是"传帮带"形式。因为这种传播与传承方式是"师带徒"的形式，所以在时间逻辑上是一种历时性的传播，这在绝大多数乡土文化的传承和传播中都表现得非常明显。

乡土文化专业传播传承的另一种历时性方式就是家族式传承。通渭小曲最初以家族传承的方式形成了以通渭马营镇马鸿发为班主的"马家班"和以孙发荣为班首的"孙家班"。这两大家族以家庭传承的方式将通渭小曲整体性传承了好几代，直到新中国成立后才逐渐吸收了外姓传承人。

通渭马营镇的马家班的最早传承人可以从马家家谱查到，基本可以确定为马大六及其子马展江，但他们都是清末民初人士，因历史久远和当时

① 安维吉是通渭小曲刘家班第三代传承人。
② 巩胜玉是通渭小曲刘家班第四代传承人。

图 3—1   师傅和弟子们交流与切磋

每逢农闲，老艺人李艳春（左二）、夏旭东（左三）和弟子们一起坐在农家土炕上，品着小酒，传承技艺。（张子斌摄）

资料来源：甘肃省通渭县文化馆。

录音条件的局限，目前尚未发现有关他们的录音资料。目前可以查找到的最早的有录音资料的马家班传人是马鸿发，因此，马家班就将他作为了其班主。

表 3—2   通渭小曲马家班演唱传承谱系

代别	姓名	性别	出生年月	文化程度	传承方式	从艺时间	备注
第一代	马大六	男	1868.2	文盲	师徒	不详	已故
第一代	马展江	男	1893.7	文盲	师徒	不详	已故
第三代	马鸿发	男	1926.6	小学	师徒	不详	已故
第四代	李艳春	男	1946.12	高中	师徒	40 年	
第五代	陈慧萍	女	1966.6	高中	师徒	16 年	
	马玉霞	女	1972.5	初中	师徒	10 年	

资料来源：通渭县文化馆《国家级非物质文化遗产名录项目申报书——传统戏剧》（通渭小曲戏），内部资料，2007 年。

马鸿发于 1926 年生于通渭县马营镇，他基本没有受过正规教育，但他演唱功底深厚，嗓音洪亮，生前以小曲会友，在当地影响力很大，对通

渭小曲的普及和推广做出了巨大贡献，其代表性曲目为通渭小曲传统曲目
《闹书馆》、《李彦贵卖水》等。马鸿发在其几十年的从艺生涯中将通渭小
曲的传承范围拓展到了家族以外的人群，这对通渭小曲的发展产生了深远
的影响。定西市通渭小曲联谊会会长、通渭小曲主要传承人之一的李艳春
就是马鸿发的徒弟，他现在不仅是一个曲艺协会的组织者，更是通渭小曲
传承和发展的精神纽带，在他的感召和影响下有许多年轻人加入到学习小
曲的行列中来。马家班经过马大六、马展江和马鸿发等好几代的传承，开
始突破家族传承的局限性，这不能不说是一种进步。目前，马家班新生代
中，又出现了马氏家族的传承人，以马玉霞为典型代表。[①]这似乎又是对
马氏家族贡献的某种"回馈"，马氏家族在马家班中又后继有人了。

表3—3　　　　　　　　　通渭小曲孙家班演唱传承谱系

代别	姓名	性别	出年年月	文化程度	传承方式	从艺时间	备注
第一代	孙贵清	男	1879.10	文盲	师徒	不详	已故
第二代	孙明春	男	1902.4	文盲	师徒	不详	已故
第三代	孙发荣	男	1925.8	小学	师徒	45 年	已故
第四代	张兴贵	男	1935.3	初中	师徒	41 年	已故
	潘守宽	男	1941.6	高中	师徒	43 年	
第五代	张文珍	男	1959.1	高中	师徒	22 年	
	张世强	男	1967.5	高中	师徒	18 年	

资料来源：通渭县文化馆《国家级非物质文化遗产名录项目申报书——传统戏剧》（通渭小
曲戏），内部资料，2007 年。

　　通渭小曲孙家班跟马家班类似，前三代也主要是以家族传承为主，第
四代开始向家族外拓展。有史可查的孙家班第一代传人孙贵清是通渭县马
营镇人，自幼以放羊为生，据说他天资聪慧，具有天赋异禀的音乐才能，
在放羊期间很多小曲曲调他听一遍就立马能唱出来。凭借着天赋和长期的
努力，他的小曲演唱逐渐形成了自己的风格，影响力越来越大。到孙贵清
的孙子孙发荣一代，孙家干脆就以唱曲为生了。孙发荣在继承传统的基础

---

①　资料来源：通渭县文化馆内部资料《国家级非物质文化遗产名录项目申报书——传统戏
剧》（通渭小曲戏），2007 年；通渭县实地调查访谈资料。

之上，创造出了婉转优雅、边弹边唱的小曲演绎新风格，并创立了孙家小曲演唱班。孙家小曲演唱班具有一定的商业性特点，因其艺术风格鲜明，演唱和伴奏技艺精湛，在当时可谓红极一时。

到了第四代，孙家班也突破了家族传承的羁绊，潘守宽、张兴贵等成为孙家班的代表性传承人。潘守宽先生是通渭马营小曲孙家班的第四代传承人代表，目前是通渭马营小曲协会最为年长的会员和高级顾问，具有副高级艺术师职称。其实，他本职是通渭马营镇一名很有名望的老中医，小曲只是他的业余爱好，令人敬佩的是他将这个"业余"培养和发展到了精通和专家的地步。潘守宽对通渭小曲的二胡、小曲、三弦等主奏乐器样样精通。他不仅是一个通渭境内的传承代表，也是一位知识型、创新型传承人。最近几年，他根据现实需要创作出了一大批具有时代意义的小曲联唱、伴唱和清唱作品，如反映农民工生活的《送郎打工》，号召全民环保、低碳生活的《环保乐》，宣传农业新科技的《农家铺膜抗旱忙》等。在他的努力下，《通渭小曲锦集》一书由甘肃人民出版社正式出版，这使得通渭小曲经由传统的口传心授的口语传播时代开始向文字传播迈进，有利于后来者自主学习和小曲资源的保存，用通渭民间曲艺社会员魏文清的话说，"有了书，小曲就不会失传了"[1]。

除了让通渭小曲以文字的形式保留下来，潘守宽对通渭小曲的对外宣传与推广也做出了巨大贡献。他努力让通渭小曲走出通渭，走向全国。据马营小曲协会会长夏旭东介绍，马营小曲协会平素的排练、演出、作词、统稿等工作都要由他费心操劳完成。[2] 功夫不负有心人，在像潘守宽一样深爱通渭小曲的人们的共同努力下，通渭小曲于 2007 年 12 月和 2008 年 10 月两次在西北师范大学音乐厅亮相演出，深受省城观众和专家的好评，并在随后的一系列对外展演中取得了骄人成绩：2009 年 6 月在第四届甘肃省文化产业博览会上曲目《送郎打工》荣获优秀节目展演奖；2009 年 9 月在"向祖国致敬——全省庆祝新中国成立 60 周年农民文艺汇演"中曲目《农家铺膜抗旱忙》荣获表演二等奖等。尤其值得一提的是，马营小曲协会于 2010 年 10 月 18 日在中国音乐学院举行了"通渭小曲戏"专

---

① 笔者对魏文清的访谈，2012 年 8 月 21 日。
② 笔者对夏旭东的访谈，2012 年 9 月 23 日。

场演出活动，受到了中国音乐学院专家教授和学生的一致好评，通渭小曲第一次从地摊和农家院舍走进了戏曲戏剧的"象牙塔"，不可不说是一件令小曲爱好者欢欣鼓舞的事情。① 2011 年 5 月 15 日《通渭小曲戏》被文化部列为"第三批国家级非物质文化遗产"保护名录，由此进入了政府重点支持发展的行列。正是有像潘守宽一样执着于通渭小曲的传承和保护的一大群人，才使得通渭小曲在新时代依旧能焕发出新的光彩，让这样一种有着乡土芬芳又饱含着亘古不变艺术热情的花朵能在通渭大地永恒地绽放。可以说，潘守宽为通渭小曲的发展做出了不懈的努力和巨大的贡献，起到了非常好的传播与传承作用。谈到潘守宽的先进事迹，马营小曲协会会长夏旭东说：

> "他是马营小曲协会成员中年龄最大、劳心最多，也是一位慈祥睿智的乡村文人，倾心小曲艺术大半生，长期不懈地记录、整理这一流传于乡民世界中传统艺术，积数十年成就今日之著——《通渭小曲锦集》。其对通渭小曲发展传承，功可谓大矣。"②

3. 群体与组织传播

上文讲到，通渭小曲是在一定的文化群体中间进行传播的，它的传播具有"边际性"，超过一定的范围，它的信息就不再扩散了。当我们把视角抬得更高一些的时候，就会发现它的传播其实是在一定群体内的人际传播，纷繁芜杂的人际传播组成了蔚为壮观的"群体传播"盛况。众所周知，群体是具有特定的共同目标和共同归属感，并且存在着互动关系的多人集合体。通渭小曲在其流传地的传播其实就是一种群体传播，这种传播形式具有形成群体意识和群体归属感，甚至群体规范的作用。如果把整个小曲的流传地看作是一个初级群体的话，那么它里面还会存在许多次级群体。不同的次级群体主体之间也会发生"二级传播"或"多级传播"现象，这是通渭小曲的民间群体传播现象。

而上文所述及的"刘家班""马家班""孙家班"等则是专业的群

---

① 以上具体的细节资料由马营小曲协会会长夏旭东提供。
② 引自通渭马营小曲协会会长夏旭东撰写的《潘守宽同志先进事迹》一文。

体，从广义上来说，它们就是一种行业组织形式。他们为了实现娱人娱己，甚至谋生的目的，组成了互相协作的集体，组织目标、组织分工、组织原则等初具雏形。随着社会的发展进步，通渭小曲演唱形式逐渐变更和扩大，越来越向专业化、组织化发展，其规模由最初的三五成群的演唱自乐班逐渐向三五十人的艺术演唱团演变，组织传播形式越来越明显。据笔者调查，通渭十四个乡镇现在比较有影响力的演出协会组织主要有三家，它们分别是以通渭小曲"马家班""孙家班"和"刘家班"的传承人为骨干成立的。定西市通渭小曲联谊会是由马家班传承人李艳春组织成立的，这个协会是通渭境内唯一一家在民政部门正式登记注册的群众性民间艺术团体；孙家班传承人潘守宽所在的通渭马营小曲协会是由其会长通渭马营镇镇干部夏旭东负责组织管理的；通渭民间曲艺社是刘家班传承人许克俭牵头成立的。这几个协会吸引了一大批爱好小曲的中青年人，在当地群众集体文化生活中发挥了重要作用。以这些传承人为骨干的组织的成立充分说明了人在乡土文化传播与传承过程中所具有的关键性纽带作用。

上述三家民间组织尤以夏旭东领导下的通渭马营小曲协会组织特征最为明显。马营小曲协会①由文乐和"唱把式"② 两大精英班子组成。截至目前，马营小曲协会艺术演唱团共由 21 人组成，有协会主席、副主席、秘书长等，各有不同的分工和责任。这个演唱团的表演曲牌、曲调的数量基本是固定的，而且正常巡回演唱的剧目也基本不变。在传统通渭小曲自乐班，演员一般都会客串不同的乐器演奏或演唱角色，但马营小曲协会规定专人专职，即一个人只能担任一个演奏或演唱角色，其会长夏旭东说这样做是为了"让演出更专业，艺术水准更高"③。所以，在这个团体组织里，有能编善写剧目的副高级演唱艺术师潘守宽、一口气唱完 69 个曲调的现代艺人张世强、一琴④合成乐器整体声调的董福旺、一瓦⑤打响马营小曲协会的曹杰儒、一铃⑥统音的孙黎和负责协会全盘组织工作的夏旭东

① 马营小曲协会的具体资料由其会长夏旭东提供。
② 指专事小曲演唱的专家把式，通渭方言。
③ 笔者对夏旭东的访谈，2012 年 9 月 23 日。
④ 指通渭小曲演奏乐器扬琴。
⑤ 指通渭小曲演奏乐器三片瓦。
⑥ 指通渭小曲演奏乐器碰铃。

等。通渭小曲组织化的发展使得原汁原味的通渭小曲能向更深层发展，让表演更加精益化、专业化和系统化，能让乡土艺术的精髓更好地呈现在城乡观众面前。同时，作为组织化的演出"班底"，这些协会的成立使得通渭小曲的传统行业传承方式更加具有组织传播的特点，由此，通渭小曲的历时性传播不仅有了以传承人为纽带的传承特征，也有了以专业化组织为空间的传承场域。

　　乡土文化对维系一个文化群体共同的身份认同和价值信仰举足轻重，由于其依赖人际传播和口语传播的特点，导致它的传播只能局限在一个范围之内，在一定程度上具有"地方性知识"的特征。像通渭小曲一样的许多乡土文化，其传统的传播、传承主要是以人为纽带进行的，人际传播与口语传播对其发展具有至关重要的作用。在历时性的传播传承过程中，微观层面的"传帮带"和"家族式"人际传承，以及中观层面的行业组织传播发挥了重要作用；在共时性的民间传播过程中，以"意见领袖"为主导的人际"二级传播""多级传播"，以及初级、次级群体传播具有更为重要的影响。

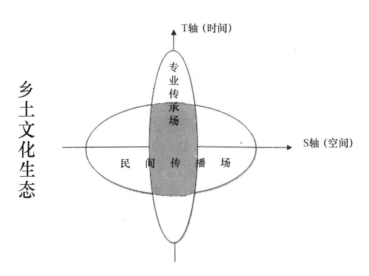

图3—2　乡土文化"十字架"传播与传承模式

　　因此，正如图3—2所示，乡土文化历时性传承与传播方式是一种纵向的传播方式，而民间传播所构成的"共时性场域"是一种横向的传播。

这两种传播方式你中有我，我中有你，一条是行业的传播线，另一条是民间的传播线，一横一纵构成了乡土文化传承传播的"十字架"传播模式。这两条线在乡土文化的发展过程中扮演了决定性的角色，缺一不可。如果缺乏民间的人际传播，乡土文化就将脱离群众，脱离文化实践，成为没有观众的"活化石"；如果没有行业内的传播传承，就将失去乡土文化的专业传播者。失去了观众，抑或失去了传播者，乡土文化的价值都将不复存在。

4. 传播与传承模式的流变

综上所述，传统的乡土文化传播与传承模式是以人为中心进行扩散的，行业内历时性传承与民间共时性场域所组成的"十字架"传播模式是它发展延续的主流模式。但中国社会的快速现代化严重冲击了这一传播模式，使传统乡土文化的传播和传承面临着严峻的形势。不仅行业传承场域受到极大破坏，而且民间的文化场域也遭受了巨大冲击。在通渭当地调查期间，笔者了解到，通渭小曲无论在行业内传承方面还是民间的传播方面都出现了令人担忧的问题，这主要表现在民间对乡土文化热情的消退和年轻一代传承人的减少与流失。为什么会出现这种情况？通渭县文化馆馆长姚子峰分析说：

　　"通渭小曲的爱好者受经济因素影响较大，年轻人都去城市里打工挣钱了，（他们）自小就离开了通渭，根本没有机会学习这一传统艺术，也就不可能对它产生兴趣了。"[①]

这是现代化进程中的乡土社会所面临的文化困境。年轻人是乡土文化发展的希望，如果没有他们的喜爱与参与，乡土文化前途渺茫。国家也意识到乡土文化对现代中国的重要性，最近几年，一系列国家非物质文化保护政策相继出台。这些政策的实施确实对乡土文化的发展与保护起到了重要作用，但这也不能从根本上扭转乡土文化传承与发展所面临的根本性问题。国家非物质文化遗产政策主要是以保护传承人、建立数据库和资金扶持项目等内容为主导的，它至多能够对乡土文化传播模式的历时性传播起

---

① 笔者对姚子峰的访谈，2012 年 8 月 24 日。

到一定的保护作用，但民间热情的产生却不是一项政策就能激发的。因此，如何激发民间热情，提高民间的喜爱度与参与度，这是需要深入思考的问题。

（二）旧瓶装新酒

中国社会的现代化发展对乡土文化的信息内容也产生了巨大的影响。前文讲到，通渭小曲的曲牌和曲调是基本固定的，而唱词却是可以由创作者自由添加的。随着社会的发展，通渭小曲的唱词就出现了很多反映时代气息的内容，出现了一种"旧瓶装新酒"的现象。尤其是最近十几年来，随着中国社会的快速转型，通渭小曲里出现了许多新唱词。历史上，通渭小曲信息内容随时代变迁的过程从未间断过，比如《台湾岛》就是笔者在实地调查期间第一次用文字记录下的一段唱词，它反映的是新中国刚成立后国共两岸对峙的内容，具有非常鲜明的斗争立场，很好地诠释了当时的历史社会背景。

《台湾岛》①

口述：柴正伦／记录：姜鹏

东海瀛瀛波浪翻，中国的大岛数台湾；

台湾好，气候暖，雨量充足好出产；

出水果，产蔗糖，好比一年收两场②；

台湾一切真不少，一时三刻说不了③；

那边就是好土地，自古就是中国地；

那边地方实在美，旁边插上日本鬼，鬼子侵略来横行；

甲午年，打败仗，双手就把台湾让；

自从鬼子占台湾，黑暗统治五十年；

---

① 根据定西市通渭小曲联谊会会员现年 70 岁的柴正伦根据他 10 岁左右时的记忆口述记录而成。据口述者说，这段通渭小曲唱词已经至少有 60 余年的历史，大概是新中国成立初期由民间创造的，作者不详。这一段反映当时中国社会历史背景的珍贵材料，由笔者在实地调查期间第一次进行文字记录。

② 打碾场，收两场是指可以收两茬，意指收成好。

③ 方言，说不完之意。

五十年，苦难言，人们的痛苦说不完；

抗日战争得了胜，台湾的同胞高了兴；

只说这一天见了天，只说这一天把身翻；

刚刚赶走了日本鬼，随后夹进了美国腿；

蒋介石，是领导①，跟上美国的屁股跑；

一股黑云遮了天，人民好像滚油煎；

失业的工人难计算，台湾的同胞六千万；

逼得男人卖血液，逼得女人当娼妓；

老死病死没人管，连个席卷没得卷；

种瓜的人，吃不上瓜，老虎和狼发了家；

野兽哪有好心肠，它把人民当食粮，当食粮……

　　这段唱词首先以赞美台湾起头，随后批判台湾日据时期的黑暗统治，然后再将矛头直指美国因素所导致的分裂现状，最后揭露资本主义台湾致人民于水深火热之中，表达了对日美帝国主义、台湾分裂和资本主义的强烈不满和深深厌恶。这里需要重点阐述的是现代化进程中的通渭小曲内容的变迁，我们从通渭小曲的唱词文本中清晰可见这些变迁。传统的通渭小曲的内容题材主要是以历史题材（如"文王访贤""伯牙抚琴""苏武牧羊""秦琼观阵""张良辞朝"等）、神话题材（如"大赐福""小赐福""八仙庆寿""盗灵芝""韩湘子渡灵英""狐仙送子""全家富贵图""吕洞宾三戏白牡丹"等）、爱情故事（如"梅杏相会""大保媒""花亭相会""兄妹观灯""花园卖水""梅降雪"等）和伦理道德（如"王祥卧冰""张连卖布""两亲家打架""小姑贤""冯爷娶小""安安送米"等）题材为主，反映对象主要以中国传统价值观、伦理道德观和文化内涵为核心，与耕读文明一脉相承。这些传统的曲目是几百年、几千年来通渭劳动人民生活、感情和思想的浓缩和结晶，是最普适价值观和人生观的反映。

　　最近几十年，中国社会快速城镇化和工业化，使得农耕文明的根基遭到了严重的破坏，一些反映时代变迁和人民命运的新曲目应运而生。《赴

————————

① 原文为"蒋介石，美国的狗"，柴政伦口述的时候特别强调此处他进行了一点修改。

疆拾棉》就反映的是新时期通渭农民响应党和政府的号召外出务工，赴新疆拾棉花的内容。

　　　　《赴疆拾棉》（节选）
　　　　作词：潘守宽
　　　　歌唱党的政策好，
　　　　改革开放喜洋洋，
　　　　政府引导指方向，
　　　　劳务输出赴新疆，
　　　　多种经营齐发展，
　　　　铁杆计稼增收强。
　　　　……
　　　　拾完了棉花回家乡，
　　　　合家团聚喜洋洋，
　　　　劳务输出挣大钱，
　　　　齐心协力奔小康。

　　定西市是"中国马铃薯之乡"，马铃薯种植业已成为定西地区农业的支柱之一。《洋芋是个金蛋蛋》是潘守宽为了号召当地农民种植洋芋，调整农业种植结构，达到增产增收效果而创作的一个曲目，其地方政策宣传意味相当浓厚。

　　　　《洋芋是个金蛋蛋》（节选）
　　　　作词：潘守宽
　　　　春麦好，冬麦好，
　　　　荞麦莜麦也是宝，
　　　　玉米胡麻样样好，
　　　　比不上洋芋产量高，
　　　　瓜果蔬菜也划算，
　　　　养牛养羊搞畜产，
　　　　草业林果同样干，

比不上洋芋更赚钱。

……

多种经营齐发展，

致富要靠金蛋蛋，

富裕文明开放和谐面貌变，

心喜允，康庄大道勇往直前。

中国社会的现代化使得人们的生活水平发生了翻天覆地的变化，但经济发展过程中对资源和能源的过度掠夺与开发导致了环境的快速恶化。环境的恶化和资源的短缺将会制约中国社会现代化的进程，导致中国社会可持续发展战略不能实现。潘守宽通过今昔环境对比，说明环境恶化的现状和后果，号召全民环保。环境危机是现代化进程中的一大社会问题，这一危机在通渭小曲的唱词文本中也能窥见其身影。

《环保乐》（节选）

作词：潘守宽

……

回首当年

胆战心寒

一些人不顾生态循环

盲目采伐破坏大自然

让人好不心酸

让人好不心酸

大肆开采

浪费资源

无限排放环境污染

小小寰球遭劫难

此情实可叹

此情实可叹

草原被毁

> 森林伐完
>
> 水土流失沙漠化
>
> 多少良田变荒山
>
> 风沙飞满天
>
> 风沙飞满天
>
> 人与自然
>
> 谐调发展
>
> 保护环境是关键
>
> 生态平衡谋发展
>
> 利益万万年
>
> 利益万万年

另外，《送郎打工》等曲目都是最近几年创作的反映中国社会变迁的通渭小曲新曲目，这里不再一一介绍。文化信息与社会实践密切相关，文化信息是社会实践的反映，社会实践推动了文化信息的变迁与更新。通渭小曲在西部社会整体的现代化进程中发生了很多变化，其曲目内容的流变就是一个非常重要的方面。它的流变过程反映的是中国社会的变迁过程，中国社会的变迁过程给小曲曲目内容的发展提供了现实题材。

当地老百姓有在老人寿宴、年轻人喜宴或者孩子考上大学的时候请小曲演奏班演奏助兴的传统。通渭民间曲艺社社长许克俭说，在参加这些活动的时候，老百姓最常点的和最喜欢听的曲目还是一些经典的传统曲目，如"大赐福""小赐福"等表达美好祝福的曲目，而现代曲目在老百姓家里演唱得并不多，现代曲目宣传政策的多，老百姓不是很喜欢。如此看来，现代化进程中的通渭小曲信息内容的流变不一定是一种成功的"与时俱进"，这些反映现代社会信息内容的曲目能否为老百姓喜欢决定了它们是否能被永久地流传下去。只有在传播内容方面与老百姓普适的价值观、人生观相吻合的曲目才能真正感动人、打动人，才能永恒地活跃在人们当中。

（三）文化生态环境的流变

文化是由很多文化要素共同组成的，具有整体性、系统性的特点。在文化的系统内部，各个文化要素组成了相互密切联系，甚至相互依存的"生态链"。某一文化要素的缺失和断裂都可能导致整个文化生态的破裂。

通渭小曲是通渭文化生态，尤其是乡土文化生态链中非常重要的一个节点。由类似通渭小曲的具体文化元素所组成的文化生态链互相交织，组成了整个通渭乡土文化的文化生态环境。最近几年，通渭社会现代化的发展使得通渭乡土文化生态链和生态环境产生了巨大变迁。文章第二章已经讲到，社火是通渭乡土文化的集中"展演场"，它具有娱神、娱乐和凝聚民心士气的功能。我们可以把社火看作是整个通渭乡土文化生态的一个子系统，这个子系统也形成了自己相对独立，但与其他子系统又紧密相连的生态链。以通渭社火的传统表演节目为例，通渭小曲、划旱船、踩高跷、纸马舞、高台、狮子舞、耍秧歌等内容共同组成了通渭社火的相对稳定的表现形式，节目与节目之间呈搭配、互补的关系。如果其中一个表演节目缺失，就可能会影响整个社火的完整性。在当地调研期间，笔者发现通渭老百姓对通渭社火的欣赏和接受习惯呈现出一定程序化的倾向，通渭社火的表演内容和表演顺序通常是固定不变的。如果缺少任何一个环节，或者表演顺序不符合常规，老百姓马上就会议论纷纷，对这摊社火的评价就会有所下降。

社火的表演者除了娱神娱人的目的外，其实还有表现自己、表现整个社火队以及社火队所代表的文化群体面貌的功能。通过人与人之间的交流，耍社火的人想借助表演展现他们的风貌，博得其他人的好评，让社火成为宣传自己村子精神文化和物质发展水平的一种途径。如果一个社火组织的内容完整、规模较大，小曲、高跷、旱船等表演节目精彩，那它带给人们的印象就是组织这个社火的村子经济上较为富裕。这是因为要组织规模较大，表演节目较为精彩的社火除了精心组织排练以外，还需要一定的经济作为后盾，而经济落后的村子通常是拿不出很多钱去组织社火的。因此，社火成为人们表达精神面貌的一种方式，同时也是一种"炫富"的途径，这非常契合中国传统的"面子文化"。所以，按照当地老百姓的看法，通渭县城"西关社火"和"城关仓巷社火"是最好看，也是规模最大的，它们是通渭老百姓每年必看的节目，是社火观演的重头戏。为什么它们好看？这主要是因为它们组织规模大，内容丰富完整，化妆、服装、道具一应俱全，表演精彩，而在这背后，就是西关大队和城关大队所具有的较强的经济基础。西关大队和城关大队是通渭县城里非常重要的两个村子，人口众多，人们的整体经济基础相对于其他村子要好一些，良好的物质条件为他们社火的组织表演提供了较好的经济支持。为了"面子"和集体荣誉，西关社火队和城关大队需要表演。久而久之，通渭人的"刻板印象"形成了，西关社火和城关社火成了通渭社火的典型代表。这种"刻板印象"一旦形成，又反过来"绑架"了西关大队和城关大队，他们不得不演。如果不演，或者演得不好，老百姓不答应，村民们更不能接受。老百姓不答应是因为他们的审美期望没有得到满足，村民们不答应是因为他们的集体荣誉没有得到彰显。于是，社火便具有了内在的原发性驱动力，岁岁要演，经久不息。

一般来说，通渭社火表演是程式化和顺序化的，如果表演者没有按照程式顺序表演，那他们的表演就"不讲究"。社火的表演内容在这种程序化的表演规则之下呈现出了一条清晰的链条，"狮子闹春—划旱船—跑纸马—旦娃子载旦①—丑角相声—小曲表演—狮子驱邪"②等依次上演，各个表演节目之间也相互依存和相互联系，比如通渭小曲除了在日常生活中进行表演外，其最重要的表演场合就是社火。通渭小曲在社火中的表演通常是搭配"旦娃子载旦"（通渭秧歌）一起表演的，小曲演唱和伴奏，秧歌队和着节拍翩翩起舞。通渭社火是多种乡土文化元素汇集的地方，在程式化的表演模式下，不同文化元素扭结成了乡土文化生活的生态链。如果通渭小曲在社火中缺失了，那么，通渭社火的程式化表演链条也就断裂和不完整了，这就影响了通渭社火整个文化生态链的表达完整性。

中国的乡土文化植根于几千年的农耕文明，因此，农业生产对中国传统文化的影响深远而巨大。中国的大多传统节日都是依据农历而制定的，而传统节日往往是乡土艺术和乡土文化集中展示的时刻。通渭社火通常就是在中国传统节日春节期间进行组织、筹备和表演的。其他的一些传统文

---

① 方言，通渭秧歌之意，一般由通渭小曲班伴奏伴唱。

② 这是通渭社火夜间表演的程序，白天的表演内容和程序又有所不同，但也是按照一定"规矩"进行的。

化习俗，比如剪窗花、贴对联、吃汤圆饺子等习俗在农历传统节日期间也最为讲究。如果传统节日是一根线的话，那么穿在这根线上的珍珠就是乡土文化。然而，现代化的发展使得类似于通渭小曲的许多乡土文化逐渐式微，甚至面临濒危的困境。现代化带给通渭社会工业化、城镇化和商业化的同时，也对通渭当地的农耕文化环境带来了巨大冲击，这就造成了产生于农耕经济的通渭乡土文化的生存环境的流变。通渭乡土文化是发端于通渭的农耕文明，在历史发展长河中，已经形成了自身较为独立和完整的一套传播生态链。某一生态链中的任何一个环节出现问题，都会波及其他环节，最终影响整个文化生态环境的生存和完整。

因此，具有农业历法痕迹的中国传统文化节日，以及其他的一些重要的民间庆典活动，比如庙会活动，都是乡土文化生存的土壤，是乡土文化传播与发展的生态场域。离开这一场域，乡土文化就如无源之水、无本之木。现实的状况是，通渭当地的传统节日气氛在日渐消退，这也是整个现代中国的状况，由此造成的乡土文化环境流变是现代中国的文化困境之一。所以，现代化进程中乡土文化流变的一个重要方面就是文化生态及其传播系统的变迁，这直接关系到通渭乡土文化的危急存亡。

另外，在整个文化生态场域里，还存在着许许多多"文化生态链"，这些链条的每一环的缺位，都会造成乡土文化传播生态的变迁。通渭传统民居就是典型的由"文化生态链"组成的建筑群，是北方较为典型的四合院建筑，一般是土木结构。其大门顶部有砖雕"脊兽"①，进门是各式照壁，或砖雕，或镂空，院内各房屋青瓦铺顶。房屋窗户一般呈"九宫格"造型，需要用白纸先糊好，再在上面贴窗花，其门窗有精美的木雕或砖雕以为装饰。进入正房，便是一供桌，谓之"方桌"，上面一般供奉祖先牌位，摆设贡品。方桌两侧各有一把椅子，一般人是不能坐的，因为那是留给祖先和神仙的座位。屋子左手一般是一眼西北火炕，炕上有

---

① 一般是瑞兽造型，例如小狮子、貔貅等，瑞兽在民间有"辟邪镇宅"的说法。

"炕桌"① 和 "炕箱"② 等简单陈设；右边一般是椅子、茶几、电视、高低柜等其他日常家具。春节期间，正房③会挂上 "宫灯" 或红灯笼，各房各门贴上红红的对联，大门和房屋檐头贴上 "春缨"④，春风徐徐，迎风飘扬，一幅安详美满的景象。通渭传统民居是一条重要的 "文化生态链"，如果没有它，剪纸、春缨、脊兽、木雕、对联、窗花、灯笼等乡土文化元素就失去了依附的本体，这个文化生态链也就会发生断裂。可惜的是，现代化进程中的通渭民间建筑在快速消失，取而代之的是钢筋混凝土筑就的高楼大厦，通渭剪纸青年传承人党文博不无遗憾地说：

> "现在（通渭）的年轻人都不爱这些传统艺术了，建筑形式也发生了变化，早先的四合院少了，楼房越来越多，窗花就没处贴了，洋楼上的玻璃窗户又基本上不贴这些，剪纸逐渐成了一种 '礼品' 和装饰房间的 '艺术品'，过年的气氛越来越淡了。"⑤

在相对闭合的文化生态环境里，多条文化生态链相互交织、相互依存，共同钩织出了通渭乡土社会的文化体貌。文化生态是乡土文化生存、传播、延续和发展的土壤，文化生态的流变必然会导致乡土文化的传播流变，这既包括其外在传播环境的变迁，也包括其本身内在传播规制和规律的变迁，它们都会导致乡土文化 "传播场域" 的破碎。皮之不存，毛将焉附？现代化进程中的通渭乡土文化面临的困境是根本性的：没有爱好者是集体文化记忆的破碎；没有赖以生存的文化生态环境，意味着乡土文化的集体毁灭。

---

① 因为西北冬天寒冷，人们一般会坐在热炕上聊天、吃饭、休息等，所以在炕上摆设一炕桌，就是为了放置一些物品和物件，功能类似于茶几。

② 摆放在炕上的，用于收纳衣服的箱子，功能类似于大衣柜。

③ 坐北朝南的房间，通渭方言里叫做 "客房"，功能等同于客厅，日常招待客人就在这里进行。一般家里有威望的老人在客房居住。

④ 一种通渭特有的剪纸形式，由很柔软的宣纸经过模具刻压成图案后，再用颜料染制而成，图案一般配有福、禄、寿、喜、春、囍、吉、祥等字样，表达的是当地人对生活的美好愿望。春缨一般是在春节期间贴于大门和各房间的椽头和门楹上的，除了美化功能，按通渭人的说法，它还具有跟 "桃符" 类似的辟邪功能。

⑤ 笔者对党文博的访谈，2012 年 8 月 23 日。

三 乡土文化流变的影响源

（一）市场经济与乡土文化变迁

20 世纪 80 年代末、90 年代初，东欧剧变，苏联解体，社会主义国家的发展面临着十分严峻的考验。作为一个社会主义大国，中国长期向苏联学习社会发展经验，在经济、文化、体育、教育等诸领域都打上了深深的"苏联模式"印记。苏联解体使中国不得不重新调整发展定位和发展策略，思考发展路径问题。1992 年，中国改革开放的总设计师邓小平在视察广东期间，发表了具有深远历史意义的"南巡讲话"，明确了社会主义的本质和发展意义，阐述了市场和计划的辩证关系，中国社会迎来了历史性的转折点。同年，中国共产党第十四次全国代表大会召开，明确提出经济体制改革的目标是建立社会主义市场经济体制。此后，中国社会市场经济制度进一步完善和发展。

哈维兰在《当代人类学》一书中阐述了社会现代化可能引发的社会和文化变迁，"……在教育领域中，学习的机会扩大了，有文化的人增多了……随着传统的信仰和习惯遭到削弱，宗教在思想和行为的许多领域中也越来越失去重要性。与亲属关系相联系的传统权利和义务，如果不是被消除掉，就是发生变化……最后一点……成就地位越来越占重要地位，社会流动也就增加了"①。最近十多年，中国社会进入了经济腾飞和高速现代化发展的黄金时代，这让哈维兰所描述的社会和文化变迁完全有可能在当代中国发生。一般而言，社会的现代化伴随着工业化、都市化和技术的发展过程，在此过程中商业走向繁荣，在城市中形成了都市文化。但无论是市场经济的商业逻辑，还是都市文化，都与产生于农耕经济的乡土文化有着许多格格不入的地方。然而，现代化的历史进程又是一个不可逆的历史过程，这就使得乡土文化在内源性和外源性两个方面发生了变迁和危机。

乡土文化是传统乡土社会中的人们的文化生活方式，是一种下意识

---

① ［美］威廉·A. 哈维兰：《当代人类学》，王铭铭译，上海人民出版社 1987 年版，第 576 页。

的，继承自先辈的文化，人们不会问"为什么是这样"，而是一直将这种文化体验传承下去，并逐渐演化为一种文化符号，它具有自发性、自愿性的特征，是一种内源化和程式化发展的文化形式。但随着中国社会市场经济体制的建立，人们的思想意识逐渐具有了更多的"商业色彩"，人际关系也充斥着利益和金钱的影子，这种变化也是非人为可操控的，因为这是由市场经济的运行规律所决定的。商业逻辑对乡土文化的影响，首先就表现在其对乡土文化内源化规则的影响方面。这里所说的乡土文化的内源化规则主要是指乡土文化的产生、延续和发展等一系列文化动作都是自发的、自愿的，是人们的一种集体意识表达和文化生活方式，不以商业动机作为主要目的。定西市通渭小曲联谊会是以通渭小曲传承人李艳春为会长在官方正式注册的民间艺术表演团体。会长李艳春说，他们协会演唱小曲主要是服务性的、娱乐性的，不挣钱，唯一涉及经济的地方就是让邀请者报销一下他们来回的车费，给演员管顿饭。但他也坦言现在协会发展的最大困难是资金问题，"现在没有钱啥都干不了，协会年检都要钱，平常的一些简单演出衣服、道具等都是大家垫钱集资买的，乐器也都是各拿各的，没乐器的人就不让参加进来"①。面对这样的现实，一些乡土文化组织开始向政府和企业发出求援声音，希望它们能给予一些资金支持。通渭县马营镇的另一支较大的通渭小曲组织"马营小曲协会"就常常通过给政府部门表演获得一定的活动资金。据其会长夏旭东介绍，他们给政府部门演出一场会得到大概一千元的金钱奖励，为了获得这笔资金他们协会就需要"跟上形势，作词宣传（政策），唱给政府"②。市场经济体制下的商业逻辑使得原本以自娱自乐形式为主要特征的通渭小曲不得不向金钱低头而改变自己，从而导致其内源化的变迁，被迫开始从自发、自愿和集体参与的形式向商业化运作嬗变。

同时，因为市场经济的发展，大量的农村青年离开故土外出务工，导致青年一代没有太多时间和机会培养乡土文化意识，而学习继承乡土文化的年轻人就更少了，这就使得乡土文化传播与传承模式面临着巨大危机。没有青年人的热爱和参与，类似通渭小曲的乡土文化艺术将出现后继无人

---

① 笔者对李艳春的访谈，2012 年 9 月 23 日。
② 笔者对夏旭东的访谈，2012 年 9 月 23 日。

的局面；没有年轻人的热爱和参与，乡土文化的群体传播场域将被打破。最终的结果就是乡土文化纵向传承与横向传播场域的双重破碎，这对乡土文化的生存与发展而言是毁灭性的。定西通渭小曲联谊会会长李艳春说，现在通渭小曲有政府的扶持和保护，政府出台了一系列的非物质文化的保护政策，目前他们协会演唱也多是面向地方政府的，没有政府支持通渭小曲真有失传的危险。①

市场经济对乡土文化的影响还表现在外源性文化输入方面。随着中国市场经济的建立，中国社会的人口流动性急剧增加，中国正进入流动时代。据《人民日报》报道，截至 2011 年，我国流动人口已达 2.3 亿，占人口总数的 17%，即每 6 名中国人中就有 1 人是流动人口，而且这种状况还有继续增加的趋势。据估计，未来 20 年还将有近 3 亿人成为"流动中国"中的一员。"流动中国"所导致的结果之一就是乡土文化传承环节的缺位。乡村青壮年背井离乡去城市打工，使得这些"乡土文化的未来"从小就没有太多的时间和机会深入接触、了解和学习真正属于自己的文化，这会使他们对自身文化和身份的认同发生一定的偏差，成为游离于"城市"和"乡村"之间的"两栖人"。从生活方式和文化选择方面来看，这些人是都市化的，但从现实处境来看，他们又被城市无情地拒于门外，是城市中极端异化和弱势的群体——他们在城市中没有归属感，在家乡没有认同感。而乡土文化伴随着这个群体在城市与乡村之间的"摇摆"也发生了很大的变迁，借助城乡"两栖人"的人际传播，乡土文化受到了外来文化和都市文化的猛烈冲击。同时，媒介技术的迅猛发展，使得乡村与城市、国内与国外在传播空间上进一步拉近，在"媒介时间"所营造的共时性传播效果的影响下，乡村与城市出现了"同质化"发展的趋势，而乡土社会中的乡土文化也不得不在社会的大巨变中妥协、蜕变。当然，导致市场经济条件下乡土文化的外源性变迁的因素不止这些，但无可否认的是，这些因素都是在市场经济的主导逻辑——商业逻辑的支配下与乡土文化发生联系和影响的。乡土文化封闭的信息传播链在市场经济的大潮中已经被打破，如果说市场经济导致的乡土文化内源化危机是乡土文化变迁的内在动因的话，那么由其引发的

---

① 笔者对李艳春的访谈，2012 年 9 月 23 日。

外源性文化注入就是乡土文化变迁的根本动因，这是乡土文化流变的社会经济背景。

（二）大众传媒与移植文化

媒介技术的快速发展，使城乡之间的距离得到了急速拉近，空间得到了极大的压缩。改革开放后，随着中国经济的腾飞，以电视机为代表的大众传媒走进了千家万户，这对中国人的生活方式和中国社会都造成了极大的影响。从文化的角度来看，大众传媒在乡土社会的大量普及首先导致乡土社会中人们的精神文化生活方式的转变。如果说前大众媒介时代的乡土社会的精神文化生活是集体性的和共享性的，那么大众传媒时代的乡土社会精神文化生活则具有分散化和独享性的特点。大众媒介凭借它的技术特点与优势，在中国的乡土社会营造出了一种独特的"媒介文化"，这种文化一旦形成就具有不可逆性，逐渐转变为乡土社会的人们的一种生活方式。就像全国其他地方的人们一样，通渭的老百姓劳动工作之余最多采取的娱乐方式就是看电视，当然在田间地头也有很多人是拿着收音机边耕作边收听节目的。

媒介在乡土文化空域创造了一种文化，而这种文化中散播着的是各种各样的信息，这些信息对乡土文化的影响至为深远。大众传播通过电视、广播、报纸等途径所传播的文化信息是来自于乡土社会外部的信息，对于乡土社会而言是一种"移植文化"。因为大众传媒机构通常是在大城市设立，从事大众传播工作的人也一般是城市人，甚至他们自己也是深受西方文化和外来文化深刻影响的群体，这就使乡土社会中的人们所接受到的"移植文化"具有极强的城市属性和外来属性。这种"移植文化"不是产生于乡土社会，不与农耕文化发生关系，而是以城市文化为内核的外来文化。以城市文化为内核的移植文化在乡土社会的极力扩张和扩散使得乡土文化也出现了"类城市化"发展的趋势，乡土文化生活也因此面临着结构化的困境。伴随大众传媒而闯入乡土文化空间的移植文化具有内容都市化、形式原子化、运作方式货币化的特征①，而这些都与植根于土地的乡土文化有着结构性的矛盾，是一种被强行复制和嫁接过来的文化，是媒介

---

① 参见陈雯《当前乡村文化建设困境审思》，《中共福建省委党校学报》2009年第5期。

殖民主义在乡土文化空间的表现，在潜移默化间成了影响乡土社会文化价值观的重要因素。

首先，移植文化的内容是具有都市化特征的，它主要是以城市作为其文化演绎的核心形式，因此就与产生于农耕文明的乡土文化具有鲜明的不同。城市文化产生的基础是工业文明和商业文化，而乡土文化产生的逻辑却在于朴素的农业文明。当大众传媒将产生于城市的都市文化信息强行散播于乡土社会的时候，吊诡现象的出现就在所难免。一群每天围绕土地、农业、农耕等内容进行日常生活的人却要被迫接受他们不可能关心的发生在城市里的楼市、交通、股票、旅游、时尚、车展等信息。乡土化的社会现实与高度城市化的信息内容不可能碰撞出共鸣的火花，所以在通渭调查期间当笔者问起当地老百姓平常喜欢看什么电视节目的时候，他们大都很难说出自己喜欢的节目，说不出不是因为他们没有看电视，而是真正对他们有吸引力的节目太少。少数人也有较为明确的自己喜欢看的电视节目，其中，除了央视新闻联播和天气预报，接近农村的时事新闻和贴近农村生活的经济栏目就较受欢迎，比如央视七套的《致富经》《聚焦三农》《乡村大世界》等。这些节目中老年人观众较多，而年轻人则更喜欢武打片和娱乐节目。

在通渭地方电视台的节目中，通渭乡土文化的节目也非常少。据通渭电视台广告部主任党文博介绍，通渭电视台目前总共有不到 20 名工作人员，为了保证《通渭新闻》的播出，记者就没有太多时间采访其他方面的内容了，因而通渭电视台目前还没有通渭乡土文化方面的专题或专栏。由于他自己是通渭剪纸的爱好者，所以在节目闲时插播的《印象通渭》《书坛画苑》栏目中会穿插通渭书画、通渭剪纸等乡土艺术内容，这些内容基本都是由他摄制和编辑完成。这些穿插内容时间一般很短，大都几十秒时间，剩下基本就是逢年过节时有关乡土文化活动的相关新闻报道了，而在平常就基本没有这方面的内容。① 这种情况使得具有强烈都市色彩的移植文化与乡土社会的人们的需求产生了矛盾。在乡土社会中的人们眼里，移植文化显然是无关紧要的"他者"，但这个"他者"却深刻影响了乡土文化的生存和品格。它挤占了传统乡土文化生活的空间和时间，使得

---

① 笔者对党文博的访谈，2012 年 8 月 23 日。

人们的生活加速单调化，文化生活方式"类城市化"，"看不懂""没意思"的节目充斥着乡土社会的时空场域，这是现代化进程中的乡土社会的文化困境。

其次，移植文化的形式是具有原子化特征的，个体无须他人的介入便可以独立开展文化活动，这就使得传统乡土文化活动的集体性和共享性被打破。移植文化形式的原子化特征通过大众传媒得到了进一步的放大，通过网络、电视、广播、报纸等传媒，人们可以足不出户了解外界的信息，打发无聊的时光，抑或娱乐自身。通渭老百姓对于大众传媒的记忆，大概是始于七十年代末、八十年代初，那时候每个村里只有不多的几台电视，大多还是黑白的。每当夜幕降临，人们都会聚集在有电视机的人家，那时候"啥都看，有啥看啥，广告也看，电视剧也看，一直看到没节目，或者是主人关电视"为止，那时候"热闹得很，人太多了屋里坐不下，就把电视搬到院子里，大家边聊天边看电视，就像是看公社放的集体电影一样"。这样的场景应该是当时中国社会的集体媒介使用记忆。电视刚刚在中国社会勃兴的年代里，人们使用大众传媒的方式还是带有很强的集体性和共享性的，电视在传播外来信息的同时也伴随着人与人之间的大量口语交流。

但随着技术的发展和普及，每家每户都有了电视，人们不再聚集在一起观看同一台电视，更多的人选择在自己家里收看自己想要看的节目，这就使得人们接受大众传播信息的方式原子化。这种原子化的信息接受模式也有比较有利的方面，比如可以规避集体活动的风险，但乡土文化集体共享性的破碎却会导致人们精神状态的无所适从。在通渭县平襄镇曹家山的调查过程中，村民们普遍反映现在过年过节"气氛不浓""没意思"，甚至有些无聊，比较怀念以前那种集体的文化生活，比如一起耍社火、唱小曲等。然而，现实的状况是，外出打工的年轻人过年返乡后闲下来没事干，只能独自在家看电视，但看电视也觉得"无聊、心慌"，所以更多的年轻人就选择了聚集在一起打牌、喝酒、玩麻将，而且是从早到晚，乐此不疲，这确实是现代中国乡村普遍存在的一种现象，是一种极不健康的文化现象。为什么会出现这种现象呢？笔者认为，出现这种现象本身就是乡土社会中的人对移植文化活动形式原子化的一种对抗。人是交流的动物，人也是社会化动物，只有在群体中才能找到自我价值和自我认同。因此，当大众传媒提供给大家一种貌似丰富的娱乐或者信息来源手段的时候，它却不能满足人们交流的欲望和愿望，而在现实中乡土文化活动的式微，使得这些年轻人没有正常的途径和渠道满足自身的表达和交流欲望，于是，诸如麻将、斗地主、挖坑等带有赌博性质的游戏就乘虚而入。但凡集体文化活动出现真空，必然就需要一种东西填补，而在现代中国，这个填充物就是流行于广大乡土社会中的各种不良娱乐习气和方式。

另外，移植文化对乡土文化的影响不仅表现在它对乡土文化生活内容和形式的解构，还体现在它对乡土文化核心价值观的影响方面，这是由移植文化的货币化特征及其所遵循的商业逻辑所导致的。移植文化的货币化主要是指其所具有的商业性气息和有偿性特点。不仅移植文化的信息价值观具有很强的商业逻辑，就是其消费过程也是需要货币参与的。乡土文化产生于自给自足的农耕经济，是去成本性的文化。传统乡土社会的人们不是在商业逻辑的驾驭下参与文化活动的，而是一种惯性的接受和自愿的参与。当大众传媒裹挟着大量的商业化信息侵入到乡土文化场域时，诸多的不适就出现了。一来人们不能接受花钱消费移植文化；二来移植文化的商业逻辑潜移默化地侵蚀着乡土文化的价值空间。

在通渭当地，过年期间的传统社火文化活动的数量在逐年减少，而且民众的参与热情也在消退，很重要的一个原因就是在商业文化的冲击下，人们开始从对文化的追求逐渐转向了对金钱的"追逐"，人际关系开始疏离化。人们所拥有的某些文化活动设施，比如电视机，很可能只是用来相互攀比或炫耀家庭富裕程度的"摆设"，而不是真正用来进行文化消费的。年轻人三天年刚过就踏上了外出打工之路，留下来的人也要忙于挣钱，金钱与商业逻辑持续不断地将人们从乡土文化生活中"驱离"。而政府和社会重点支持建设的货币化文化设施在这种"驱离"状态下也失去了本原的意义，被废弃和遗忘在乡村的偏僻角落。"农家书屋工程"是为了满足广大农民群众文化需要，解决其"买书难、借书难、看书难"问题，由国家相关部门联合推出的一项公益性文化服务设施建设项目，于2007年3月在全国范围内实施，计划于2015年基本覆盖全国的行政村。通渭县在当地政府的大力支持下，各个行政村也基本都建立了"农家书屋"，目前主要采取"政府组织建设，农民自主管理"的运行模式。通渭县平襄镇河南村就设有一家农家书屋，管理员是河南村村民姜效臣。据他介绍，一般情况下农家书屋在白天都是对外开放的，村民想借书的都可以来借，一般需要交一点儿押金。但平常来借书的人并不多，原因是平日大家都在忙着挣钱，基本没功夫看书，喜欢看书的人也很少。"经常来借书的主要是念书的娃娃（指中小学生），（他们）主要借一些作文书、小说、漫画书，他们想提高语文成绩，老农民基本没来借书的。"[①] 在调查期间，笔者发现，大量的农家书屋不仅没有成为农民充实自己，提高科学文化知识的场所，甚至成了公用的"麻将馆"和"棋牌室"。尤其是在逢年过节人们都空闲的时候，这里就热闹非凡，参与的人尤以中青年人为主，大家抽着烟，喝着啤酒，玩牌、打麻将……出现这种状况的原因很多，既有农家书屋管理方式上的疏漏，也有农民的不自觉，当然深层原因可能还是乡村文化生活的荒芜。人们失去了文化生活的氛围和习惯，再好的文化设施也都流于表面的形式。当移植文化裹挟着商业气息笼罩于通渭大地的时候，集体文化意识的缺位使得文化供需产生了严重脱位，文化的结构性困境产生了。

概而述之，大众传媒提供给乡土社会的是一种原子化的文化生活方式，它在乡土文化的空域中不能很好地满足人们的交流愿望和文化需求。大众传媒传递的移植文化信息其内容是都市化的，形式是原子化的，价值逻辑是货币化的。借助于大众传媒，移植文化严重侵蚀和影响着乡土社会的文化空间，导致传统乡土文化价值的异化和集体文化意识的缺位，形成乡土文化在传统与现代、供给和需求等方面的结构性困境。大众传媒是一种较为直接而影响力巨大的外来移植文化信息源头，除此之外，"流动中国"中的人际传播也是非常重要的传播方式，但殊途同归的是它们带给乡土文化的深远冲击和影响。

（三）政治的介入

晚清以降，中国封建王朝开始走向衰落和瓦解，革命运动风起云涌，社会从此进入了激烈动荡的时代。尤其是鸦片战争后，欧美列强加速了瓜分中国的进程，中国逐渐沦为半殖民地半封建社会。列强的凌辱和国家的

---

① 笔者对姜效臣的访谈，2013 年 1 月 10 日。

贫弱唤醒了中国有识之士的自立、自强的意识，一大批仁人志士为了祖国的前途和命运而奔走努力。从洋务运动到维新变法，再到孙中山领导的新民主主义革命，都是国人救亡图存的不懈努力。历史的演进总是那么蜿蜒曲折，不同的历史主题挤压出了许多新事物，而乡土文化在社会的演进过程中也被不断改造而深深地打上了时代的烙印。

在历史上，通渭小曲也无可避免地受到了中国社会历史进程的影响。随着政权的更迭和国家权力的变迁，通渭小曲也被政权力量无情地雕凿着，雕凿印记在通渭小曲的文本和人们的记忆中寻觅可见。在无数次的战争和革命博弈中，通渭小曲始终无法脱离政治的影响。改造社会文化成为政权力量达到改造社会目的的一种重要手段，这个过程使得国家权力通过文化在乡土社会得到了彰显和强化，乡土文化作为一种社会改革和社会控制的中介被加以利用。于是，乡土社会人们的集体文化生活方式就出现了被政治化的趋势。如果理想状态中的乡土文化是在人们的乡土生活的互动过程中产生的话，那么政治的介入导致的乡土文化变迁就是乡土社会与国家权力发生关系后的一种妥协，这个过程深深地影响了乡土文化的品格。

后人可以从乡土文化的形式和内容反窥社会历史的变迁，也可以从社会历史的变迁中窥视乡土文化的流变"纹理"。通渭小曲已经有上千年的传承历史，但就目前能够搜集到的曲目来看，通渭小曲的古典唱词文本主要是一些反映老百姓普适价值观的爱情故事、神话故事、历史故事等题材，而现代唱词文本内容主要反映的是新中国成立之后的社会历史情况。古典小曲唱词很少有反映政治生活内容的，民间似乎"选择性遗忘"了古代国家权力对民间文化的侵入；现代小曲唱词也主要集中在新中国成立之后，我们从这些唱词中依稀可见中国社会的变迁历程。

在目前以文字形式记录下的通渭小曲唱词文本中，很少能见到反映新中国成立初期到"文革"前这一段时间的政治生活的内容。在实地调查期间，定西市通渭小曲联谊会会员柴正伦老人口述了两段他十来岁的时候记下来的小曲唱段，它们主要反映的是新中国成立初期到"文革"前的社会状况，是非常宝贵的口述历史资料。其中一首是《台湾岛》，唱词在上文已有交代，主要反映的是国共两党两岸对峙的历史状况；还有一首是

《一贯道》，批判了当时的民间邪教组织"一贯道"① 残害百姓的恶行，并教育规劝老百姓不要参加邪教组织的内容。除了散见于老艺人记忆中的这些涉及历史政治生活内容的唱词，当地正式印发的内部或出版资料中基本没有涉及新中国前期政治生活状况的内容，这是比较奇特的现象。通渭马营小曲协会、定西市通渭小曲联谊会、通渭民间曲艺社等当地比较有影响力的民间小曲组织的负责人都表示，当地老百姓最喜欢的还是"老词老调"，具有较强宣传性的曲目主要是给政府部门演出。现实的情况可以为历史的状况做一个比较好的注解。当古代政治权力介入乡土文化生活的时候，乡土社会与政治会发生妥协。当权力政治在历史长河中退去的时候，具有生命力的乡土文化依旧还是那些符合人们的普适价值观，反映人们真实精神面貌的内容。因此，民间集体的"选择性遗忘"是必然的，这也进一步说明文化传播内容的穿透力是需要经过时间检验的，传播文本的价值在历史进程中会得到沉淀。

但不可否认的是，政治因素是一个影响乡土文化流变的关键性变量。"文革"期间，通渭小曲在"破四旧"运动中被当作旧文化而几乎被完全禁止。在那个风雨如晦的年代，通渭县的一些老艺人被打倒，这使得类似于通渭小曲的一大批乡土文化遭受了毁灭性的打击。通渭民间曲艺社许克俭深深地爱着通渭当地的乡土文化和艺术。在"文革"期间，他甚至冒着生命危险保护了那些历经千辛万苦才搜集到的通渭小曲曲谱、民间故事和通渭民歌手稿等。许克俭说，他怕红卫兵来抄家时将这些宝贵的一手底稿付之一炬，就将它们用塑料包裹了好多层之后，悄悄地深埋于家中的墙角之下，"如果（它们）被挖出来，那可就麻烦大了，（我）肯定就被批死了"②。所幸的是，红卫兵最终没有找到这些宝贵的底稿。"文革"结束后，县里组织抢救保护这些在"文革"中饱受摧残的文化艺术，就派人

---

① 1930 年，山东人张光璧任一贯道的教首，在济南设了总坛。抗日战争期间，张光璧投靠日寇当了汉奸，将"一贯道"作为日寇侵略扩张的工具加以扶植，不明真相的百姓也纷纷入道求安。1936 年，"一贯道"道徒增至数十万人，引起蒋介石的注意，后将张光璧软禁在南京，其归顺蒋介石后被释放。1950 年 10 月，中华人民共和国政府宣布一贯道属于反动会道门组织，宣布予以取缔和打击。同年 12 月 20 日，《人民日报》发表《坚决取缔一贯道》的社论。至此，一贯道在大陆逐渐销声匿迹。

② 笔者对许克俭的访谈，2012 年 8 月 21 日。

来问他有没有保留下来一些资料，他这才将那些沉睡了好多年的底稿从墙角挖出来，发现大部分都是完好无损的，但令他至今痛心疾首的是，他搜集的通渭民歌底稿已经变成了老鼠窝，老鼠将它们啃成了碎片。在许克俭的身上闪烁出的是一种追求，是一种精神，更是一种人生境界。

　　通渭影子腔是另一种为当地老百姓所喜爱的乡土文化形式，"文革"开始后它的危难也随之降临。当时，很多老艺人被判为"人民的敌人"，影子腔戏班成了"四旧"的典型，成为"横扫"的对象。据通渭民间曲艺社许克俭回忆，当时影子腔的戏箱要么是被焚毁了，要么就是被没收了，很多老艺人被红卫兵揪打着游街批斗。① 通渭县华家岭乡影子腔老艺人罗子平就被诬陷为"祖祖辈辈宣传牛鬼蛇神的黑典型"。在"文革"期间，通渭影子腔这一古老的乡土艺术形式在当地老百姓的生活中销声匿迹了。直到粉碎"四人帮"，拨乱反正，国家和社会秩序得到恢复以后，影子腔才再次回到老百姓的日常生活中来。

　　饱受"文革"摧残的乡土艺术能够重新复活，回归人们的日常生活，不能不说是一个奇迹。在"文革"中，通渭小曲的大量老艺人被打倒，甚至落得个家破人亡的下场，大量的曲谱、曲调失传，但它的奇迹般回归说明它的生命力是何等强大。这种生命力是原发性的，是不需要任何诱发条件而自发产生的，一旦政治的压力卸去，它就会像种子一样自然萌发。这背后隐藏着的逻辑就是老百姓对传统文化价值的认同和文化归宿感的追求，只要这种文化认同尚存，乡土文化的延续和发展就不会因为政治因素的强力介入而"断根"。

　　总之，如果把乡土文化与艺术看作是一个社会的上层建筑的话，那么，其发展轨迹不仅仅会受到经济的影响与制约，而且也会受到政治因素的干扰。在乡土文化发展的每一个历史时期，政治因素总是如影随形，政治力量试图通过改造文化来达到改造社会的目的，而改造乡土文化就是达到这个目的一个重要途径。因此，以通渭小曲为代表的通渭乡土文化就深深地打上了时代的烙印，这种烙印的本质其实就是政治因素对乡土社会和乡土文化的一种穿透，是乡土社会公共文化空间不断政治化的表现。通渭县文化馆退休干部、通渭小曲编剧邢振中说，"文革"时期他们编写的通

---

① 笔者对许克俭的访谈，2012 年 8 月 21 日。

渭小曲内容主要是"文革"题材的，很多是由样板戏改编而成，而现在编写的主要是涉及政策的。① 但众多的通渭小曲现代曲目中，受到当地老百姓喜欢的却不是很多，尤其是一些政策宣传指向性较强的曲目，老百姓就比较排斥。与此同时，也有一些反映现代通渭的新创曲目得到了人们的认可，逐渐走入了寻常百姓家，如"土豆泛金""剪窗花"等反映人们日常劳动生活的曲目。

政治因素是乡土文化流变的一个重要原因，它的强力介入打破了乡土文化生成和发展、沟通和对话的传统场域，营造出民间文化场域与政治场域妥协发展的新态势。这种影响从乡土文化的各种表现形态可以看出，反过来，我们也可以从乡土文化表现形态的变化中窥见社会政治因素的变迁过程。但从实践中来看，真正能永久性地留存于老百姓生活和记忆中的文化形式从来都是符合他们人生观、价值观和世界观取向的，这就说明乡土文化的生命力取决于它与人们价值认同的契合度。乡土文化只有与人们的文化价值观达到一定的契合度，才能保持传播力和影响力，这可以从通渭小曲的传播和反馈过程中得到印证。

通渭小曲编剧邢振中从事通渭小曲创作和编剧工作四十余年，通过自己数十年的创作历程，他体会到"真正的艺术不是受政治因素影响的，而是真正能够打动人的，能否真正打动人决定了中国文化艺术在国际上的地位"，"现在的小曲创作多是歌功颂德的，老百姓不喜欢"②。如此看来，无论是民间的自发创作，还是政策导向下的应景创作，在实践中要得到人们的认可，只能遵循文化传播的规律，否则作品将迟早会为世人所抛弃。这个规律首先体现在作品本身与受众的传播与对话方面，这就对文化作品的内容提出了较高要求，文化作品的内容只有与人们的价值认同契合度较高才有可能获得认可。而在传播技巧方面，如果是一味灌输性地进行政策宣传，而不理会老百姓的现实需求，就会出现事与愿违的结果——老百姓不仅不会喜欢，而且还可能会出现排斥性反应。地方政府如果要进行某一项利民利国政策的宣传，就需要认真对待传播内容，巧用传播策略。文化是受政治、经济等因素的影响的，但它也具有超然性，这种超然性表现在

---

① 笔者对邢振中的访谈，2012 年 8 月 26 日。
② 同上。

政治、经济等因素的变迁节奏是相对较快的，而文化却是相对恒久的，因此，文化和政治、经济等因素的变化节奏是不同步的，这就导致某一政治、经济等因素对文化的影响不可能持久，所以对乡土文化而言，真正有意义的传播形态终究是回归乡土和普适价值的。

四 乡土文化困境的生态学分析

前文已经讲到，传统的乡土文化传播与传承模式是以人为中心进行扩散的，行业内历时性传承与民间共时性场域所组成的"十字架"传播模式是它发展延续的主流模式。不同乡土文化形式遵循着这一主流模式在一个区域化的民间文化场域中形成了相互交织、相互依赖的共生模式，组成了极具地方性知识色彩的"乡土文化生态"。这个文化生态是由行业内传承构成的内在空间和由行业外传播组成的外在空间共同搭建而成的。乡土文化创造者、乡土文化、乡土文化传播与传承空间、乡土文化参与者四者之间是传播主体、传播内容、传播媒介和受众的关系，他们共同构成了乡土文化的传播要素，其中既包括横向的民间传播链条，也包含纵向的行业传承链条，其中任何一个环节的缺位都会导致乡土文化的断裂和坍塌。

作为连接乡土文化创造者与乡土文化参与者之间的媒介，乡土文化传播与传承空间的消解就会直接危害到乡土文化的生存根基，导致其内源化的发展危机。乡土文化除了内在的传播与传承空间，还存在外在的"传播场域"，而外在的生态环境与生态链的断裂则会导致其生存发展的外源性危机。因此，中国社会的快速现代化对乡土文化造成的冲击主要表现在对其外在与内在传播生态的破坏方面。现代中国的快速城市化、城镇化使得大量乡村青年离乡背井走入城市，成为游走于城市与乡村之间的"两栖人"，这就直接消解了乡土文化相对稳定的传播与传承群体，使得乡土文化的传播与传承空间不断向内坍缩，这种情况是内源性的文化生存危机。而作为产生于农耕经济的乡土文化，在其历史发展过程中已经形成了独特的生态文化系统，在这个系统中，各个文化元素之间紧密关联，形成了唇亡齿寒、相互生死依存的存在模式。因此，某一文化元素的消亡很可能就会引发"链性反应"，影响整个文化生态系统内其他文化元素的生存，对受到影响的某一文化而言这又是一种外源性的危机。譬如，通渭小曲就与通渭民间庙会、通渭社火、通渭传统节日庆典等乡土文化活动关系密切，庙会、社火抑或其他任何的相关文化元素的变迁都会影响通渭小曲的生存，这是由乡土文化生态的系统性所决定的。因此，从乡土文化生态学的角度来看，乡土文化在现代化进程中所面临的困境就是其赖以生存的内在与外部的传播与传承空间的坍缩。当然，乡土文化中的一些糟粕和落后内容的舍弃是符合现代社会发展要求的，这毋庸赘言，但中国传统文化中的一些宝贵价值财富却是乡土文化能够提供给现代中国的精神食粮，是需要秉持和保护的，比如孝敬父母、礼义廉耻、诚实守信等伦理道德精神。这些有益于现代中国的文化价值观是传统文化的核心价值要素，需要在现代中国为其寻觅新的传播与传承空间以利于现代中国的精神文化建设。

我国最近几年逐步实施了一系列的非物质文化遗产保护政策，2011年6月1日《非物质文化遗产法》开始施行，这在文化法制建设中具有里程碑的意义。通渭县文化馆利用国家出台的有利政策也积极争取到了一些保护专项经费，初步完善了当地的非物质文化遗产名录项目体系。据馆长姚子峰介绍，目前通渭县整理出的非物质文化遗产共有1980项，其中有国家级非物质文化遗产名录项目通渭小曲戏1项，省级7项，归纳整理档案168卷，摄录光盘、碟片、照片12050件，征集非物质文化遗产实物420件，装置通渭县民俗文化展厅1个，初步建立了非物质文化遗产数据库和资料档案室。另外，他们还制作了大量的光盘碟片或静态展示物品，仅通渭小曲戏的光盘碟片就有2万余张。[①] 但非物质文化遗产保护政策是将文化当作"遗产"来对待的，从字面意义上来看，这种政策是一种静态的、平面的措施，但在现实中乡土文化的生存场域却是民间性的，其传播与传承依赖人际传播，是活跃在乡土社会的"活态文化"形式。因此，乡土文化无法脱离乡土社会的人，也不能脱离乡土社会的现实，它在空间和时间上都与乡土社会的普遍文化价值紧密相关。乡土文化被当作"活化石"，用录音、录像、照片、书籍记录、博物馆展示等形式来保护就使其与乡土社会的土壤彻底剥离，从而失去了它赖以生存的文化生态，致使其文化生命力枯竭。这种政策不能不说没有现实价值，但确实是无奈之举和应景之策。根据联合国教科文组织《保护非物质文化遗产公约》，非物

---

① 以上具体数据由通渭县文化馆馆长姚子峰提供。

质文化遗产的"'保护'是指确保非物质文化遗产生命力的各种措施,包括这种遗产各个方面的确认、立档、研究、保存、保护、宣传、弘扬、传承(特别是通过正规和非正规教育)和振兴"。《公约》着重强调了非物质文化遗产"生命力"的保护,因为它是保持文化可持续发展的根本,而这个生命力就来自乡土文化传播与传承的内在与外在的文化生态。

应当说,现代化进程对乡土文化传播与传承的文化生态的消解是造成乡土文化困境的"罪魁祸首"。那么,面对不可逆的现代化进程,乡土文化又该往何处去呢?

社会的快速进步使得人们的生活向小康全面迈进,大众传媒技术的快速发展让人们的娱乐手段丰富化、多样化。审美能力的提高、娱乐方式的转变使得传统通渭小曲地摊清唱逐渐落后于群众的文化艺术欣赏需求。通渭民间曲艺社社长许克俭认为,"艺术的生命在于创新",只有与时俱进,继承传统,开拓创新,着重保护与传播才能实现通渭小曲在新时期焕发新的青春。① 许克俭所领导的通渭小曲组织原名为"通渭民间曲艺社",但为了配合县上打造"文旅名县"的战略,他就将原名改为了"秦嘉、徐淑文艺演出队"。秦嘉、徐淑是东汉著名的通渭籍五言诗夫妻诗人,二人勤奋好学,极善诗文,其诗作成为东汉五言诗成熟的标志,开创了婉约诗和魏晋抒情小赋的先河。2012 年 8 月 13 日在通渭举行的"第二届敦煌行·丝绸之路国际旅游节'中国书画艺术之乡'——通渭旅游文化艺术节"开幕当天,纪念性主题公园"秦嘉、徐淑公园"也正式开园。许克俭领导的小曲组织不仅在开园当天改了名,而且还根据需要新创了以秦嘉、徐淑为主题的通渭小曲曲目《徐淑泪》②。《徐淑泪》讲述的是秦嘉婚后因公病逝于外,徐淑忠贞不渝,毁形不嫁,不远千里扶夫枢归葬故里的故事。许克俭等人借助历史人物通过通渭小曲这一乡土艺术形式阐述了一段矢志不渝、感人泣下的爱情故事,是对艺术在于历史,艺术更在于当代的深刻诠释。谈到通渭小曲的创作,许克俭说他们主要是结合形势添新词,曲调、曲牌基本是固定不变的,"(新创曲目)对宣传通渭,打造通渭特色

---

① 笔者对许克俭的访谈,2012 年 8 月 22 日。
② 《徐淑泪》唱词文本由许克俭提供。

文化，营造文化大县和文化强县是有好处的"①。可以说，通渭民间曲艺社是为了迎合老百姓和政策的需要而进行创作和完成自身改造的，体现出的是组织成员的时代意识。

通渭小曲在最近十来年的发展历程中，也在努力提高其艺术水准和美学品质，一些西方乐器也被引入了小曲的演奏乐器之列，如大提琴、小提琴和手风琴等，这些西方乐器的加入极大地丰富了小曲演唱、演奏的声部和乐部，使通渭小曲的艺术传播效果更具感染力和吸引力。同时，一些现代舞台技术和音响设备也被大量采用，比如舞台字幕柱就是应用较为广泛的一种。因为通渭小曲是用方言进行演唱的，很多唱词当地人听清楚都有些困难，更不用说外乡人了，这无形中阻碍了通渭小曲的艺术表达和传播。利用舞台字幕柱将唱词呈示给观众，就非常有益于表演内容和信息的准确传达，弥补了方言所带来的传播缺陷，得到了观众的普遍认可，这是现代传播技术对通渭小曲的重要技术贡献。通渭小曲通过现代传播技术提升了其传播力和影响力，提高了艺术品格和品质，升华了艺术感染力，取得了良好的传播效果，这不能不说是一种自我的传播媒介创新。

文化艺术的丰富和发展，主要目的是满足整个社会的文化审美需求，促进社会精神层面的繁荣和发展。不管人们对传统的文化形式多么的依恋不舍，但社会现代化的趋势必然会对乡土文化的发展提出新要求。因此，任何一种简单化、平面化和单一化的保护行为都是远远不够的，甚至是徒劳的，乡土文化生命力的延续才是其生存和发展的关键所在。乡土文化如果故步自封、安于现状，那它迟早会被陈列于浮光掠影的历史博物馆，因为文化生命力的丧失使它早已与先进生产力发生了脱节，在根基上与社会生活产生断裂。"任何企图有所作为的民族艺术都不可以故步自封，或过多地倚重于'保护'，而要以发展的脚步锐意创新，积极探索在把握当时历史条件下的本体突破。"②乡土文化只有实现可持续发展与传承，并且保有相对稳定的欣赏它的规模文化群体才是真正具有生命力的。文化的发展就像是河流一般，永远是在流动变化中焕发生机的。"乡土社会是个传统社会，传统就是经验的累积，能累积就是说经得起自然选择的，各种

---

① 笔者对许克俭的访谈，2012 年 8 月 21 日。

② 宋贵生：《当代民族艺术之路——传承与超越》，人民出版社 2007 年版，第 12 页。

'错误'——不合于生存条件的行为——被淘汰之后留下的那一套生活方式。"① "如果说老的事物被保存下来了,那它一定是被修正和改造过的。"② 现代化浪潮中的乡土文化期待自身转型后的重生。

失去发展可能性的文化,其历史的湮灭也在所难免。乡土文化面临的严重危机之一就在于其内源化的发展危机,保护乡土文化从根本上来讲还须从其内在发展机制入手,尽力维护其生命力,这样才能在当今多元文化竞争的世界保有一席之地,继续书写在现代中国的辉煌。消除危机既需要乡土文化自身的现代化转型,以适应和满足现代中国的精神文化需要,这也是现代生产力的发展要求。另外,还需要整个社会从文化生态建设切入对其进行立体化保护,因为乡土文化和艺术永远都是产生和存活在乡土社会和乡土艺人中间的,只有通过他们乡土文化才能摆脱时空的局限而成为可持续发展的活态文化,文化价值精髓才能永葆其遗传基因。既有了创新发展的内在动力,又有了植根繁荣的生态土壤,何愁乡土文化"现代困局"不破?

五 魏家庙庙会

魏家庙③,又名喜龙山,是通渭县有名的庙会举办地之一。它位于通渭县城正南三公里处,处于城乡过渡地带。其庙宇三面环山,依山势坡台而建,建筑古老,形体雄伟。山上树木繁多,翠绿葱郁。庙内常年香火旺盛,香客常来常往。钟磬声时而浑厚有力,时而细腻悦耳,庙檐风铃叮当作响,给人以古老而典雅庄重、宁静而心旷神怡之感。④ 据魏家庙庙志记述,庙内圣母殿主要供奉着九天圣母、白马大王、黑池龙王,斗牛宫主要供奉玉皇大帝、王母娘娘、四大天王,药王殿主要供奉药王祖师,前山门供奉当方山神,后山门供奉本处土地神。魏家庙主要由平襄镇内四个村共2500余人供养,在当地的宗教文化界影响巨大,而一年一度的庙会就是一项在魏家庙举行的重要的具有浓烈宗教色彩的乡土文化活动。

---

① 费孝通:《乡土中国》,北京出版社2005年版,第123页。

② [英]马雷特:《心理学与民俗学》,张颖凡、汪宁红译,山东人民出版社1988年版,第104页。

③ 有关魏家庙的具体情况本文参考了喜龙山庙管会组织编写的内部资料《喜龙山庙志》。

④ 参见通渭县喜龙山庙管会《喜龙山庙志》,内部资料,第1页。

前文讲到，乡土文化大都具有娱人和娱神的功能，那么作为乡土文化典型代表的庙会文化自然也不例外，魏家庙庙会就是为了庆贺庙神九天圣母圣诞而举行的。每年农历七月十二日为魏家庙庙会正会，因为这天是九天圣母圣诞日。庙会期间，各种各样的乡土文化形式和活动汇集于此，有通渭小曲、秦腔戏班的演出，有玄门弟子的诵经仪式，当然还有从四乡赶来的烧香祈愿的众多乡民。据庙管会工作人员介绍，魏家庙庙会期间会请秦腔戏班唱戏四天，每年农历十一日上台，十四日晚结束，演出剧目十本十折。唱戏是让"神"看的，但通渭的老百姓也可以来这里凑热闹，所以在庙会期间，很多人会来魏家庙看戏，还有一些小商小贩会抓住这一机会摆摊设点，这里就成了人们叫卖经营、交流情感、涤荡灵魂和表达信仰的地方。在人与人、人与神的对话和交流中，人们的乡土文化情结和意识得到了进一步的加强，这种交流是乡土社会的一种精神文化生活方式。《喜龙山庙志》中对庙会期间的热闹情景有如下的描写：

> 庙会期间，香客戏迷从四乡赶来，络绎不绝。山门里面，人们都带着香、烛、表、果等祭祀用物，在神灵面前虔诚地烧香化表、敬献果品，祈求平安与吉祥。山门外面，四乡的小商小贩设点搭棚。棚铺大小不一，比比皆是，乱人眼目。叫卖之声，高低混杂，不绝于耳。这些商贩，有经营熟食的，有经营玩具的，有经营杂货的……戏楼上插着各色龙凤旗，开戏时，大小鞭炮一起点放，香客、戏迷蜂拥而来，戏楼下便水泄不通。殿阁内外，紫烟袅袅，磬音阵阵；戏楼上下，曲调悠悠，其乐融融，和谐之气，莫能相比。

从《喜龙山庙志》的描写来看，魏家庙庙会不仅有乡土社会的宗教信仰和祭祀文化活动，也有日常经营性活动和大量的人际交流活动，还有诸如秦腔、小曲之类的乡土文化艺术活动。庙会在娱神、娱人的同时，成为各种乡土文化的汇集地和展演场，是乡土社会精神文化生活的重要平台。除了非物质形态，汇集和保留在魏家庙的还有很多物质形态的乡土文化和艺术，例如，中国传统的庙宇建筑、脊兽、彩绘、砖雕、木雕、剪纸等乡土艺术形式都在这里可以寻见。以彩绘为例，魏家庙的山门、原圣母殿、药王殿、岳楼属传统的杂式彩画，而南天门、王母殿、钟鼓楼属观式彩画，平板枋以上是雅伍墨彩画，平板枋及大额枋属烟琢墨彩画，柱子既有一布三灰工艺，也有二布六灰工艺。魏家庙及其庙会文化是一个多种文化形态交汇的地方，是多元艺术和文化的存在场域，它们共同构成了人们精神信仰和乡土文化生活的统一"文化生态"。

　　每年农历七月十二日是九天圣母圣诞日，也是魏家庙唱正戏的日子。笔者在通渭调查期间正好赶上了2012年的魏家庙庙会，但在正戏当天看到的情景却与庙志描绘的场面截然不同——这里远没有庙志记述或者民众记忆中的那么热闹。通渭的庙会一般是在秦腔戏班的演出时间段内进行的，魏家庙也是如此。魏家庙唱戏是从早上十一点到下午两点，因此庙会也就从早上十一点开始，下午两点结束，共计三个小时。笔者十一点半进入戏场，那时候应该是庙会最为热闹，人也最多的时候，但现实的情况却是戏场内看戏或者进行其他活动的人并不多。因为要给"神"演戏，所以当地的戏台都是与庙宇正对着的，而戏台下面一般会留有较大的空地给观众，当地人称这些空地为"戏场"，人们一般需要自带小凳子坐到这里看戏。因为夏天天气炎热，而戏场内又没有遮阳避暑设施，所以早上十一点的魏家庙戏场最前面只有12人，均为男性老年人，他们在聚精会神地看戏；在戏场后方有一片树荫，这里人数最多，共有40人，其中中老年男性24人，中老年女性为16人，但无一年轻人；戏台左侧有7人，均为

图 3—3　魏家庙庙会现场

通渭县魏家庙庙会期间前来看戏的群众为数不多，且主要为中老年人。

（2012 年农历七月十二日，姜鹏摄）

中老年男性，是自愿来庙里帮忙的人或庙管会工作人员；戏台右侧一排偏房房檐下聚集着16人，均为中老年人，其中有10人在下棋，6人在边嗑瓜子边聊天。在随后的两个多小时里，戏场内的人数有一定变化，但变化很小。在戏场外，只有一家卖熟食的摊位，卖的食品只有凉皮一种；另外还有一家卖饮料、啤酒、矿泉水和香、表等祭祀用品的摊位，除此之外，基本再没有其他经营性的活动。

魏家庙庙管会首事人宋义说：

> "以前魏家庙唱戏的时候人很多，热闹得很。近几年看戏的人越来越少了，学生在上学，城里人热闹惯了，也不上山看戏了。现在来看戏的主要是老年人，年轻人来看戏的比以前少了很多，年轻人爱看电视，平常还忙着打工挣钱，现在连喜欢唱（秦腔）的人都没了。"①

从他的话中我们听出了些许无奈，也同时透出了造成乡土文化式微的某些原因，比如市场经济因素、娱乐手段多元化和丰富化、现代传媒的影响等。除此之外，宋义还提到了一点造成这个局面的重要原因。他说，庙会期间演唱的通渭小曲、秦腔等普通人很难听懂，而且有一些"土"，不能吸引年轻人。这其实涉及包括小曲、秦腔等在内的乡土文化艺术自身需要解决的问题。如果没有培养出具有一定审美素养，能听得懂、看得懂的文化群体，那这种乡土艺术形式的传播就失去了受众。失去了观众，乡土艺术也就失去了赖以生存的土壤和舞台。另外，形式和内容的"土"气造成了对年轻一代吸引力的严重不足，这是乡土文化艺术表达与传播形式已经落后于当代文化需求的表征，这种状况逼迫乡土文化在内容和形式等方面的自我转型与再造。

如果将视线拉高到宏观角度，我们会发现庙会文化其实是中国传统乡土文化汇集的地方，而且它还维系和涵养着乡土社会的精神信仰。如果诸如魏家庙一样的庙会形式在历史长河中消匿，那可能出现的结果就是各种乡土文化的生存土壤遭受严重破坏，从而造成各种乡土文化的"流离失所"，形成乡土社会"文化生态"的真空。

---

① 笔者对宋义的访谈，2012年8月29日。

除了乡土文化在传统庙会中所呈现出的生态型危机，笔者在调查期间还发现了另一个值得认真思考的现象。诚然，魏家庙庙会的热闹程度确实是在减退，承载乡土文化艺术的空间在坍缩，这是事实，但从调查情况来看，魏家庙庙会却不会彻底凋零，而其性质和形式却在发生变化。魏家庙庙管会的工作人员介绍说，最近几年庙会确实冷淡了许多，看戏的人也在减少，但庙事却越来越兴盛；一些自愿来庙里帮忙的人逐年增多，而且参与的人积极性很高，其中年轻人居多，而且很多是从城里大老远过来的。[①] 庙事方面的此种情况与庙会文化的冷清形成了鲜明的对比，这是一个有意思的新现象。按照当地人的说法，魏家庙里的九天圣母等神灵可以救"八难"，能医治百病，很是灵验，所以上山求神治病、祈福避祸的人很多。

平娃（化名）就是一位来自县城，自愿上山"诚心"帮忙的年轻人。据他说，其家人以前备受腰腿疼折磨，而且打针吃药无济于事，听别人说魏家庙的"神"有求必应，非常灵验，所以无奈之下他就来到魏家庙"问神"，祈求神灵治病解难。后来，其家人的病大有好转，因此全家对魏家庙的神灵感恩之极，非常信奉，定期都会去烧香祈愿。通渭当地人在生活当中遇到困难而无法解决的时候常常会选择去各庙里求神、"问神"。"问神"的步骤一般是先将庙内的供桌翻转过来，桌腿向上，"问神"人把提住其中两个到三个桌腿，庙里的人把提其余的而保持悬空。然后，由庙里的人引导就有关困难及原因向神"发问"，如果问到点子上，供桌会摇晃一下，表示"神"点头同意。通过这种方式，有困难的人就知道了出现困难的原因，找到了解决问题的方法。平娃说，在一次"问神"过程中，"神"亲点了他，让他上山侍奉，他就"诚心"上山来帮忙了。被神"点"上山的人很多，魏家庙庙管会的主事者大都是通过这种方式来庙里帮忙的。现在的首事人宋义是一家建筑公司的退休工人，是远近闻名的房屋建设方面的大专家和"大匠人"。他在魏家庙已经主事二十多年，并亲自参与设计和指挥了许多魏家庙庙宇建筑和工程的建设。

传统的庙事活动很多都带有一些迷信色彩，但从庙事活动的兴盛与庙

① 具体情况是在 2012 年 8 月 29 日魏家庙庙会期间与宋义、陈志云等工作人员交流过程中了解到的。

会文化的惨淡的鲜明对比间我们看到的是人们信仰的庸俗化和功利化。人们在有病、有困难而无能为力的时候祈求"神灵"保佑是一种正常的心理和行为活动，反映出人们渴望平安顺利、幸福安康的生活愿望。但在市场经济条件下，还有许多人因发财心切而求神保佑，就显得非常庸俗和功利。更有甚者，据说一些已堕入法网的贪污腐败分子也曾来庙里上香拜神，其目的或借以慰藉心理，或祈求神灵保佑，或其他，但彼情彼景想来着实令人匪夷所思。庙事活动在兴盛，庙会文化在丢失，内涵在蜕变，过去那种淳朴的文化生活方式渐行渐远，一种功利化、庸俗化，甚至粗鄙化的参与方式在走近。丢却了文化价值和文化内涵，庙会文化必然会蜕变而堕向庸俗，这不得不引起我们的警惕。

哈贝马斯认为，国家与社会是二元分开的，介于国家和社会之间的地带就是所谓的"公共领域"。[①] 哈氏的公共领域概念是与私人领域相对而言，在公共领域内公民可以不受任何干涉地发表观点，自由地参与公共事务。公共领域在魏家庙就具体体现为一种共享性的信仰交流活动。信仰造就了乡土社会文化前进的内驱力，形成了国家与社会之外的"第三领域"。这种"第三领域"维系着乡土社会的文化信仰表达与精神道德传承，对具有相对稳定结构的乡土社会共同体的形成作用巨大，是对国家与社会"大传统"文化的一种合理补充。

与此同时，庙会提供给多种乡土文化与艺术以生态土壤，成为它们的汇集地和展演场；它与乡土社会的精神信仰和文化生活密切相关，是乡土文化生态的重要节点。作为承载多种乡土文化价值形式的场域，庙会文化以人际传播为主要形式，缔造了乡土社会的精神信仰模式，因此，其文化生态的变迁也会直接影响到其他乡土文化的传播与表达现状。一般来说，宗教的神圣性、严肃性使得与其相关的信仰文化的变迁较为缓慢，因此，庙会就成为现代化进程中的多种乡土文化和艺术的宝贵"自留地"，其文化生态传播场域的生存状况深刻影响着乡土文化的发展和保护前景。

---

① ［德］哈贝马斯：《公共领域的结构转型》，曹卫东、王晓珏、刘北城等译，学林出版社1999 年版。

第 四 章

新乡村建设语境下的西部乡土文化
及其传播创新

重要的是随着新技术而变化的框架，而不仅仅是框架里面的图像。①

随着现代化进程的进一步深入，中国社会城乡二元结构的对立与矛盾有进一步加剧的趋势。为了缓解社会发展中的结构性矛盾，缩小城乡之间的发展差距，自 2005 年开始，一场新农村建设运动在全国轰轰烈烈地展开。这场由国家权力主导推动的建设运动以"生产发展、生活宽裕、乡风文明、村容整洁、管理民主"为宗旨性要求，其中与精神文明建设相关的要求只有"乡风文明"建设一条。众所周知，社会的发展是靠两条腿走路，一条腿是物质与生产力，另一条则是软性的精神文化。这两方面对一个社会的全面、协调进步都具有不可或缺的功能和作用。如果物质生产力没有长足的进步，那么社会将失去最为基础的发展支撑；如果缺少了精神文化，这个社会将会像一个失去了灵魂的人一样，迷失了发展价值和方向。因此，为了避免社会发展中"跛脚"情况的发生，就必须重视精神文化的建设。不管路向何方，中国社会的底色是具有乡土性的，这是由中国的社会历史状况和现实情境所决定的。

因此，中国社会的精神文化提振，从发展对象方面来说，就需要开展新乡村文化建设，而从可资开掘的精神宝库来说，又需要从乡土文化入

---

① ［加］埃里克·麦克卢汉、弗兰克·秦格龙：《麦克卢汉精粹》，何道宽译，南京大学出版社 2000 年版，第 408 页。

手。2007 年，温家宝在参观我国第二个"文化遗产日"期间举办的中国非物质文化遗产专题展时谈到了他对非物质文化遗产的三个理解：第一，它是民族文化的精华；第二，它是民族智慧的象征；第三，它是民族精神的结晶。可以说，乡土文化的发展及其价值开掘不仅是现代乡村的发展需要，也是现代中国民族文化复兴和"软实力"建设的重要突破口。保护乡土文化，实现其在现代中国的传播创新，不仅仅是为了告慰祖先的馈赠，无愧于子孙后代，更是为了完成历史赋予的文化复兴使命。

一 文化滞后与乡土社会文化失调

美国社会学家奥格本毕其一生研究社会变迁问题，他将社会变迁的主要原因归结为文化的变迁。在他的视野中，社会变迁就是某项发明打破了旧有的均衡状态，导致社会不得不自我调节以重新获得新的平衡的过程。他认为物质文化是现代社会变迁的源泉，强调了技术发明在社会变迁中的决定性作用，在西方被视为技术决定论的代表性人物。奥格本所指的文化是指与人的先天本质相对应的"社会遗产"，主要包括物质文化、制度与观念文化两个方面。奥氏认为，社会文化的变迁是由发明、积累、传播和调适四个原因造成的。"发明是指发明新的文化形式，积累是指有效用的文化形式的持久存在，传播是把文化形式传入新的地方，调适则指文化的一个部分变迁时，其他部分的相应变化。"[1] 奥格本将传播看作是导致文化进化和社会发展的关键因素之一。"借助于传播，某一民族受惠于世界各地的发明。文化进化由于传播而更为迅速。因此，任何地区文化的发展更多的是来源于引进，而较少起源于发明量和文化基础之间的函数关系。某一民族创造性的迸发有时是由于重大发明或大量发明的传播而促成的"[2]，他同时还强调了传播在偏远地域和落后地区社会进步和文化发展中的重要作用。"发明要传播，必须流动；因此，比起四通八达地区，偏僻地区受到传播的益处较少。""传播是世界整体文

---

① ［美］威廉·费尔丁·奥格本：《社会变迁——关于文化和先天的本质》，王晓毅、陈育国译，浙江人民出版社 1989 年版，译者序第 3 页。

② 同上书，第 199 页。

化发展的一个因素，在早期更是如此。传播对于解释较小地区的文化发展尤为重要。"①

奥格本认为，文化是由很多要素共同构成的，这些文化要素之间是相互紧密关联的，但"问题在于，现在文化的各个部分不是以同样的速度变迁，有的部分快，有的部分慢"②，因此，任何一个文化要素的变动都会引发其他要素的变迁。文化所具有的高度整合性使得部分文化要素的变迁会引发其他文化要素的调整和适应，这种调适的结果就是文化的进化。基于这样一种文化要素间的调适互动关系，奥格本提出了"文化滞后理论"。

"文化滞后理论"认为，文化的组成部分是异质的、不均衡的，所以各文化组成部分的变迁节奏、速度和频率等也不尽相同，这就必然导致文化要素间的调适会出现不协调和不同步的现象，从而导致部分文化发展相对"滞后"的现象。奥格本指出，文化主要是由可见的物质文化和隐性的制度文化、观念文化组成，物质文化的变迁速度和节奏一般较制度、观念文化为快。因此，按照文化调适的理论假设，制度、观念文化就必须自我调整以适应物质文化的变迁，这就导致整个社会文化的不断变迁和进化。奥格本将变迁速度和节奏相对较为被动和缓慢的制度、精神、观念文化称为"适应文化"。"物质文化变迁要引起其他社会变迁，即适应文化的变迁，被引起的变迁往往是滞后的"③。如果一段时期内，"适应文化"赶不上物质文化的变迁速度与节奏，就会出现"文化失调"现象，影响社会的正常机能运行。

另外，非物质文化主要由制度文化、民俗民德文化和价值观念文化三个部分组成，它们也各自具有不同的变迁节奏和速度。一般来说，制度文化比民俗民德文化的变迁速度快一些，民俗民德文化又比价值观文化变迁要快一些。因此，非物质文化内部也存在着"文化失调"和"文化滞后"现象。但无论是什么原因造成的文化滞后或文化失调都会对社会发展造成

---

① 　[美]威廉·费尔丁·奥格本：《社会变迁——关于文化和先天的本质》，王晓毅、陈育国译，浙江人民出版社1989年版，第199、200页。

② 　同上书，第107页。

③ 　同上书，第143页。

不良影响，"有时，这种滞后时间很短，意义不大。有时，这种滞后引起的失调时间很长，成为重大的社会问题"①。奥格本还指出了造成文化及其要素变迁缓慢的一些原因，这主要包括：文化自身缺乏发明，从而造成其传播障碍；社会中以既得利益群体为代表的文化保守及传统势力阻挠适应文化变迁；除此之外，影响文化传播与变迁速度的还有个体心理方面的原因，比如，保守派人士接受新文化的速度就要比开放派人士缓慢得多。

现代化进程中的中国社会正经历着剧烈的变迁，尤其以物质与经济方面取得的成就最为引人注目。2002 年，我国国内生产总值（GDP）才刚刚突破 10 万亿元大关，十年后的 2011 年，这一数字已逾 47 万亿元，十年间国内生产总值扩大了近四倍。中国在 2010 年以 58786 亿美元的国内生产总值超越日本，成为世界第二大经济体。从 2002 年到 2011 年的十年间，中国 GDP 年均增长率达 10.7%，远超全球同期约 3.9% 的年均增长率。②经济的腾飞使得中国社会向着城市化、城镇化、工业化目标快速挺进，也随之进入了社会矛盾高发的转型时期。中国传统社会是以农业为支柱产业的典型农业社会，农业结构主要是以农业人口为主，因此，中国广大的乡村在现代化过程中受到的影响和冲击最大，是中国社会转型涉及面最广的区域。

在社会转型的大背景下，乡土文化变迁是乡土社会变迁的一个重要方面。在乡土文化的变迁过程中，物质文化变迁主要体现为文化在器物技术、物质环境、生活方式等方面的变化，而非物质文化变迁则主要涉及乡土社会的风俗民情、伦理道德、价值观念和宗教信仰等隐性层面。中国乡土社会经济的发展提供给乡土文化发展以物质支撑和变迁源动力，乡土文化的变迁在社会转型大潮中不可避免。但根据"文化滞后理论"，物质文化的变迁速度要快于非物质文化，因此，总体来说，乡土社会器物文化的变迁会领先于伦理道德、价值观念等非物质文化的变化速度。当乡土文化非物质部分"文化调适"进程缓慢的时候，乡土社会"文化滞后"的局

---

① ［美］威廉·费尔丁·奥格本：《社会变迁——关于文化和先天的本质》，王晓毅、陈育国译，浙江人民出版社 1989 年版，第 144 页。

② 朱剑红、王炜：《宏观调控：平稳发展的中国优势——十六大以来重大战略述评之四》，《人民日报》2012 年 10 月 27 日。

面就出现了，这是乡土文化内部的一种结构性矛盾，是乡土社会"文化失调"的一种表现。

与此同时，改革开放后，中国广袤的乡村在物质和经济方面取得了质性的发展，人们的生活水平和物质生活环境得到了极大的改善，这是有目共睹的事实，但经济的腾飞却没有带来乡土社会文化的同步发展和进步。表面来看，借助现代传播技术和人口的流动，很多现代文化意识被传入乡土社会，但由于乡土文化自身所具有的保守积习，使其接受先进文化的速度相当迟缓，于是，一些与现代生产力不相符合的文化习俗、文化行为、文化意识和文化价值观等被保留了下来，从而形成阻碍乡土文化创新与发展的保守力量。乡土文化自身的一些与现代生产力不相匹配的成分被保留下来的同时，其包含的一些积极、健康、有价值的文化成分却在慢慢流失，一些腐朽、落后的外来移植文化价值观乘虚而入，严重侵蚀着乡土文化的肌体。比如，市场经济条件下人们的思想道德出现了持续下滑的趋势，拜金主义、享乐主义逐渐在商业化社会占据主导性地位，乡土社会的文化与道德前景着实堪忧。究其原因，就是适应现代化发展的新民俗、新民德和新价值观没有与物质进步同步建立起来，从而导致乡土社会在制度文化、观念文化、价值文化等方面的严重滞后。这种文化滞后不同于乡土文化内部的不协调现象，它体现出转型期的中国乡土社会在物质与精神现代化方面的发展不均衡状态，是由文化与物质生产力发展之间的严重脱节造成的，是文化滞后现象在社会物质与精神层面的一种外在表现形式。相对于乡土文化内部因素不协调造成的文化滞后，它更明显地反映出社会物质与精神层面不同步发展的结构性矛盾，这同样是实现文化现代化需要调和与解决的一个重要矛盾。

中国社会的全面现代化离不开广大乡村的现代化，广大乡村的现代化离不开其文化的现代化。乡土文化的协调和创新发展是建设新乡村文化的重要环节。因此，乡土文化内部物质与非物质文化的不协调和不均衡发展就成为了实现乡土文化现代化需要扫清的障碍之一。同时，乡土文化与社会生产力的发展也需要保持协调一致，只有物质文化与非物质文化、物质文明与精神文明协调发展才能避免乡土社会"文化滞后"现象的发生，乡土文化才能在促进社会现代化的历史过程中实现自我创新和升华。

二 二元文化的结构性矛盾

获得诺贝尔经济学奖的黑人学者威廉·阿瑟·刘易斯于 1954 年在《曼彻斯特学报》上发表了《劳动无限供给条件下的经济发展》一文，文章提出了用以解释发展中国家经济问题的著名的"二元模式"，这是他最重要的研究成果之一，也是他获得 1979 年诺贝尔经济学奖的主要原因。刘易斯系统考察了埃及、印度等发展中国家，他发现，这些发展中国家的社会经济发展存在明显的二元结构：一元为围绕现代城市建立起来的现代工业体系，另一元则是以乡村为核心构建起来的传统农业体系。在社会经济发展的"二元模式"当中，城乡差异巨大，它们之间处于明显的分割和对立状态。作为一个发展中国家，中国社会就存在着明显的城乡"二元模式"，尤其是改革开放后，这种二元结构更加明显化、弹性化。二元社会结构的存在深刻影响到了中国社会农业经济和工业效益的提高，体现出城乡在基本权利、社会政策、社会地位、身份认同、组织结构等方面的不对等、不平等关系，它关系到社会公平的实现、社会心理的平衡和城乡环境的改善，是中国社会发展过程中需要解决的深层结构性矛盾。

城乡二元社会发展模式是在中国长期的历史发展进程中逐步建立并遗留下来的，尤其是在新中国成立之初的 20 世纪 50 年代，在"一国两策，城乡分治"原则的指引下，中国社会全面实施了城乡的不对等管理政策。20 世纪 50 年代，新诞生的人民共和国急需发展国民经济，工业化成为那个时代的主题词。在全面工业化的浪潮中，诸如"赶英超美"等一些不切实际和违背生产力发展规律的发展目标被提上了国家日程，后来的"大跃进"运动就是盲目追求国民经济高速发展的产物。在全国一片工业化改造与发展的声浪中，最为广大的农村的社会经济发展却没有得到足够的重视，这使得本来生产力极其低下的中国农业雪上加霜，农村人口的物质生活水平长期处于连温饱都无法保障的阶段。加之 1959—1961 年三年严重的自然灾害，使得很多农民因为生计而被迫离开土地，远走他乡，其中很多人进入城市谋生。中国是传统的农业大国，新中国成立初期，农业是整个国家的支柱性产业，因此，农业人口的大量流失动摇了农村经济的基础，同时，流入城市的农业人口也严重影响到了城市的治安、交通、经济、生产建设等多个层面。为了避免因为农业人口的盲目流动和流失给国民经济造成不良影响，国家出台了一系列限制人口流动的政策，"城乡分治"原则就是在这样的社会背景下提出来的。其中，对中国社会城乡二元结构形式比较有影响力的政策之一就是"户籍政策"，它是社会主义计划经济背景下的时代产物，是国家权力对国民经济与社会发展强力影响的结果。户籍政策把中国人口一分为二，分为城镇人口和农村人口，城镇人口依据计划分配政策享有比农村人口更为优惠的就业分配、生产生活物资供给、社会保险、医疗保障、住房分配等政策，而农村人口在实行以"家庭联产承包责任制"为主要形式的土地改革之前长期主要以"农业合作社"的形式被绑定在土地之上。"一国两策，城乡分治"政策的实行在某种程度上对成立之初的新中国的社会生产秩序的稳定起到了积极的作用，但作为一种特殊历史时期实行的不对等政策，其影响极其深远，这种影响首先表现在城乡人口之间在社会基本权利、社会身份地位、教育与就业、社会保障等涉及城乡居民切身利益等问题方面的不平等，使得农村人口丧失了很多提升与发展的机会，初步造成了中国社会城乡之间在人口素质、教育机会、就业机会、生活水平等方面的二元差异。这种差异对中国社会的全面现代化造成了很大的阻碍，延缓了中国社会向一元经济社会结构的变迁进程，直接造成了城乡在社会经济水平方面的不均衡发展态势。

中国社会城乡二元模式是特殊历史时期的产物，它背负着新中国政权期望国家安定团结、繁荣富强的美好发展祈愿，但从改革开放到现在，这种二元模式从根本上来说依然没有被打破，只是其表现在新时期出现了新形式，甚至还有进一步加深的趋势。中国社会经济的腾飞有目共睹，但这种腾飞主要体现在工业领域，区域也主要体现在城市范围内，中国的农业生产力跟工业的神速发展相比被远远地甩在了后面，而且城乡居民的收入比有逐步拉大的趋势。这就出现了中国社会城乡二元模式在新时期的新表现，即城乡的不同步发展及其差距越拉越大。邓小平提出的"四个现代化"中，工业现代化、国防现代化、科学技术现代化在改革开放后的几十年中所取得的成就举世瞩目，但唯独农业现代化依旧是中国社会全面现代化的一个短板。农村与城市发展差距的拉大使得城乡之间的二元模式在中国社会依旧顽固存在。如果我们抛去行政区划的视野，而是将目光投向自然地理分野，二元发展模式也会映入眼帘。自然地理方面的二元模式主要体现在东部沿海与西部地区社会经济发展的差异方面。因为历史、地理、人口、交通等各方面的原因，西部与东部的发展差距越来越大，东部地区在文化、教育、经济、硬件设施、人口素质等诸方面全面领先于西部地区，造成地理区域间的"二元对立"。

经济是基础，文化是上层建筑，一定的社会经济结构必然会影响到文化结构的形成。城乡二元结构的不良影响不仅仅表现在经济发展、收入分配、社会公平、福利保障等方面，还影响着城乡居民的文化生活、价值观念、现代意识等，直接造成城乡居民在人口素质和现代性等方面的差距。中国社会目前在社会经济领域存在的强"二元"结构反映在文化方面就是城乡二元文化的对立与存在。作为产生于土地，与农业生产密切相关的乡土文化，就处于城乡二元结构的强力夹缝中。一方面，它是与广大乡村关系密切的文化形式，但相对落后的乡村现实无法提供给它以足够的发展与创新的物质基础；另一方面，虽然中国城市具有乡土底色，但相对滞后的乡土文化无法满足城市现代化的文化需求。①

同时，在广大的乡村内部，也存在着文化结构的强二元模式，这种二元性表现为国家"大传统"文化和乡土社会"小传统"文化的对立。新中国成立后，社会主义计划经济体制也随之建立，随后一系列的社会主义改造运动席卷全国，这其中被改造的对象就包括乡土文化。乡村及其文化作为"落后的"区域成为被改造的重点，尤其是"文革"期间，文化改造运动更是达到了登峰造极的地步。在全国风起云涌的"破四旧"运动中，乡土文化遭受了几近毁灭性的打击，大量的传统文化被视为腐朽糟粕而被一扫而光，传统文化信仰和风俗失去了传播与生存的空间，其核心精神与仪式内涵也被彻底否定。通渭县魏家庙虽然建庙时间已经数百年，但据庙管会人员介绍，目前庙里历史留存文物一件都没有，历史文物在"文革"期间被破坏殆尽，现在仅有的一些文物都是居民后来自愿捐赠或庙里筹资自行购买的。如果说"文革"对乡土文化产生的更多是破坏性作用的话，那么，国家通过各级行政系统在社会中广泛推行的文化则是一种带有强烈意识形态色彩的中国特色社会主义文化。这种文化在传统的中

---

① 上述部分观点参见周军《中国现代化进程中乡村文化的变迁及其建构问题研究》，博士学位论文，吉林大学，2010年，第49—51页。

国社会是不存在的，它是一种通过国家权力运作而被移植过来的价值文化，其雏形最早是从社会主义苏联那里被引进而在随后的历史岁月中被广泛传播的。作为外来价值文化的一种，它在中国广大乡村的传播与扩散势必会表现出一定的水土不服，但因为有国家各级组织的大力宣传和推介，其在乡土社会的影响越来越大，逐渐演变为目前在中国乡土社会广泛传播的一种核心文化。

按照意大利共产党创始人和总书记、国际共产主义运动的早期领导人之一葛兰西的"文化霸权"理论①，共产主义革命仅仅通过暴力形式取得政权是远远不够的，只有无产阶级取得文化领域的"领导权"，才能真正实现无产阶级的解放和广大劳动阶级的革命目的。葛兰西所说的"领导权"主要是指统治阶级的统治"合法性"不单是暴力机关维持下的社会秩序稳定，而更在于其文化和意识形态方面的"控制权"，这是因为只有掌握了"领导权"才能使被统治阶级从心理和观念上自觉服从和自愿认同。葛兰西强调了文化领导权在共产主义革命中的重要性，因为夺取了整个社会的文化的、道德的、知识的领导权也就取得了政治的领导权。他认为，学校、教会、杂志、报纸、出版、文学、艺术、学术等都是市民社会传播统治阶级意识形态的专业组织或民间机构，只有无产阶级内部与社会各阶级有密切联系并能自觉发挥组织领导作用的"有机知识分子"夺取资产阶级在新闻、出版、教育等文化与意识形态领域的传播权和控制权，才能真正实现社会主义革命的最终目的，达到无产阶级"领导权"的实行。"知识分子恰恰就是上层建筑体系中的'公务员'"，"根据在极端对立的情况下代表真正质量差别的阶层——处在最高阶层上的会是各类科学、哲学、艺术等的创造者，而处在最低阶层上的是早已存在的、传统的、日益积累的智识财富的最卑微的'管理者'和宣扬者"②。"要是没有知识分子，那就是没有组织者和领导者，也就是没有组织的。"③

"文化与政治之间的关系不仅是一种必不可少的实用性的关系，而且

---

① 参见［意］安东尼奥·葛兰西《狱中札记》，曹雷雨、姜丽等译，中国社会科学出版社2000年版。

② ［意］安东尼奥·葛兰西：《狱中札记》，曹雷雨、姜丽等译，中国社会科学出版社2000年版，第7—8页。

③ ［意］安东尼奥·葛兰西：《实践哲学》，徐崇温译，重庆出版社1993年版，第15页。

也是一种更为广泛的、更加细密的关系，因为政治作为改造现实社会及结构的一种手段，由于其自身构成的特殊性，它要求必须对文化的相互关系有一种极其强烈的意识。"① 因此，通过社会主义改造，国家在文化领域要达到建立社会主义主流价值观和主旋律文化的目的。从某种程度上讲，我国社会主义核心价值观的推广与传播就是实现葛兰西所谓的文化"领导权"的一种方式。新中国成立之初，巩固政权、统一思想求发展成为新诞生的人民政权亟待解决的首要问题。在这个大的背景下，各级宣传部门、各大媒体、各级组织都把建设好社会主义主流文化作为重要的政治任务和工作内容，这为稳定民心、统一思想、维护社会安定团结起到了积极作用。

中国特色社会主义文化在全国推广的同时，历史发展长河中保留下来的乡土文化在广大乡村也同时存在。乡土文化所具有的稳定性和相对保守性使其所蕴含的文化价值观和文化精神虽历经国家权力主导下的大传统文化的强烈影响，仍得以继续在乡土社会空间保留。虽然它们二者之间在很多方面存在相同或相近之处，但也有着诸多相异之处，这就客观上造成了文化在乡土社会二元性表征的另一种形式。这种二元表征形式是国家"大传统"文化与乡土社会"小传统"文化的对立，是社会主义文化与乡土文化的对立，是现代主旋律文化与传统文化的对立，这种二元性会影响到中国新乡村的文化建设。新乡村文化建设不仅要以社会主义核心价值观为依据，因为它是时代的主旋律；新乡村文化建设又不得不兼顾到影响深远的乡土文化，因为它代表着历史与文化传统。但无论如何，有一条宗旨是颠扑不破的，即凡是有益于中国社会发展和精神文明建设的任何文化形式，都是新乡村建设可资开掘的宝库。

"一定的文化是一定社会的政治和经济的反映，又给予伟大影响和作用于一定社会的政治和经济。"② 城乡之间、东西部之间、广大乡村内部二元文化对立的现实矛盾必然会阻碍中国社会的全面现代化，因此，打破

---

① [意]保罗·巴尼奥利：《〈狱中来信〉与〈狱中札记〉》，载［意］萨尔沃·马斯泰罗内《一个未完成的政治思索：葛兰西的〈狱中札记〉》，黄华光等译，社会科学文献出版社2000年版，第76—77页。

② 《毛泽东选集》第2卷，人民出版社1952年版，第656页。

对立，实现乡土文化在现代语境下的自由穿梭是中国传统文化走出困境，寻获时代价值，走向复兴的必由之路。

概而述之，现代化进程中的中国社会所具有的经济与文化结构的二元性，是中国社会实现全面现代化的一只拦路虎。破除文化领域的不均衡、不协调发展状态，不仅可以促进社会的全面进步，也是增强国家与民族凝聚力的客观要求。文化滞后与文化不均衡发展状态是当代中国的文化困局之一，是乡土文化及其传播创新的时代背景。不破不立，打破困局，推陈出新，才能再造一个文化中国，现代中国。

三　离土农民的文化尴尬

根据《2011 年我国农民工调查监测报告》，截至 2011 年，我国农民工总量已超过 2.5 亿人，其中外出务工人员近 1.6 亿人。随着中国社会现代化进程的逐步推进，越来越多的农民"离土又离乡"，成为现代化直接影响的承受者。我国农村劳动力的严重过剩，使得进城务工成为许多农民致富发家的必然选择。作为西部地区的一个国家级贫困县，通渭的农业人口流失现象就非常严重。通渭县每个自然村里依旧从事农业生产的基本都是老人和妇女，青壮年农业人口大都外出务工，成为庞大离土群体中的一部分。这是现代通渭的社会现实，也是现代中国的真实写照。

表 4—1　　　　　　2008—2011 年全国农民工数量变化简表　　　单位：万人

年　份	2008 年	2009 年	2010 年	2011 年
农民工总量	22542	22978	24223	25278
1. 外出农民工	14041	14533	15335	15863
（1）住户中外出农民工	11182	11567	12264	12584
（2）举家外出农民工	2859	2966	3071	3279
2. 本地农民工	8501	8445	8888	9415

资料来源：国家统计局《2011 年我国农民工调查监测报告》，2012 年 4 月 27 日。

根据调查，通渭农业人口中的青少年选择离开土地而外出务工一方面是因为农业可耕种面积不需要那么多的劳力，另一方面是因为从事农业生产收益太差，远远不如外出务工。如果说农村劳动力的严重过剩是农业人口外流的客观性"逼迫"原因的话，那么，农业生产效益和收益的低下则是农业人口外流的主观性"逼迫"原因。现代语境中的中国，农村人口无法选择自己的命运和自己想要过的生活，这是一种客观现实。因此，诸如"候鸟型"群体、"两栖性"群体、"民工潮"之类的时代比喻都是对现代中国社会现实的一种描绘。农村人口的大量流动导致了中国社会大量社会问题的出现，其中流动农业人口的"身份认同"和"文化认同"问题就是比较重要的方面。

进城务工使农业人口的生活和家庭境况得到了较大的改观，这是事实，但另一方面，随着他们离开土地而进入城市，成为城市的缔造者，其社会身份也发生了根本性的转变。从自然身份上来看，他们是与土地紧密相连、无法分开的群体，是应该从事与农业相关的工作的人；但从现实身份来说，他们又与土地关系不大，有着与城市居民极其相似的生活方式，他们更像是城市中的工人阶层，但他们却没有城市工人所享有的同等社会保障、社会权利和身份认同。城市的缔造者却被城市无情地拒之门外，演变为游走于乡村与城市间的"两栖人"，他们在城市中没有归属感和认同感，在乡村没有职业身份，他们是中国现代化进程中贡献最大但却享有权利最小的弱势人群，是现代化极度"异化"的群体。

"离土农民"背负着家庭的希望，被迫放弃了祖辈传统的生活方式，成为"务农无地、上班无岗、低保无份"的边缘化群体。受中国社会城乡二元性文化与经济结构的影响，"离土农民"的文化选择也出现了二元化的趋势。一方面，他们从小受到乡土社会的洗礼，有着非常浓烈的乡土文化情节，但却不能深入而持续地享有；另一方面，他们被现代化进程裹挟进了城市，并接受了大量的都市文化信息，初步具有了都市价值观文化和生活方式，但却不能实现真正意义上的身份转换和文化适应。在"流动农民"身上，现代中国的文化困顿一览无余，清晰可见传统文化与现代文化、乡土文化与城市文化的二元性对立与矛盾。作为乡土文化和外来文化媒介载体，"离土农民"反映了乡土文化在现代语境下的"撕裂"和变迁。借助于人际传播与人口流动，"离土农民"促动着乡土文化的变迁进程，是乡土文化转型与传播创新的重要途径，是连接城市与乡村的文化使者。新时期，乡土文化建设很重要的一个方面就是"离土农民"文化困境的解答。乡土文化及其传播创新离不开"离土农民"，因为他们是乡土文化传承与创新的主体，是乡土文化传播与发展的重要路径，也是乡土文化创新的最终价值归宿。

中国有近9亿的农业人口，如此庞大人群的存在是乡土文化存在的必要性和合理性所在。转型期的中国社会，乡镇企业蓬勃发展，城镇化进程加快，失地农民增加，大量农村人口外出务工，这使得农村人口与城市文化的接触频率越来越高，乡土文化与城市文化的碰撞与摩擦越来越频繁。在这个过程中，任何企图用城市文化颠覆乡土文化，抑或用乡土文化取代城市文化的举措和想法都是幼稚可笑的。无可否认，现代语境中的乡土文化越来越受到社会经济和外来文化的影响，已经处于转型发展的状态，而城市文化也因为人口的流动而与乡土文化发生着日益密切的联系，吸收着越来越多的乡土文化因子。我们可以把乡土文化与城市文化间的交流与碰撞看作是一种跨文化传播现象，在新乡村建设与现代化语境中，乡土文化的创新与发展只可能是一种文化的融合与再造。这种时代化的乡土文化不再是传统意义上的，但却是具有中国文化特色的。唯有如此，"流动中国"才能找赎到久违的文化感与精神信仰，离土农民将不再那么尴尬，城市中国将不再那么千篇一律。要实现这个目标，从内容、媒介、形式、制度等方面实现乡土文化的传播与传承创新成为关键，只有如此，乡土文化才能走向现代转型和复兴。

四　乡土文化传播创新

乡土文化要服务于中国社会的现代化，首先需要实现自身的现代化转型。只有具有现代因子的乡土文化才能打破乡土社会"文化滞后"的局面，在满足新乡村居民精神文化生活的同时，也对城市居民产生足够吸引力，从而使城乡文化裂痕得到弥合。

霍尔说，"文化即传播，传播即文化"[1]，这句话表明了文化与传播之间所具有的"同构"关系。中国学者吴予敏根据文化与传播间的这种关

---

[1]　［美］爱德华·霍尔：《沉默的语言》，刘建荣译，上海人民出版社1991年版，第206页。

系给出了自己关于文化与传播的定义："（文化是）由特定传播媒介所负载，并由人们设计的传播结构加以维护、推行的社会价值观念体系，以及由传播网络限定的社会行为模式"；"（传播是）社会赖以生存发展的通讯交流形式和文化的信息储存、放大、删减、封锁的活动机制。"① 虽然吴予敏先生的文化定义只是一种独特的视角，并不一定能涵盖文化的整个内涵，但却强调了传播在文化发展历程中所扮演的重要角色——它既是文化现象存在的形式，也是文化"创造、修改和转变"的"工厂"。

传播对乡土文化的创新发展具有决定性作用，新乡村建设语境下乡土文化的创新如果从传播学角度来看就是实现其传播创新。强调乡土文化的传播创新是由文化与传播的同构关系所决定的，本书无意于讨论传播创新与文化创新是否绝对对称或对等，而只是选取一个比较重要与合理的视角说明乡土文化创新可能的方式。本书第三章讲到，乡土文化的传播与传承是其生存与发展的基础，其主流传播模式是由横向的民间传播场域和多条纵向传播与传承场域所组成的"十字架"形式。在乡土文化的发展过程中，乡土文化要素间按照一定的内在组合与发展规律形成了相互依赖的"共生模式"，由此形成了乡土文化生存与发展的"文化生态"。因此，实现乡土文化的传播创新既要从外在的传播情景入手，还需要将其内在的传播机制作为切入点。

（一）传播主体建设

1948 年，拉斯韦尔（Harold Dwight Lasswell）发表了《社会传播的结构与功能》一文。在这篇文章中，拉斯韦尔明确提出了传播过程及其五个基本构成要素，即谁（Who）→ 说什么（Says what）→ 通过什么渠道（In which channel）→ 对谁（To whom）→ 取得什么效果（With what effects），这就是著名的拉斯韦尔"5W 模式"。从这五个传播环节来看，行为主体人只有传者一方（Who）和受者一方（To whom），其他的三个环节都是为这两个环节服务并受其制约的。如果把乡土文化传播置于"5W 模式"之下分析，那么，传播主体就是乡土文化传播创新的基础与

---

① 吴予敏：《无形的网络——从传播学的角度看中国的传统文化》，中国国际文化出版公司1988 年版，第 205 页。

决定性因素。众所周知，要实现信息传播者的传播意图，信息不仅需要能够传达到受众一方，而且必须为受众所有效接受，并产生传者所预期的效果。信息的发出者"谁"（Who）根据自己的传播意图采集加工传播内容（Says what），然后再根据具体的条件选择最能有效传播信息的媒介传递信息（In which channel）给受众（To whom），最后根据传播效果（With what effects），结合自己的传播意图来调整完善自己的传播内容和传播行为。仔细观察拉斯韦尔的信息传播流程，就会发现无论是传播目的的确立，还是信息内容的选择，或者媒介通道的取舍，还是传播效果的再评估，都是由人主导的，信息传播的各个环节都是以人为核心而展开的。如此看来，乡土文化的传播创新在各个环节上也有赖于人的现代性的提升，而乡土文化传播中的主体因素主要包括文化传播者与接受者两个方面。

首先，新乡村建设语境下，实现乡土文化传播创新需加强专业传承人与传播者的创新培养。以通渭县为例，截至 2010 年，通渭县文化馆实有职工 21 人，但副馆长刘宏业仍然觉得人手不够，主要问题是专业人才比较缺乏。通渭县文化馆目前在职职工虽然以 30 多岁的年轻人居多，但整体学历层次较低，主要以中专、大专学历为主，而且其中很多人是从各乡镇通过工作调动形式补充到文化馆的，因此，专业技术人才和业务方向对口的人员较少。刘宏业说，这几年国家非物质文化遗产保护政策出台后，他们组织过针对"非遗"搜集的人员培训，但却没有专门的"非遗"人才培训班。①

除了文化职能部门内部的专业人才缺乏，通渭县乡土文化传承与传播者的培养也较为滞后。据通渭县文化馆馆长姚子峰介绍，通渭县在全县18 个乡镇设立了专门进行文化推广与服务的乡镇文化站，但乡土文化专职干部与传承人的培训主要是采取"以会代训"的方式。② "以会代训"的培训主要是通过在县城召开文化工作会议，然后再在各乡镇召开工作安排会或阶段总结会的方式完成。另外，县文化馆和各乡镇文化站还会利用农闲时节，比如农历腊月期间，组织一批文化专业干部和乡土文化项目爱好者由老师带徒弟的方式进行业务培训。这种培训方式一般都采取现场培

① 笔者对刘宏业的访谈，2012 年 8 月 24 日。
② 笔者对姚子峰的访谈，2012 年 8 月 24 日。

训的方式，师傅在实践中演示指教，徒弟边干边学，比如，通渭小曲的培训就是在演出现场由师傅直接教徒弟。这些培训都是随机进行的，一般培训时间、培训地点、培训人员都不确定，培训内容也是即兴的，这直接影响了乡土文化传承人的培训效果。乡土文化传播与传承人才的缺乏、人才结构的不合理都是制约乡土文化传播创新的瓶颈，加强文化工作者与传播传承人的业务培训，建立由业务高效的技术人员与技艺精湛的传播者共同组成的文化扩散队伍志在必行。

其次，具备良好文化与媒介素养的文化参与者是实现乡土文化传播创新的必要条件。人的文化行为被认为是一种对人的观念现代化起作用的因素，它不仅是实现观念现代化的条件，也是观念现代化的表现。良好的文化与媒介素养是现代人的一项基本特征，个人现代化程度的高低很大程度上取决于文化与媒介素养的水平高低。提高文化参与者的文化与媒介素养水平，目的就在于提升公民的文化素质，增强认识媒介及科学获取、判断、分析和使用媒介信息的能力，使得民众具备主体意识、文化意识和独立思考能力，从而推动个人现代性的发育和现代人格的成长。

对乡土文化来说，民众具备良好的文化与媒介素养也是一种"福音"。霍尔提出了著名的信息"编码—解码"理论，在他看来，信息首先通过传播者按照传播意图进行"编码"，然后通过传播渠道到达受众，由受众根据具体语境与条件进行"解码"。传播学大师施拉姆也曾有一个形象比喻："受众参与传播犹如在自助餐厅就餐，每个人都根据个人的口味及当天的食欲来挑选某些品种、某些数量的食物，而自助餐厅供应大量的、五花八门的饭菜就相当于媒介提供的林林总总的讯息。"[1] 这就是受众"自助餐理论"。乡土文化要传播有利于社会发展的信息，做好自身"编码"工作才是第一步。信息到达西部受众后，能否被选择和有效解读则是传播效果能否实现的关键所在，而信息的有效"解码"很大程度上取决于受众的文化与媒介素养水平。因此，西部受众的文化与媒介素养亟待提高。新乡村建设语境下，实现乡土文化的传播创新需要积极引导与调动民众的参与意识，在文化活动的双向互动中着力提升民众的文化与媒介素养。提高民众的文化与媒介素养水平，可通过各种途径（例如，加强

---

① 李彬：《传播学引论》（增补版），新华出版社 2003 年版，第 234 页。

与民众的互动，让民众积极参与到文化活动或传播过程中等），而民众媒介素养的提高则可以直接通过系统的媒介素养教育。

（二）媒介创新

媒介在乡土文化传播与社会发展过程中扮演着重要角色。传统社会中，乡土文化的传播主要依赖人际传播而在一定的范围内发挥影响，并伴随着空间范围的扩大其影响力呈逐步递减趋势。这种趋势的存在使得乡土文化只能是某一特定文化群体的"地方性知识"，一旦超出一定的范围就会失去其存在的价值和必要性。

除了乡土文化生存发展过程中普遍存在的人际传播特征，群体传播、组织传播也是其重要的传播途径。但随着中国社会现代化的发展，乡土文化传统的传播与传承方式已经落后于时代的要求。"现代化的一个方面是技术爆炸，它使得人类及其思想以惊人的速度和数量从一个地方运送到另一个地方成为可能。"① 现代化导致的技术大爆炸的一个重要方面就是媒体技术的迅猛发展和信息传播方式的重大转变。传播学之集大成者施拉姆就把大众媒介看作是国家与社会发展的巨大"增殖者"。麦克卢汉甚至认为，大众传媒，尤其是电子媒介的发展，消除了全球空间和时间，使得整个世界发生了自我内爆而演变为"地球村"。在强调媒介对人类社会举足轻重作用的同时，麦氏还提出了"媒介即讯息"的命题，认为大众传媒时代的讯息其本质就是媒介本身。虽然单纯强调媒介在社会发展中的作用具有媒介中心主义的倾向，但无可置疑的是媒介在人类社会的发展过程中具有不可替代的作用。在社会文化的发展进程中，媒介就像是人的神经系统一样，对维持社会机能的正常运行起着指令接收与传达功能。

新乡村建设包含内容广泛，其中既有政治体系的改革与进步，也有经济体制的革新与完善，还有文化系统的创新与发展。在文化系统的创新与发展过程中，文化信息只有通过一定的媒介系统向社会各个层面传播才有可能达到良好的传播效果。乡土文化是新乡村文化系统建设中非常关键的一个环节，而其传播创新是新乡村文化系统建设能否成功的重中之重。与

---

① ［美］威廉·A. 哈维兰：《当代人类学》，王铭铭译，上海人民出版社1987年版，第577页。

此同时，乡土文化传播是新乡村人实现自我现代化的社会化途径，因此，无论是人们思想观念的现代化，或是生活方式的现代化，还是文化生活方式的创新与发展，都离不开媒介的积极参与。按照现有的媒介传播条件，当前乡土文化传播可以从以下几个方面实现传播媒介的拓展与创新：

第一，要实现人际传播、大众传播、组织传播、群体传播、全媒体传播等多样传播方式联合的立体化传播。

实现多样传播方式的立体化传播，既能发挥乡土文化传统传播模式的作用，又能借助现代媒介实现乡土文化在新时代的重生。在通渭当地，包括小曲、剪纸、影子腔等一大批乡土文化艺术已经逐渐通过各种媒介渠道传播给了当地老百姓，而且在客观上也起到了非常好的保护与传播乡土文化艺术的效果。例如，通渭小曲就被通渭文化馆、各小曲协会和个人刻成了数码光碟，有些还在各大出版社正式出版发行。这些光碟在通渭当地广泛流传，很多家庭在平日里会通过 VCD 观看这些影碟。虽然观看影碟没有在现场观看演出的那种"场氛围"和真实感，但作为一种新的传播技术，数码技术无疑给通渭小曲传播渠道创新做出了重要贡献。在大家都在热烈争讨通渭小曲等乡土艺术会不会消亡这个问题的时候，通渭民间曲艺社社长许克俭对通渭小曲的前景表现出了非常乐观的态度与判断。他认为，现代媒介技术的发展为通渭小曲提供了新的发展机遇，有了书籍、乐谱以及数码光碟等，学习者可以通过这些资料模仿学习，基本可以摆脱传统"传帮带"的传统传承方式。① 全媒体对现代社会的影响至为深远，限于篇幅，这里就不再对媒体技术与乡土文化传播之间的具体问题展开论述，本书下一章将会就这个问题做专门性探讨。

第二，注重学校与教育传播在乡土文化创新与发展过程中的作用。

我国的学校教育主要是为了培养社会现代化建设的人才，而中国的现代化是"后发展"的现代化，因此，同政治、经济、文化一样，我国的教育体制具有较为明显的苏联和西方发达国家的影子。在我国目前的教育模式与体制下，教育的目标主要是为社会经济发展服务的，功利性色彩非常浓。各个学校所开设的文化艺术教育课程中乡土文化方面的内容非常少，即使有部分乡土文化内容，也由于学校是以学生的升学率作为主要的

---

① 笔者对许克俭的访谈，2012 年 8 月 22 日。

量化指标的，而在平常的教育实践中仅有的少得可怜的乡土文化内容也被严重压缩，甚至直接被忽略了，最为严重的情况是与升学率无关的文化艺术课程直接被取消。

通渭县第一中学是通渭当地最好的中学，但乡土文化与艺术相关课程内容却基本没有开设。据通渭一中音乐老师张永明介绍，他们学校总共 3 名在职音乐老师，高中每个班两周才有一次音乐课，采用的教材为人民音乐出版社出版的《音乐鉴赏》，内容主要以西方音乐为主，基本没有乡土音乐与艺术的内容。[①] 另外，作为通渭县"最高学府"，通渭一中目前仍没有音乐或其他艺术方面的乡土教材，只有《人物速写》和《通渭书画》两本校本教材。《人物速写》主要内容为速写、人物速写、头像速写的表现技法与知识，是完完全全的西方绘画技法的缩写本，根本没有乡土内容。另一本校本教材《通渭书画》选取了一些历史经典书法碑刻、古代著名画作和通渭当代书画家的作品作为其主要内容，基本属于艺术欣赏教材，内容的乡土性同样不强。

学校是青少年学习科学文化知识的重要场所，青少年时代学校教育缺少本土文化内容会导致青少年文化认同感的削弱，这会影响到文化中国的未来。很难想象，一个只有现在而没有过去的民族会是何等的悲凉与凄惨。

第三，中介媒介是乡土文化传播创新的重要方式。

传统社会中，不管是乡土文化的纵向传播还是横向传播，人际传播都居于主导地位。在乡土文化的人际传播过程中，拉扎斯菲尔德所提出的"意见领袖"与"两级传播"[②] 现象非常显见。在乡土社会中，包括文化信息在内的很多信息都是经过一批"意见领袖"才被扩散到整个社会层面的，这个过程中"两级传播"模式占有重要的地位。因此，乡土文化在传播创新过程中不得不重视这些隐藏在民间的重要"中介媒介"，他们

---

① 笔者对张永明的访谈，2012 年 9 月 1 日。

② 拉扎斯菲尔德提出的"意见领袖"与"两级传播"概念意在揭示大众传播效果形成过程中的中介因素或过滤环节。他认为，通过人际网络中为他人提供信息、观点和知识的"积极分子""活跃分子"（李普曼称之为"意见领袖"），大众传播信息传递给了受众，从而形成信息传递的"两级传播"现象。文章探讨的乡土文化传播主要是在人际网络中发生，虽然信源不是大众传媒，但笔者还是借用拉氏的概念来分析说明乡土文化传统传播方式的一些特征和特点。

是乡土文化信息顺利到达受众并取得良好传播效果的重要保证。

按照罗杰斯的观点，在不发达的农业社会中，人际传播要比大众传播在推广创新物方面效果更好。所以，在乡土文化的发展过程中，培养一批乡土文化的骨干或"爱好者"或"专家"是促进乡土文化信息良性传播的重要步骤。乡土文化传播的有效性决定了乡土文化的前途，只有具有了良好的群众基础与参与度，乡土文化才有了生存与发展的肥沃土壤。拿通渭小曲来说，它的扩散过程就是通过"人"——这一重要中介媒介达成的。通渭马营镇是通渭小曲比较繁荣兴盛的地方，这主要是因为马营镇有多名小曲骨干，他们通过带弟子的形式，将小曲在马营镇进行扩散和发扬光大。通渭县城所在地平襄镇小曲艺术也较为兴盛，其中一个很重要的原因是通渭小曲老艺人字有恒手把手带出了很多徒弟，这些人后来成了通渭县城小曲表演的骨干力量，而字有恒早年则是在通渭马营镇老艺人马鸿发处学习受业。从马营镇到平襄镇，通渭小曲在空间地域上扩散开来，全凭的是一个重要的中介媒介——人。

因此，乡土文化与艺术纵向传承离不开"人"这一中介媒介，而在民间横向传播场域，"意见领袖"所具有的传播功效则是乡土文化传播创新不得不注重这一因素的重要原因。作为中介媒介的"人"，或通过榜样作用吸引他人，或直接授业于人，或作为"意见领袖"影响他人，在乡土文化的传播创新过程中都举足轻重。因此，提升与发展中介媒介的品质与数量就成为乡土文化传播媒介创新中又一关键问题，这需要通过教育、培训、政策与项目扶持等多种方式逐渐培育实现，是一个长期而又系统化的目标。

(三) 内容为王

作为承载精神价值与文化意识，体现民族想象力和思维特点的重要形式，乡土文化是通过一系列高度符号化的信息来影响乡土社会的。这些信息品格与质量的高低直接决定了乡土文化传播功能与效果的实现。在通渭县，小曲虽然历经了数百年的发展历程，但流传至今并广为传唱的曲目并不多。历史上的许多曲目因为各种原因而逐渐被人们遗忘，淹没在岁月的尘埃当中，其中一个重要原因就是其内容不能体现乡土民众的精神价值。

"阐释"是现象学中的一个核心概念，是指一种意识性的、认真而精确的体验历程。现象学理论大师伽达默尔认为，"阐释"是日常生活中的一个重要行为，它是人区别于动物并使自己与世界紧密相连的重要中介。他指出，人们进行阐释行为从来都不是客观和纯粹的，而是要受到历史传统与人生体验的影响，人们对文本的阐释就是当代读者与文本永恒意义之间的即时对话，所得到的意义就是现时意义与嵌入文本的永恒意义之间对话的产物。伽达默尔的理论既破除了文本意义绝对至上的客观阐释学倾向，也否定了读者完全掌控意义解读结果的主观阐释学假说，强调文本与具有独特历史经验与人生条件的读者之间的沟通与对话。①

作为一种重要的乡土文化艺术形式，通渭小曲在民间的欣赏与流传也可以看作是伽达默尔所谓读者现时意义与嵌入文本的永恒意义之间对话的结果，其曲目能否具有永恒的生命力取决于这种对话是否取得圆满而顺利的结果。如果这种对话是"不愉快的"，那么它有可能就在某一历史阶段被废止；如果这种对话是和谐与协调的，那么它就具有了持久驱动力。根据田野调查结果，目前活跃于通渭民间的小曲曲目主要还是以"老"曲目为主，神话故事、爱情故事、历史故事等题材仍然是通渭小曲的主打旋律，只有极少量现代曲目开始步入普通老百姓的审美视野。按照伽达默尔的理论，"老"曲目在民间的广泛流传至少说明人们对这些曲目的阐释解读取得了一个比较愉快的结果，嵌入小曲文本的永恒意义与人们的历史体验意义之间的矛盾较少，它们之间能够通过对话获得较为圆满的结果。"老"曲目是历史沉淀下来的，它代表了能与通渭老百姓进行成功意义互动的最佳文本。通过与这些曲目文本的对话，通渭人获取并巩固了自己的价值精神、思维方式和文化意识等。

只有与时代意义相符合的乡土文化艺术文本才是具有"续航力"和"吸引力"的。通渭小曲的很多历史曲目具有教育教化内容，通常以宣扬忠、孝、礼、义、信、勤、学等传统的优秀文化内容而达到娱神乐人的目的，还有一些反映男女相互的爱慕之情和家庭生活的曲目，一般具有较强的抒情性，充满耐人寻味的生活气息。《李彦贵卖水》就是讲述一段感人爱情故事的传统通渭小曲曲目，剧中官宦子弟李彦贵一家遭奸臣陷害而家

---

① 参见［美］斯蒂芬·李特约翰《人类传播理论》（第9版），史安斌译，清华大学出版社2009年版，第160—162页。

道中落，被迫以卖水为生，先前与黄桂英家的婚约也因此被黄父毁掉，后在卖水过程中李彦贵又巧遇"儿女亲"黄桂英，黄桂英知情后对李家的遭遇深表同情，并立誓不违婚约，后在黄府丫鬟梅香的帮助下二人终于远走他乡。下面是《李彦贵卖水》中的唱词文本选段，描写的是丫鬟梅香引李彦贵初入黄府去见黄桂英时的一个场景，文字朴素大方，贴近生活，很具动感，非常形象地将李彦贵当时的喜悦之情表现了出来。

通渭小曲《李彦贵卖水》（节选）①
梅香（丫鬟）：
瓜呆子，你好瓜，你好憨，
你再莫要扳价钱②。
只要脚勤把水担，
满保③你母子够吃穿。
李彦贵：
彦贵听言心喜欢，
丫鬟引路走前边。
走得紧来闪得欢④，
不觉来到他家花园。
桶儿放在鱼池岸，
担子紧靠石栏杆。
担得我浑身尽是汗，
抹下草帽当扇扇。

爱情故事永远是乡土文化与艺术表现的最重要题材之一，它反映出普通老百姓对于美好爱情的追求和向往。跟其他老百姓喜爱的主题一样，爱情题材戳到了人们的情感与价值神经，这是它在民间广受欢迎的重要原

---

① 文本由通渭小曲编校、通渭一中语文老师王赟提供。
② "扳价钱"为"讨价还价"之意，通渭方言。
③ "满保"为"保准"之意，通渭方言。
④ 形容挑水时扁担上下摇晃浮动的情景，暗含挑水人心情愉悦之意。

因。在通渭，一大批现代通渭小曲曲目也如雨后春笋般成长起来，如《拾棉花》《送郎去打工》《土豆泛金》《计划生育是国策》《联村联户好》《顶凌铺膜抗旱忙》《小额信贷好》《红军哥哥你再来》等，但这些新编现代曲目受当地老百姓喜爱和接受的却并不多。究其原因，就是曲目内容与文本在与观众的互动、对话过程中无法产生共鸣，或者说文本的嵌入意义与观众的意义传统有很多矛盾，甚至达到了他们无法忍受的地步。通渭小曲现代曲目中有很多反映地方政府各项政策的，这些曲目很多不是老百姓所喜欢的，这与"一面提示"的过度性宣传所造成的群众逆反心理有关。这就提醒现代曲目创作者不仅要与时俱进地反映时代主题，而且还要以合理的文本形式呈现出来，这样才能达到观众意义与文本意涵的"共振"。比如，通渭小曲曲目《土豆泛金》就是较为成功的一部现代新编剧，其成功是因为它较为生动和客观地反映了"马铃薯之乡"的老百姓的日常劳动生活面貌。土豆在通渭人的生活中不可或缺，人们每日三餐都离不开它，它养育了通渭人，是通渭人的"神"。以"神"为文本主题，以"神"为文本内容，再辅以良好的呈现方式，自然就极容易打动老百姓的心。

现代化进程中的乡土文化传播离不开内容创新，"内容为王"的说法似乎有些偏颇，但却是乡土文化良好传播势态成立的必要条件。新乡村建设语境下，以时代为主题，以主旋律文化为主线，借助合理的传播技巧，乡土文化才能找到自身的时代归属。乡土文化的内容创新不仅是表现内容的突破，也是文本呈现方式的发展。不同的文本呈现方式在乡土文化传播过程中具有不同的传播效果，通渭小曲现代曲目只有借助于合理的文本呈现方式，并以现代声器乐、舞蹈、舞台、道具、灯光等技术作为文本呈现辅助，才能拿到新时代精神内涵提升的"制胜分"。

（四）传播体系与制度创新

从整体来看，乡土文化传播渗透到了社会的各个层面，其中既包括微观的个人层面和中观的社会组织层面，也包括国家与民族的宏观层面。乡土文化在不同的维度都发挥着自己独特的文化功能，它将乡土社会的人、社会和国家三者串联了起来，组成了中国文化的独特内涵，而贯穿其中的就是从微观到宏观的传播系统。

从微观层面看，乡土文化对乡土社会的人产生了直接的影响，是他们价值观、人生观和生活方式的直接体现，其传播方式依赖于人际传播而通过横向与纵向的传播与传承形成了完整的传播体系，这种系统化的传播模式在文化场域内以一种"文化生态"的方式呈现。而在社会的中观层面，乡土文化通常作为一种具有强烈仪式性的集体文化活动而在乡土社会扮演着重要的维系与表达功能。在仪式化的集体符号共享过程中，社会的整体凝聚力与向心力提高了，集体价值观与文化认同得到了强化。乡土文化生活既是乡土社会信仰表达的方式，也是实现社会稳定与社会控制的方式，它以一种潜移默化的方式固化了社会相对稳定的价值结构和群体认同。它是一个社会文化特征的标签，这个标签规约了社会成员的行为方式与思维定式，从这种意义上来说，乡土文化又是社会的黏合剂，其扩散与传播离不开社会组织与社会群体的共同参与和集体分享行为。如果从更为宏观的视角来看，乡土文化则是国家与民族的文化之根。产生于中国几千年传统农业社会的乡土文化，是中华文明重要的表现形式，也是中国人集体审美与信仰表达的重要方式。虽然各个地方的乡土文化会有很大差别，但他们都是中华文明的衍生品，因此，在精神内核与气质方面非常一致。在中华文明整体形象的对外展现过程中，多样性是中华文化辉煌灿烂、博大精深的一种形式表达。文明是趋同的，但文化却可以多样化。所以，国家与民族始终是乡土文化创新与发展的坚实后盾，其传承与传播也离不开国家与民族价值的禀白。

因而，乡土文化实现传播体系化是其创新与发展的必然选择。实现传播体系化就是要实现乡土文化传播个人、社会与国家三个不同维度力量的整合。2005年，国务院办公厅发布了《关于加强我国非物质文化遗产保护工作的意见》，确立了非物质文化遗产保护"保护为主、抢救第一、合理利用、传承发展"的工作方针和"政府主导、社会参与，明确职责、形成合力；长远规划、分步实施，点面结合、讲求实效"的指导原则。与此同时，《意见》还提出了建立、建设中国特色非物质文化遗产保护名录体系、保护制度和协调有效的工作机制的目标与任务。乡土文化与非物质文化遗产有很大的交集，由国家出台文化保护政策，并逐步建立科学而有效的保护目标与措施，对乡土文化的发展而言，确实是一种福音。

随着全球化趋势的愈演愈烈，乡土文化的意义范围早已跳出了国家与民族的圈子而具有了全球意义。中国的乡土文化是世界多样性文化中的一员，也是人类共同的精神文化财富，因此，乡土文化传播创新是国际社会文明对话与实现人类社会可持续发展的客观需求。随着我国加入联合国教科文组织《保护非物质文化遗产公约》，乡土文化的保护已经开始融入国际文化发展的洪流当中，乡土文化不再是偏于一隅的边缘化文化，而是越来越有国际传播价值的中华文化代表。

　　总之，乡土文化传播的制度创新不仅需要国家文化部门主导并统一协调乡土文化保护与发展工作，还需要其他相关部门积极配合，同时也需要大专院校、科研机构、社会团体、企事业单位等社会力量的共同参与。更重要的是，新闻出版、大众传媒要积极参与宣传与普及乡土文化知识，为乡土文化传播营造社会共识与良好生态。另外，还需要做好科学、有效的与经济发展相协调的文化发展规划，逐步实现乡土文化保护与发展的科学立法，建立健全乡土文化发展的专家咨询与检查监督制度。

（五）传播生态：一个重要的着力点

　　罗杰斯认为，在社会的现代化转型过程中传播的潜力巨大。不管是传统媒体还是大众传媒，如果能将二者有效地结合使用，就能使创新更好地扩散，从而利于社会的现代转型。在罗杰斯看来，传播媒介，尤其是大众传播媒介在社会的现代化转型过程中的主要作用不是为了传播技术创新，而是营造一种有益于现代化转向的"气候"（climate）。罗杰斯所谓的"气候"既包括特定的知识，也涵盖一定的态度和信念，又可以是某种特殊的行为，这些构成要素组合在一起就形成了有益于社会向现代化迈进的某种"心理定式"（mental set）。[1] 罗杰斯的观点给我们的启示在于，借助媒介的传播，乡土文化可以在中国社会的现代化转型中通过传播特定的知识、态度、信仰、信念或某种行为来贡献自己的力量。反过来讲，要实现乡土文化营造现代"心理定式"的目标，它自身也得具备一定的传播条件，这种传播条件既可以是硬性的，也可以是软性的，它们共同构成了乡土文化的"传播生态"。

---

[1]　Everett M. Rogers, "Communication in Development", *The Annals of the American Academy of Political and Social Science*, Vol. 412, *The Information Revolution*, March, 1974, pp. 44–54.

乡土文化传播的"硬生态"是指由乡土文化传播所依赖的物质条件、硬件设施等有机组合而成的有形传播环境;"软生态"则主要是由乡土文化传播所必需的非物质性条件、软性内容等按照特定的内在规律结合而成的无形气氛与境况。与物质性的"硬生态"不同,"软生态"更多地表现为一种精神环境。这里之所以没有用"硬环境"和"软环境"这一对相似概念,主要是因为与它们相比,"硬生态"与"软生态"更能体现出乡土文化与其传播环境之间不可割裂的联系性,以及乡土文化传播所具备的"场域性",这是根据其传播特性和传播模式而提出的概念。乡土文化传播的"硬生态"独立于人的意识与体验之外,主要具有静态、硬性的特点,大众传媒设施、传习场所、表演舞台、化妆道具等都是属于"硬生态"的范畴;乡土文化传播的"软生态"则具有抽象性、动态性和隐蔽性等特征,它包括人们的态度、习俗、信仰、信念、价值观念、审美观念等精神层面的内容,是一个体验与意识的空间。

"传播生态"建设是乡土文化传播创新的一个重要路径。"硬生态"是乡土文化传播活动展开的空间,因为是有形的,更容易得到人们的重视,投入产出速度也较快。与此同时,由于"软生态"属于无形的精神范畴,其投入产出效率相对较低,因此,对于乡土文化传播的重要性往往会被人们所忽视。对"硬生态"的重视和对"软生态"的漠视导致的结果就是乡土文化传播生态建设的不协调和不均衡现象的产生,这种不均衡状态会产生传播能量间的相互"湮灭"和"内耗",从而对乡土文化的传播创新造成负面影响。

从理论阐述回归到现实视野,我们可以发现,目前无论是非物质文化遗产保护还是乡土文化建设,全国普遍都存在着重视物质投入,轻视"软生态"建设的现象。很多地方在文化遗产项目"申遗"成功并取得国家专项保护资金后,理应开展的一些后续实质性保护措施就没有了下文。所以,人们常看到的文化遗产保护成果往往仅限于一些表面的场馆建设、硬件配套、资料搜集等方面,而对乡土文化保护至为关键的部分,即传承人和民众兴趣的培养和激励等方面表现疲软。乡土文化大都具有集体仪式色彩,是乡土社会的人们共享精神心理的文化活动,因此,其内在文化蕴涵要比外在形式更具实质性的意义。"硬生态"是乡土文化传播创新的躯体,"软生态"是乡土文化传播创新的价值灵魂。如果乡土文化保护仅仅停留在硬件方面的建设，那就失去了乡土文化保护的精神内核。

总之，乡土文化创新需要从"传播生态"建设着手，为自己找到留存与展演的足够空间。"传播生态"建设需要"软硬兼施""双管齐下"，建设"硬生态"是因为它是乡土文化传播活动的留存空间，重视"软生态"是因为它是乡土文化传播的精神家园。

（六）翰墨通渭：一个成功的个案

通渭县被国家文化部、中国书法家协会、全国工商联先后命名为"中国书画艺术之乡""中国民间文化艺术之乡""中国书法之乡""全国书画产业先进县"，但这些名头都不足以说明通渭人对于书画艺术的热爱。从官方的统计数据来看，通渭籍国家、省级书法和美术协会会员共有82人，其中中国美协会员有5人、甘肃美协会员35人，中国书协会员有25人、甘肃书协会员55人，在甘肃省县级同类人员中名列第一。作为一个人口只有40多万的小县城，通渭的画廊和书画装裱店就有380多家，习字作画者和有一定创作水平的人员达3300人，年书画作品交易额达5000万元以上，通渭已经成为甘肃省乃至西北地区重要的书画艺术作品的交流交易中心和集散地。①

除了专业经营与创作人员人数众多，通渭普通老百姓喜爱字画也蔚然成风，这是通渭书画发展创新的群众基础。很多农民农闲时节"放下锄头，拿起笔头"进行书画创作，其中既有80岁以上的老人，也有不满10岁的小朋友，逐渐形成了"人人爱书画，个个练书画，家家挂书画"的"通渭现象"。

为什么会形成"通渭现象"？定西市画院画师、通渭籍甘肃省美术家协会会员姜效忠认为：

"通渭老百姓喜欢书画是传统习俗的原因，通渭传统习俗主要与

---

① 资料来源：《通渭县书画事业发展情况》，通渭县书画院内部资料，2013年8月；《通渭县2010—2015年书画产业发展规划》，通渭县书画院内部资料，2010年4月。以上资料均由通渭书画院院长张晓燕提供。

民间建筑有关，通渭民间建筑大多是'一坡水'① 房，墙面高，面积大，适宜挂中堂，所以房屋修好了就要挂个中堂装饰，中堂挂上了，两面还空着，为了'护墙皮'②，还要挂四条屏，一家学一家，就这样形成了挂画之风。"③

　　姜效忠谈到"通渭现象"成因的时候，强调了通渭书画与通渭传统建筑的密切关系。传统的通渭民居是一种文化传播的"硬生态"，书画在通渭文化的历史发展过程中逐渐与民居建筑融合为一体，形成了一种相互不可割裂的依附关系——通渭民居是书画的展示空间，书画是通渭人空间审美的表达。通渭书画艺术传播的"硬生态"给"通渭现象"的出现提供了一定的解释，但却不是完美解释。这是因为通渭民居在甘肃省县份内并不独特，通渭县周边的会宁、静宁、陇西、甘谷、武山、临洮、秦安等县的民间建筑跟通渭基本相同，但这些县份却没有出现类似"通渭现象"的文化盛况，这说明光是从民间建筑的角度来分析通渭现象是远远不够的。"通渭现象"的成因很复杂，文章不准备对它做具体化的探讨，但从一些案例中我们可以经验性地反窥出一些文化传播的必要要素。在通渭调查期间，笔者发现通渭本地的一些书画艺术专业创作者基本都是受到别人的影响而开始学习书画的，这个现象很普遍，这对解读通渭书画文化传播过程非常关键。

　　甘肃美协、甘肃书协会员，定西市画院画师王琛开始学习绘画是受到了邻居——现为中国美术家协会会员王铭的影响。他说自己小时候经常去王铭家串门，当时王铭已经开始学习绘画，当他看到王铭的画作时感觉特别美，很是羡慕，回家后便开始自己动手临摹，有不懂的地方经常会去王铭家请教。青年时代，王琛参加了"文革"期间"下放"到通渭文化馆工作的鲁迅艺术学院教授李巍举办的美术培训班，受到了短暂而意义深远

---

① "一坡水"是通渭方言中指称当地最常见的传统民居式样的专业词语，因这种式样的民居屋顶是一个前低后高的斜面，有利于雨水下流，故而得名。

② 通渭的传统民居主要是土木结构，屋内墙面一般为泥土墙面，当地老百姓为了审美的需要，常挂字画以作装饰，因普通老百姓家所挂字画价格较为低廉，主要起遮盖泥土墙面、美化室内的作用，因此，挂画就被当地普通老百姓称为"护墙皮"。

③ 笔者对姜效忠的访谈，2013 年 2 月 13 日。

的专业美术教育与训练，从此一发而不可收拾，走上了书画艺术创作的道路。

甘肃省美术家协会会员曹宾虹早年由于爱好的驱使拜通渭著名画家张守忠为师开始学习中国画。曹宾虹说，那个年代（"文革"时期）他们都没想着通过画画谋生，学习绘画纯粹是一种环境影响下的对艺术的热爱。① 他曾给人民公社画过毛主席站立像，也画过"文革"漫画和样板画，也画过社火脸谱、庙宇彩绘等。改革开放后，当曹宾虹看到通渭大街上有人卖画挣钱的时候，他才意识到通过绘画还可以养家谋生。他后来在通渭工艺美术社从事专业美工很多年，还独立创办了属于自己的曹宾虹国画工作室。

通渭县文联副主席、中国书法家协会会员王炳文是受到家庭环境影响开始学习书法的。王炳文家中非常崇尚文化，家中子弟必须读书写字，这对他走上书法创作道路有直接的影响。加之他的大哥从事装裱字画工作，所以他有很多机会欣赏到别人送来装裱的珍贵书画作品，在这个环境里，王炳文耳濡目染，逐渐喜欢上了书法。王炳文喜欢书法除了家庭氛围与因素的影响，还受到了他家邻居——一个远近闻名的书法家——的影响。王炳文经常去邻居家看他写字，也会请教一些关于书法的专业知识。

除了上面这些书画艺术家，通渭还有很多本土艺术家都是受到环境与周围人的影响而走上艺术道路的。中国传统的书画是一种高雅艺术，通渭县的书画艺术也是借由很多渠道历经很多年才在这块土地上扎下根的。因此，从本质上来讲，通渭书画艺术是一种外来移植文化，它不是产生于通渭本土的乡土艺术。但书画艺术一经传至通渭，又具有了很强的乡土性，这种乡土性更多的不是表现在其表现内容方面，而是表现为一种乡土文化的氛围和生活方式。它跟传统的农民画、民间艺术等有所不同，不同之处就在于其来源方式和表现内容。通渭书画的起源主要是通过跨文化传播传入通渭，而农民画、民间艺术等则是根植于本土，表现内容也主要为本土老百姓的精神文化生活面貌。但即使如此，通渭书画依旧具有很强的乡土性，从某种意义上来说，它仍旧是通渭本土的乡土艺术。通渭当地人不论是家徒四壁者，还是大富大贵之家，都会在自家的屋堂之内挂满字画，而

---

① 笔者对曹宾虹的访谈，2012 年 8 月 25 日。

且挂字画除了通常的装饰审美作用以外，还是当地人向别人炫耀财富与文化审美的一种方式。在通渭，每逢有外人来做客串门，无论是串门者还是主人，都会不约而同地把屋内所挂字画当作一个重要话题。围绕书画，交谈开始了，人与人之间的距离无形中被拉近了，情感进一步深入了。通过人与人的交流与传播，通渭人对于书画的理解与热爱也增加了。有了对书画的知识和兴趣，老百姓中的一部分人通过学习，成为通渭书画艺术的传播者也就顺理成章。在通渭这个较为封闭的空间内，传播者与欣赏者、创作者与爱好者融为一体，你中有我，我中有你，共同钩织出了通渭书画艺术的存在空间。

通渭人对书画的热爱、传播、交流、知识、交易、学习等各种活动构成了通渭人乡土艺术的一种生活方式，成为通渭书画生存发展的土壤，它所具有的乡土性更多地表现为一种"软生态"。良好的群众基础和乡土文化氛围为通渭书画培养了具有良好审美素养的文化受众，也培养了具有较高专业水准的文化传播者，更促发了文化传播的内驱力。这使得通渭书画艺术不仅能扎根于通渭人的生活当中，也可以为其创新与扩散提供足够强大的动力。有了高水平的专业传播者和良好艺术素养的受众，以及足够的传播动机和动力，通渭书画艺术就具有了经久不衰的生命力。

当我们惊叹于通渭人对于书画的狂热度的同时，也要从这种现象中总结出一些有益于当下乡土文化建设的宝贵经验。"通渭现象"不管成因有多么复杂，但现实的状况给我们的启示就是一门文化艺术的存在与发展离不开群众的文化实践。只有与具有真情实感的人及其生活发生密切的联系，并对人的发展产生积极影响的艺术才是有价值的，也只有能为广大群众所自愿、自发喜欢与热爱的艺术，才是有传播力和生命力的。良好的艺术文化生活方式可以促进人的全面发展与现代化。通渭当地流传着这样的说法，通渭籍学生的钢笔字整体水平要比周边县份的学生高，原因是自小受到书画之风影响所致。不管这是不是真的，但书画艺术的良好影响肯定是存在的，因为文化作为人的精神食粮，在人的社会化过程中扮演着重要的角色。西部现代化离不开人的现代化，而人的现代化更离不开文化的熏陶与影响。因此，从文化入手，建立良好的文化"软生态"是实现西部人的现代化的重要途径。

营造一个良好的传播氛围对乡土文化在新时期实现传播创新意义不言

自明。良好的"传播生态"不仅提供给乡土文化的发展以高素质的专业传播者与受众，也给乡土文化的传播打通了传播的渠道。在这个渠道中，乡土文化就像是涓涓细流永不停息，汩汩地流淌并滋润着流经的每个人的心田。

通渭书画是因其具有的可贵群体氛围而辉煌，他山之石，可以攻玉，"通渭现象"对乡土文化在新时期的发展具有重要的借鉴意义。乡土文化的传播创新只有具有了通渭书画那样的"文化生态"，才能在专业传承者与民间传播者两个层面产生内在驱动力，而要达到这个目标，社会机能的各个部分就需要具有"传播动力"与"文化意识"。作为文化保护的主导者，政府部门不只是出台扶持政策或投入保护资金一方，而更多的是需要有"培养"文化的意识，因为文化不简单是靠机械性保护或资金投入就能够繁荣复兴的。这就对政府文化部门的工作人员提出了很高的要求，不仅需要他们有足够的相关文化知识素养，还要具有对相关文化的真挚情感。政府部门保护措施的制定者和实施者自己应当首先是一个专家与爱好者，那样才能把握住文化发展的规律，让文化保护政策真正发挥良好的作用。作为文化的传播场域，社会与民间则要以"人际传播"为连接点，以家庭教育、学校教育、群体影响等形式使民众树立文化身份的认同感与自豪感，这同样需要具有一种全民的"文化意识"。只有协调好政府与民间、"硬环境"和"软环境"，实现乡土文化创新的"立体化传播"，乡土文化才能乘风破浪，奔向美好未来。

五　不能缺席的教育传播

在历史长河中，人类社会发展的需要催生了教育事业。通过教育，人类可以把宝贵的经验和知识传给下一代，业已建立的文化模式因此而得以传承，人类社会得以延续发展，文明得以迎来曙光。可以说，教育是一个民族赖以存在和发展的根本，没有教育的民族是无法立足于民族之林的。从传播学角度来看，教育本质上也是知识、文化、思维方式和行为方式等信息在教育群体内部传播的过程，属于"教育传播"的范畴。"教育传播是由教育者按照一定的目的要求，选定合适的信息内容，通过有效的媒体通道，把知识、技能、思想、观念等传送给特定的教育对象的一种活动。

是教育者和受教育者之间的信息交流活动。"①前文讲到，乡土文化的传播与传承对于中国社会的发展有着重要意义，因此，乡土文化教育就成为实现乡土文化传承和复兴的一个重要途径。

就目前的中国教育传播现状而言，系统化、专业化和制度化的乡土文化教育体系尚未形成。与此同时，全国乡土文化教材的编写也没有成熟的体例，各个地区的乡土文化教育发展状况也不均衡，全国大部分地方至今尚处于乡土文化教育的懵懂时期。浙江省绍兴县柯岩中学的乡土文化教育始于 2009 年，是国内乡土文化教育开展较早的学校。柯岩中学由学校带头组织编写了一套约 14 万字的乡土文化教材，包括《柯岩先贤奋斗史》《柯岩古代优秀诗文》《柯岩小导游读本》《柯岩旅游文化》等。通过给中学生开设具有鲜明地域性和本土性特色的"柯岩乡土文化教育课程"，使每一位同学在"知乡史、知乡情、知乡贤、知乡俗"的基础之上，增强"爱国、爱乡、爱农"的情感，这一做法取得了良好的素质教育效果，得到了社会的广泛认可，被教育界誉为乡土文化教育的"柯岩实验"。②"柯岩乡土文化教育实验"不仅组织编写了乡土文化教材并设置了相关课程，同时定期邀请一些乡土文化专业人士举办柯岩乡土文化讲座，而且还结合社会实践建立了一批乡土文化教育基地，目的只有一个——提升学生的人文素养，弘扬和传承本地优秀乡土文化。

"柯岩实验"仅仅是摸索性的尝试，用柯岩中学校长董建康的话说，就是要"通过本实验课题的实践与研究，探索乡土文化教育的新思路、新模式、新方法；同时为地方课程、校本课程的开发建设开辟新路子"③。窥一斑而见全豹，从"柯岩实验"的探索性现状我们就可以推断出目前中国乡土教育的稚嫩和贫乏。中国经济发达省份的状况尚且如此，西部欠发达地区的乡土文化教育状况更是可想而知。乡土文化教育传播的现实缺位是全媒体乡土文化传播的一个薄弱环节，需要引起政府文化教育部门和全社会的足够重视。

---

① 南国农、李运林：《教育传播学》，高等教育出版社 1995 年版，第 7 页。

② 参见骆尚木《"乡土文化教育"的"柯岩实验"》，《绍兴日报》2011 年 12 月 2 日，第 7 版。

③ 董建康（绍兴县柯岩中学校长）：《开展"柯岩乡土文化教育实验"，探索乡土文化教育的新模式》，绍兴市实验学校研究会博客，2011 年 1 月 9 日。

本书调查地区甘肃省通渭县的乡土文化教育传播非常落后，各中小学校开设乡土文化教育课程的寥寥无几。勉强开设此类课程的学校也由于应试教育的影响而被忽视，流于形式，因为此类课程与学校教育质量的最重要量化指标——"升学率"毫无关系。例如在通渭县"最高学府"通渭一中，虽然相关专业人士和教师组织编写了一些校本教材，如《人物速写》和《通渭书画》等，但据笔者调查，其中主要还是一些基础性的文化和艺术知识，而具有真正意义的乡土文化教育内容非常少。中国教育体制官僚化现象严重，很多乡土课程只是为了应付上级检查才临时开设的。据通渭一中老师反映，通渭一中校本教材就是在这个状况下诞生的，这些教材编写完成之后就再也没有真正开设课程实施过，因为学校的教育目标还是应试成绩，尤其是高考升学率。但惨淡的现实中总有一些唤起人们希望的事情，在这个偏僻而贫穷的小县份中，一个生气勃勃的通渭小曲"培训班"——通渭李店乡小学"姜智民乐班"像春天的禾苗一般在苗壮成长。

卢奉礼是通渭县李店乡小学的音乐老师，也是李店小学小曲培训班的主要组织者和授课教师。卢奉礼的祖父、父亲都是通渭小曲的爱好者，受家庭的影响，他也逐渐走上了通渭小曲演奏的道路。

> "我爷爷是（村子）附近唯一弹三弦的，不幸在 1960 年[1]饿死了，我们全家 15 人只留了 6 人得以存活。因为我们家经历了这样的坎坷，而三弦和小曲也伴随其中。基于对亲人的怀念，（我）对于三弦和小曲就难免有点爱屋及乌了。这几年我教学生二胡，突然想起用这种方式扩大宣传。"[2]

卢老师是一位有心人，也是一位有社会责任感的人。他说，音乐能教化人，改变愚昧和粗俗，听小曲让他感触最深的是在这么贫瘠的地方居然也有不死的精神，看到的是当地人对美好生活的向往和对现实命运的抗

---

[1]　1959—1961 年三年自然灾害时期，通渭县为全国重灾区之一。

[2]　笔者对卢奉礼的访谈，2013 年 3 月 26 日。

争。① 据卢奉礼介绍，李店小学培训班的建立纯属偶然。他的初衷原本是想通过教授小学生通渭小曲演奏知识和技巧来吸引更多的学生加入自己在业余举办的音乐培训班，增加一些额外收入，但没想到后来喜欢学习小曲演奏的学生越来越多，逐渐就变成了一个规模较大的"学习班"。后来，通渭籍的一名企业家冠名了他的学习班，所以现在的对外正式名称就是"姜智民乐班"②。卢奉礼主要是利用课余时间教小学生演奏小曲，如果碰上集体演出，还需要再请来一些学校周边村里的成年小曲爱好者和这些小学生"组团"。不得不说，李店小学小曲培训班的成立虽然有一些感情色彩和偶然因素，但却在客观上起到了传播和保护乡土文化传统的现实效果。

李店小学小曲培训班的教材主要由卢奉礼自己搜集的乐谱组成，目前还没有特别体系化的专业性教材，相关课程的上课时间也由卢奉礼根据具体情况临时安排。卢奉礼说，目前培训班最大的困难是资金问题，上课需要的所有乐器和设备都要学生自备，没有乐器的学生就无法参加这个培训班。但他前不久已经网购了三弦和部分演奏乐器，准备买回来先自学一段时间再教学生。③ 李店小学小曲培训班现在缺的主要是教材，等到把乐器和教材问题都解决了，卢奉礼打算把伴奏和演唱都换成自己的学生。在这个贫瘠和边缘的地方，像卢奉礼这样有理想的老师和一群热爱学习传统文化的孩子让我们看到了乡土文化希望的种子，但面对教育设施和教育经费如此匮乏的现状，又不得不期望国家和社会能给予更多的关注和支持。

"第二届敦煌行·丝绸之路国际旅游节"于 2012 年 8 月 13 日在通渭举行，在开幕当天的通渭小曲专场纪念晚会上，李店小学小曲培训班的小学生也进行了汇报演出。这次演出共有 40 人参加，大部分是李店小学的师生，由于人手不足，还叫了李店中学的三位老师。这些学生除了参加舞蹈表演的之外，都是卢奉礼教过的学生，汇报演出取得了圆满成功，但卢奉礼却难掩心里的激动之情：

---

① 笔者对卢奉礼的访谈，2013 年 3 月 26 日。
② 笔者对卢奉礼的访谈，2013 年 10 月 20 日。
③ 笔者对卢奉礼的访谈，2013 年 3 月 26 日。

　　"暑假里，学生们和我一样，补完了当天的课，每天下午5点10分来到古老的音乐教室开始排练，持续了一个月。学生们大都受过我的训斥，但都化解在这种合作里，想来惭愧。"①

　　"柯岩实验"与"姜智民乐班"，一个在东部，一个在西部，但却给我们以相同的启示：传统文化的复兴不能让教育传播缺席。通渭一中教师、甘肃美术家协会会员姜效祖认为，目前年轻一代爱好乡土文化与艺术的人数减少与中国应试教育功利化倾向有密切关系；当前，学校对青少年乡土文化艺术的教育熏陶太少，如果要发展乡土文化就要将教育全面渗透到中小学的日常教育中，提高青少年的整体乡土文化认知水平。② 教育传播是乡土文化传播与传承的重要方式，因此，建立"全景式"的乡土文化教育传播体系是必要的。

　　"全景式"的乡土文化教育需要由政府教育部门主导和推动，社会各方共同参与，建立一整套乡土文化教育传播体系，这是实现乡土文化传播与复兴的重要措施，也是从学校教育环节培养青少年民族文化意识的得力方法。"全景式"不仅体现在教育设施、教材、师资、媒介等的投入和全方位配套方面，也表现在从小学，到中学，再到大学，直到社会教育的多层次教育体系方面。教育是一个乡土文化信息流动的范畴，也是乡土文化传播和发展的重要媒介。因此，无论是塑造个体的文化意识，还是推动整个社会的精神文明，建设一个美好的新乡村，乡土文化传播创新教育因素不可或缺。

---

① 经同意，引自卢奉礼本人发表于2013年1月18日的网络个人日志。
② 笔者对姜效祖的访谈，2012年8月22日。

第 五 章

全媒体时代的西部乡土文化传播

> 电子媒介的诞生，是文化的革命和解放，给多数人的文化带来了新天地。
>
> ——本雅明

媒介技术的迅猛发展让人类社会的信息传播系统更加发达与完善，信息传达的效率与速度大为提高，在某种程度上来说甚至成为引发与影响社会变迁的重要变量。对于媒介与社会变迁的关系，被誉为信息社会、电子世界的"圣人""先驱"和"先知"的麦克卢汉有着自己独到而深刻的认识。他将理论观照视野投向媒介与人、媒介与社会变迁的关系，提出了"媒介即讯息""媒介即人的延伸""冷媒介""热媒介"等惊世骇俗的观点与概念。作为20世纪最富有原创性的传播学理论家之一，麦克卢汉关于赛博空间与电子媒介时代的许多预言，诸如"意识延伸""重新部落化"和"地球村"等都逐渐演变为现实。学界通常将麦克卢汉的学说评述为媒介技术决定论的代表，但无可否认的是，正如麦氏所言，媒介对于社会及其变迁的影响越来越大。

媒介影响社会变迁是毋庸置疑的现实，作为社会的重要组成部分，文化在媒介进步的影响下也发生了很多变化。乡土文化产生于传统农业社会，其传统传播方式严重依赖人际传播，在现代媒介全面变迁的背景下，势必面临传播模式与方式的变革。随着信息社会的进一步深入发展，"全媒体"信息传播格局初现雏形。"全媒体"至今还没有统一、权威、公认的概念，学界和业界人士都从各自的角度定义这一信息传播领域的新现象与新模式。国内最早提出"全媒体"概念的是中国人民大学新闻学院的彭兰教授，她将全媒体定义为"一种业务运作的整体模式与策略，即运用所有媒体手段和平台来构建大的报道体系"①。她指出，全媒体是由单媒体、单平台和单落点的单一报道共同构成的庞大报道系统，它包括报纸、广播、电视、网络等各个报道系统。显然，彭兰是从新闻报道的角度来考察全媒体的作用与影响的。刘小帅、张世福从全媒体的技术特征和媒介特性角度定义了全媒体："综合运用各种表现形式，如文、图、声、光、电，来全方位、立体地展示传播内容，同时通过文字、声像、网络、通信等传播手段来传输的一种新的传播形态。"他们指出，全媒体有两重含义：一是指它具有完备、全面的特点，是由众多单一形式媒介载体共同组成；二是指它具有跨媒体的特点，是不同功能与形式的媒体融合发展的结果。报纸、广播、电影、电视、网络、杂志、音像出版、通信系统等都可以是全媒体时代的传播载体；视觉、听觉、语言、触觉等人类的信息接收官能都是全媒体传播内容与形式服务的对象；除了传统的大众传媒，电子媒介时代的3G、GPRS、WAP、CDMA和流媒体等技术都是全媒体的重要技术支持。全媒体既是单一媒介形式组成的有机联盟，它同时也尊重单一媒体形式的技术特点与优势，将单一媒体视为全媒体的有机组成部分，是关于"个体"与"整体"媒介关系的合理辩证。②

无论怎样具体界定"全媒体"这一概念，人类社会信息环境全媒体化的趋势已不可阻挡，而且对社会及其变迁的影响愈来愈深刻。乡土文化作为中国社会文化的重要组成部分，在全媒体时代的生存与发展问题始终是中国新乡村建设的一项重要课题。探讨这一话题不仅要弄清楚如何利用全媒体实现乡土文化的创新发展，还要了解全媒体对乡土文化造成了哪些影响，以及乡土文化与全媒体结合能做什么。缺少了全媒体对乡土文化现在与未来的影响的相关正确认识，就会成为麦克卢汉所谓的"技术白痴"。"……我们的舒适和幸福，要取决于我们是否了解我们的新环境的性质。……电子媒介构成了文化、价值和态度的全局的，几乎是刹那间发生的转换。这种巨变产生剧痛和身份的迷失。只有对巨变的动态获得清醒的认识，才能减轻痛苦，减少迷失。只有了解新媒介引起的革命性转换，

---

① 彭兰：《媒介融合方向下的四个关键变革》，《青年记者》2009年第6期。
② 刘小帅、张世福：《3G时代：传媒价值链的重构》，《网络传播》2009年第7期。

我们才能预测和控制这种变化。"① 所以，乡土文化如何借助全媒体提供的可能性进行自我传播创新，是一个极具现实意义的重要话题，而乡土文化在全媒体时代发生的深刻变迁及其相关的社会发展问题也是一个值得认真思考的难题。

一 全媒体时代的乡土文化转型及变迁

（一）当乡土文化遭遇全媒体

本书第三章谈到，乡土文化传统传播与传承模式严重依赖人际传播，这就限制了乡土文化传播的时间与空间，使得它只能在一定的区域内进行传播并发挥其功能与作用。随着媒介技术的发展，尤其是电子媒介的出现，无论是公众还是社会组织都对现代媒介的依赖性越来越强，媒介已经渗透到了人类社会生活的方方面面，甚至成为影响人类认知世界，改变人类思维方式与人生体验方式的重要工具。"一个划时代的文化变迁在加速，从书籍时代到超文本时代，我们已经被引入了一个可怕的生活空间。这个新的电子空间，充满了电视、电影、电话、录像、传真、电子邮件、超文本以及国际互联网，彻底改变了社会组织结构：自我的、家庭的、工厂的、大学的，还有民族国家的政治。"② 这是雅克·德里达描绘给我们的全媒体时代。

李普曼认为，在大众传播极为发达的现代社会，人们认识世界不是直接通过真实现实，而是通过大众传播媒介经过有选择地加工后所提示的"象征性现实"来实现，所以在人的"主观现实"与"客观现实"之间存在有一个信息环境，它不是对客观现实"镜子式"的反映，而是产生了一定的偏移，李普曼把它称为"拟态环境"③。可以说，媒介技术所爆发出的惊人能量已经成为影响社会变迁的重要变量，人类社会也因此而进入"媒介化社会"。人类传播方式的每一次进步都会让人类文化表征的方

---

① ［加］埃里克·麦克卢汉、弗兰克·秦格龙：《麦克卢汉精粹》，何道宽译，南京大学出版社 2000 年版，第 363 页。

② 转引自［美］J. 希利斯·米勒《论全球化对文学研究的影响》，郭英剑编译，《当代外国文学》1998 年第 1 期。

③ 参见［美］李普曼《舆论学》，华夏出版社 1989 年版。

式产生巨大的变革，每一次进步都提供给我们更为自由、更为丰富的文化叙事方式。全媒体传播也包括乡土文化的传统传播方式，因为文章要论述媒介进步造成的乡土文化转型与变迁，因此，这里主要对包括网络等新兴媒体在内的大众传媒与乡土文化的互动性关系进行探讨。

媒介多元化发展使得媒介话语突破了传统媒介所构制的话语规则与秩序，媒介话语权也开始向多元化发展。以网络媒体为例，因其具有的"多媒体性""虚拟性""互动性"等特点，使得传统口语与纸质媒介的话语权垄断彻底被打破，图像与视频被放到了极为显赫的位置，甚至传统口语与文字的传播被迫隐遁，从而营造出一幅"拟像化"的"多媒体帝国"。媒介变迁引发了乡土文化的变迁，这包括其生存方式、传播渠道、表达形式等多重维度，就连人们认知、欣赏、接受、反馈乡土文化信息的方式都因为生活环境的"拟态化"而变得不再直截了当。例如，现在的通渭人欣赏、了解通渭小曲很多不再是亲身去现场感受与观看，而更多是选择了听磁带、看 VCD、看电视等方式，甚至很多年轻人是通过网络观看通渭小曲的。这就使得通渭小曲与通渭人之间无形中插入了一个"媒介环境"，这个环境是很隐蔽的，以至于人们无从察觉，但事实上它已经深刻影响了通渭人的乡土文化生活方式与知识结构。然而，传统的乡土文化空间确实是受到了新媒体技术的严重挤压的，但我们却不能说乡土文化的空间是丢失了的。这就像是一个气球，如果拿一根指头压扁了一半，另一边就会鼓起来，其体积总体来说是保持恒定的。新媒体的出现严重影响了乡土文化的生存与民间的审美空间，但是，乡土民众的文化认同与精神归属感使得在全媒体环境中营造乡土文化全新的审美空间成为可能，而媒介的多元化取向也提供给乡土文化更为丰富的现代性创新空间。

总体来看，当乡土文化遭遇全媒体，第一个结果就是乡土文化的生存空间受到了严重挤压，乡土文化因为以大众传媒为代表的媒介传播的影响而走向式微。乡土文化产生于农耕文明，其精神气质与内核是以传统中国农耕文化为基础的，与产生于工业社会的现代传媒所遵循的价值逻辑有很大的差异，这就使得乡土文化与现代传媒之间具有天然的裂隙。现代传播与乡土文化之间的悖论在前文中已经有详细的论述，这里就不再赘述。需要补充的是，虽然乡土文化受到了挤压，但媒介多元化的发展也给乡土文化的发展提供了潜在的空间。现代传媒不仅提供给乡土文化一种精神表达的全新方式，也给予乡土文化多种媒介传播方式。乡土文化利用现代传媒实现现代化的升华是适应现代化进程中的乡土社会日益提高的精神文化需求，而乡土文化传播方式的多样化意味着乡土社会的民众有了更多的接触、认识、欣赏乡土文化的可能。从形式到内容，再到媒介现代性的全面提升，标示着乡土文化传播创新不再是空中楼阁，新乡村建设的核心内涵可以得到更好的彰显。

当乡土文化遭遇全媒体时的第二个结果就是，全媒体所带来的乡土文化传播革命使得乡土文化打破了时间与空间传播局限的限制，带来了不同文化族群文化交流的机会。全媒体传播一定程度上消解了由于地域空间与时间造成的传播障碍，使得各种乡土文化的传播具有"走出去"的机会。文化总是在交流中互相借鉴、互相吸收发展。通渭小曲的很多曲牌、曲调，甚至唱词都来自西北重要的戏曲与戏剧——"秦腔"和"眉户"，这显示出通渭小曲是文化迁移与文化交流融合的产物。乡土文化作为"地方性知识"，在媒介技术的帮助下"走出去"，就有了实现文化对话的机会，在对话中学习，在学习中创新，在创新中升华，这样才能真正"走下去"。"走出去"并且"走下去"，乡土文化才能实现全媒体时代的"众声喧哗"。

在全媒体时代，乡土文化在新媒介技术的裹挟下，其生存空间确实受到了严重挤压，与此同时，其表达方式、传播路径等也正在发生着嬗变。多元化的传播与传承方式，多样化的意义呈现方式，使得乡土文化与艺术随着技术的变迁而以不同的形态传播和再现。人们常常把乡土文化传播生态的破坏归因于现代传媒技术，这种归因方式显然是偏颇的和不客观的。现代科技，包括传媒技术本身是中性的，乡土文化所遭受的冲击与影响是社会转型与现代化阵痛在文化领域的一种表现形式。美国学者萨林斯对爱斯基摩人有深入的研究，他发现，爱斯基摩人虽然也使用现代技术，但这些技术却丝毫没有改变他们生存与生活的传统本质。在爱斯基摩人眼里，现代技术只是他们用于狩猎的必要而得力的装备。在剧烈的社会转型期，乡土文化不应该也不可能保持原有的生存状态，保护文化传统也绝不意味着就要"泥古"，正是现代传媒科技为乡土文化与艺术的创新发展打开了一扇明亮的窗户：借助于全媒体，乡土文化可以实现表达形制与传播方式的脱胎换骨；借助于现代传播技术，乡土文化可以开创"媒介化生存"

的新局面，在新时期实现新生。另外，乡土文化全媒体的传播与接收模式打破了为民间艺人所垄断的传统"传帮带"传承方式，引发创作与传承主体的多元化，这是对乡土文化传播与传承模式的重要贡献。

概而述之，全媒体时代传统乡土文化同时面临着机遇与挑战，其生存空间虽遭挤压，但却不会终结，而更可能会是以更加精彩纷呈的生命形制示人。可以肯定的是，伴随着媒介技术与现代化的发展进程，乡土文化将会迎来纷繁复杂但却意义非凡的媒介与文化的多维转向。

（二）乡土文化变迁与"媒介景观"

传播技术的迅猛发展导致了乡土文化传统传播与传承方式的嬗变，这种变迁不仅关系到乡土文化的媒介书写，也关系到乡土文化的媒介表达与呈现。从传播学角度来看，乡土文化的"媒介化"是传媒文化逻辑与乡土文化特定文化式样之间对话与交流的结果。媒介技术的发展使得整个社会湮没于媒介逻辑所营造出的语境空间，媒介信息已经成为人类社会生活的"拟态环境"。"拟态环境"现象的存在说明媒介与人类社会生活已经深入交融，呈现出一种"互文"格局。在高度媒介化的社会语境中，乡土文化也随之经历了剧烈的"景观化"转变过程。

当代法国思想家居伊·德波提出了"景观社会"的概念，他认为资本主义物化时代已经过渡为一个"社会景观"的王国，"现实显现于景观，景观就是现实。这种彼此的异化乃是现存社会的支撑与本质"[①]。德波在其代表作《景观社会》一书中并没有直接给出"景观"的具体定义，但其暗含的意思主要有三：第一，景观是少数人对多数人的不均衡表演；第二，景观表面上是去政治化的，事实上是隐形控制和深度奴役性的；第三，景观所具有的娱乐性使得社会的"大多数"失去批判性和创造力。[②]德波就资本主义社会中的社会再生产、新消费形式和媒介社会等相关问题进行了研究与批判。他认为，如果生活现实不能幻化为一种虚化景观，那么，对一个人而言这种生活是缺乏意义和存在感的。这就好像一切社会事

---

① ［法］居伊·德波：《景观社会》，王昭风译，南京大学出版社 2006 年版，第 4 页。
② 参见张一兵《代译序：德波和他的〈景观社会〉》，［法］居伊·德波：《景观社会》，王昭风译，南京大学出版社 2006 年版，代译序第 11—12 页。

务如果不出现在电视屏幕和报纸上就似乎不为人所知晓，而且也不存在一样。因此，在"景观社会"中，生活的表象化与景观化具有本体论的意义。"为了向我们展示人不再能直接把握这一世界，景观的工作就是利用各种各样专门化的媒介，因此，看的视觉（sense of sight）就自然被提高到以前曾是触觉享有的特别卓越的地位；最抽象、最易于骗人的视觉，也最毫不费力地适应于今天社会的普遍抽象。"① 德波所处的年代大众传媒还处于刚刚起步的阶段，但他对媒介引起的社会变迁和产生的影响已经有了一定的洞察。

随后，道格拉斯·凯尔纳就媒介对社会的影响做了进一步的深入研究，并在德波的景观论基础之上，提出了早已笼罩人类社会的"媒介景观"概念。凯尔纳所指的"媒介景观"主要是"那些能体现当代社会基本价值观、引导个人适应现代生活方式，并将当代社会中的冲突和解决方式戏剧化的媒介文化现象，它包括媒体制造的各种豪华场面、体育比赛、政治事件"②。景观社会与媒介景观的理论指向都是针对资本主义社会新型的不平等关系，在后马克思时代对"物化"关系从新的角度进行了解读，重点强调了媒介在这种新型不平等关系中所扮演的重要角色。在他们的理论中，景观是决定性的力量，它是人类欲望的源泉，欲望又催促着人类的生产。文章无意于对媒介与现实社会关系进行探讨，而主要借用"景观社会"与"媒介景观"的概念来阐述媒体发展对乡土文化所产生的影响。

媒介的快速发展给文化生活的景观化提供了便利，社会生活中各式各样异彩纷呈的"文化景观"大量涌现。"在过去的几十年里，文化工业在新的领域和空间大量制造媒体景观，这使奇观现象成为组织当代政体、经济活动和日常生活的基本原则之一。""新式多媒体将广播、电影、电视新闻和娱乐融为一体。如雨后春笋一般滋生的互联网站成为技术文化制造眩目景观的场所，这就使信息和娱乐相结合的领域逐渐扩大，也使媒体文

---

① ［法］居伊·德波：《景观社会》，王昭风译，南京大学出版社 2006 年版，第 6 页。

② ［美］道格拉斯·凯尔纳：《媒介奇观：当代美国社会文化透视》，史安斌译，清华大学出版社 2003 年版，第 2 页。

化的奇观效应得以加强。"① 作为中国传统社会典型的文化代表，乡土文化在景观化社会中成为媒体吸引受众，提高社会感召力与影响力可资利用与挖掘的珍贵资源。然而，乡土文化是产生于农耕文明之下具有强烈草根精神的文化形式，而媒介技术，尤其是大众传媒与新媒体则是诞生于工业文明之中具有都市气质的传播形态。于是，在将小曲等乡土文化"景观化"的过程中，其中暗含的逻辑悖论也就出现了——遵循强烈工业与商业社会价值逻辑的景观样式，呈现的内容却是具有强烈农耕气息的乡土文化信息内容。在这种情况下，乡土文化实质上已经衍化为一种为了刺激民众欲望，激发文化工业生产的具有商业消费特征的媒介化对象。

主导乡土文化媒介景观化过程的是市场经济条件下的商业消费逻辑。改革开放后，中国社会商业领域快速发展，消费文化逐渐成为社会经济领域的主导型样式。消费文化所遵循的商业逻辑提供给媒介以足够的动力，促使其将乡土文化从淳朴的民间文化样式向文化商品转换，转换的结果就是乡土文化"媒介景观"的呈现。这种"媒介景观"不再具有淳朴的草根性，而是依据商业逻辑与媒介需求对乡土文化元素的片面性抽取、组合与加工，是商业社会媒介文化产品的一种。以通渭小曲为例，随着通渭社会的快速商业化，它逐渐也被搬上了舞台和电视屏幕。在各种重要的旅游节、商业庆典仪式或政府会议期间，通渭小曲戏班都可能会被请上舞台进行表演。通常情况下，每次演出都会得到邀请方一定的物质与资金报酬，还会被制作成光碟或电视节目而在通渭电视台播出。本质上这种带有商业化倾向的表演，是按照景观呈现要求而进行改造和加工过的，舞台技术要求和传媒呈现原则是这一过程中重要的指导原则。舞台景观或媒介景观中乡土文化的因子依旧还在，但与传统的乡土文化生活不同的是，其呈现方式已经因为商业和媒介逻辑的介入而变得面目全非。在通渭实地调查期间，笔者发现，诸如通渭小曲等类型的乡土艺术形式的"景观化"趋势是非常普遍而深刻的。通渭乡土艺术通过景观化来吸引更多的观众，以求适应社会发展并取得赖以生存的物质根基，这使得通渭乡土艺术的乡土性、草根性和淳朴性逐渐丧失，取而代之的是乡土文化向大众文化的转

---

① ［美］道格拉斯·凯尔纳：《媒体奇观：当代美国社会文化透视》，史安斌译，清华大学出版社 2003 年版，第 1 页。

向。通渭小曲最为传统的"地摊清唱"形式越来越少，舞台、VCD、电视、网络等呈现方式越来越普遍，俨然有一种"脱土"的趋势。

另外，乡土文化所具有的娱乐功能与媒介景观叙事所遵循的娱乐原则不谋而合，使得乡土文化的媒介景观化呈现能够顺利实现。如前文所述，乡土文化的一个重要功能就是娱乐大众，这是乡土文化价值观能够顺利地为民众所认可和接受的重要原因；产生于工业社会的大众传媒，同样也遵循娱乐性原则。在这一点上，两者达成了天然的默契，这使得媒介主动以乡土文化为呈现对象具有了实质性动力，同时，乡土文化的媒介景观化也有了合理依据。媒介景观中的乡土文化能够满足人们的感官需求，它在带给人们视听刺激的同时，猎取了人们的好奇心，带给人们以新鲜感和神秘感，这都来自乡土文化呈现与存在方式嬗变之后的"景观效应"。

"一种媒体文化已然出现，而其中的图像、音响和宏大的场面通过主宰休闲时间、塑造政治观念和社会行为，同时提供人们用以铸造自身身份的材料等，促进了日常生活结构的形成。"① 乡土文化在媒介逻辑与媒介张力的作用下，在呈现形式、传播途径和信息解码等环节出现了与传统模式完全不同的景象，在媒介社会语境下不断向具有全新文化特点与品格的"媒介景观"演进。与传统的乡土文化不同的是，媒介景观化的乡土文化具有一种后现代文本的结构特征，这主要表现在其文本结构的"互文性"和"杂糅性"方面。②

乡土文化"媒介景观"的杂糅性首先表现为不同文化符号的组合与集中。以通渭小曲为例，在媒介所呈现的文化景观中，它通常是各种音乐和艺术符号的复杂糅合，其中既有器乐、声乐、舞蹈等主打符号，也有播音、摄影摄像、服装道具、音箱灯光等辅助性符号。乡土文化符号的杂糅性使得媒介能够制造出新奇而具有冲击力的审美效果，但同时也会造成乡土文化话语体系的紊乱和文化表达主体的模糊，从而影响到乡土文化的主体认同。

乡土文化"媒介景观"的杂糅性还体现在异质话语之间的糅合方面。

---

① ［美］道格拉斯·凯尔纳：《媒体文化——介于现代与后现代之间的文化研究、认同性与政治：导言》，丁宁译，商务印书馆2004年版，第9页。

② 参见吴晓《媒介化时代民间艺术的文化转型》，《毕节学院学报》2011年第2期。

媒介景观中的乡土文化为了追求媒介呈现效果，满足受众需求，常常将其他文本资源组合进来，力图达到效果的最优化。当下，通渭小曲综合采用西方乐器、现代舞台、音响灯光、数码摄影摄像和传媒技术等多种话语与技术系统，可视为通渭小曲媒介景观呈现过程中的话语系统杂糅现象。在笔者调查期间，第二届敦煌行·丝绸之路国际旅游节"中国书画艺术之乡"——通渭旅游文化艺术节于 2012 年 8 月 13 日在通渭县隆重开幕。当晚，具有浓郁地方文化特色的民间传统小曲戏"通渭小曲"在通渭南苑体育场进行了专题与专场演出，奉献给观众多个精彩节目。来自李店小学"姜智民乐班"的曲目《大赐福》拉开了当晚演出的序幕。接着，由通渭秦腔艺术社创排的《草坡传信》和马营小曲协会排练的《闹书馆》《剪窗花》与《兄妹观灯》等精美小曲剧目轮番上演。借助现代舞台与音响技术，当晚的演出曲调婉转优美，艺术感染力很强，取得了非常好的演出效果。通渭小曲这种利用艺术节和专场晚会进行主题包装后呈现的方式其实就是一种杂糅了其他娱乐话语系统，从而实现景观化的一种重要方式。

乡土文化"媒介景观"是受到媒介张力与逻辑强力的感召而演变出的一种具有大众文化品格的审美结果。因为是被动发生的，所以它主要依靠组合、杂糅等后现代的运作方式进行文化再造。媒介景观化的乡土文化由于其文本与话语系统的杂糅性，以及其所遵循的现代媒介与商业逻辑，使得它关涉不同文化符号、不同话语体系、不同媒介话语与技术系统之间的组合与拼贴，这就造成了其文本的"多声部"和"众声喧哗"，从而也就失去了独立的文本结构体系，具有非常明显的"互文性"特征。因此，媒介景观化的乡土文化是由众多相异的话语系统、文化符号和小文本通过组合、拼贴而成。这些相异的组合要素是在媒介文化逻辑的感召与强力介入下而被融入媒介景观的，生拼硬凑而成的媒介景观虽然符合媒介文化逻辑，但从本质上来说，其文本内部却是杂糅性的，这就使得媒介景观化的乡土文化脱离了具体的生活实践和社会语境。

与此同时，乡土文化是产生于农耕实践中的具有显著地方性知识特征的群体文化生活方式，其文本与话语系统不仅植根于特定的群体生活，而且也只能在一定的族群文化范围内具有意义。也就是说，它是生活化和语境化的。脱离了具体的生活实践与文化语境，乡土文化就会破裂从而导致存在意义与价值的流失。与现实中的乡土文化不同的是，媒介景观化的乡土文化是在媒介的娱乐与商业逻辑感召下对各种文化元素与话语体系进行的拼贴与重组，它脱离了乡土文化的生活实践与表达语境。因此，它只能是对乡土文化的一种片面、静态和割裂生活联系的"异化"呈现。就像是通渭社火一样，它本来是具有"乐神娱人"的文化仪式与生活功能的，但当我们把它进行媒介景观化呈现的时候，它就被从具体的文化实践与仪式内涵中彻底剥离出来，再也不能自由地发挥其具体的信仰交流与意义分享功能，而只能拣一些符合媒介原则的具有较强视觉冲击力的要素，抽丝剥茧般地予以片面化呈现。如此，媒介景观化的乡土文化是"去生活化"与"去语境化"的，它已经不再是我们熟悉可亲的生活实践中的原有表达形式。

媒介景观化的乡土文化改变了乡土文化民间表达与传播的传统模式，并在市场经济条件下与商业价值、经济关系、娱乐取向等发生了密切关系，使得它在当前的文化实践中具有了某种现实合法性。它也因此在媒介社会化环境中借以衍生出具有后现代性特征的文化意义，是现代化进程中的中国社会的一种重要社会文化景观。乡土文化媒介景观的出现是媒介力量与乡土文化话语权博弈的结果，它体现了乡土文化传统与现代社会商业价值、现代传媒逻辑之间的碰撞与均衡，是传统与现代在社会逻辑、社会力量和社会关系方面互相冲突与妥协的结果。

纽约大学教授尼尔·波兹曼在《娱乐至死》一书中认为，现代社会中的公众话语和文化精神被娱乐逻辑所侵蚀和垄断，包括新闻、教育、政治、商业等都沦为娱乐的奴隶而毫无怨言，"其结果是我们成了一个娱乐至死的物种"[1]。他认为，文化精神的枯萎由两种方式造成：其一，把文化变成一座监狱；其二，将文化改造为一个"娱乐至死"的舞台。[2] 乡土文化的媒介景观是现代都市与商业社会所共同营造出的"异度场域"，是众多都市"他者"审美情趣的现实表达，它满足了消费文化语境下人们的娱乐需求。在娱乐与消费文化主导下，"新鲜"与"刺激"成为现代社会文化审美最为推崇的选择标准。在这种文化精神的指引下，媒介转而将乡土文化作为其猎奇、求新、求异的"景观化"对象。媒介通过抽取、

---

① ［美］尼尔·波兹曼：《娱乐至死》，章艳译，广西师范大学出版社 2004 年版，封底。

② 参见［美］尼尔·波兹曼《娱乐至死》，章艳译，广西师范大学出版社 2004 年版。

重组符合现代民众审美标准的乡土文化片段，将一个貌似原生态的、神秘的、新鲜而又陌生的媒介文化产品呈现给民众，以博得民众的审美同情，同时获得自身的传播价值与经济利益。通过将乡土文化景观化，媒介获得了民众的审美认可，满足了民众的娱乐欲求，乡土文化也因此而转变为娱乐符号的承载者。从文化意义的角度来看，乡土文化媒介景观反映了当前中国社会基本审美倾向与审美品格的消费主义特征，标志着都市移植文化与传媒逻辑介入后乡土文化传统传播模式的嬗变和消解，是乡土怀旧情结与现代性追求杂糅的"他者"审美想象。

（三）乡土审美的断裂与现代张力

前文讲到，中国社会的现代化进程深刻影响并挤压了乡土文化生存与发展的空间，导致其传播生态的异变，动摇了乡土文化生存与发展的根基与土壤，这是传统乡土社会在社会全面转型期所面临的文化困境。这种文化困境与其说是社会现代化进程带来的，还不如说是传统乡土文化不能满足社会现代性要求所造成的。中国社会新物质生产力的诞生对精神文化的生产力与生产关系均提出了更高的要求，这是由物质与精神生产的辩证关系所决定的。因此，面对当今社会铺天盖地的全媒体信息传播态势，乡土文化也应"尊古"而不"泥古"，积极利用媒介技术实现传播生命的重生，在新时期展现新张力。

作为现代社会的一个重要特征，高度发达的传播媒介就像是人的神经系统一样，在社会的信息协调和系统控制方面发挥着重要作用。它不仅影响着社会的经济，也改造着社会的文化，甚至冲击着人们的生活方式与审美空间。麦克卢汉甚至提出了"媒介即讯息"的命题，认为媒介对人类社会的影响太大，以至于超过了媒介所传递的特定信息内容本身。现代传媒不仅改变了人们的信息接收方式和生活方式，延伸了人的官能，也笼罩并影响着乡土文化的审美空间与想象，乡土原生态文化中"人界—物界—神界"的对话交流方式及其根基开始松动瓦解。在审美空间的断层上，大众传媒强有力地介入，塑造了一种全新的审美空间，营造出现代语境下的乡土文化"媒介景观"。伴随这一过程，原汁原味的乡土文化被以各种方式解构、建构和延伸，其生存和传播方式发生了巨大变迁并呈现出了新形制。面对现代传媒技术所引发的文化转向，"最重要的第一步就是理解媒介及其对我们心理、社会价值和制度的革命性的影响。……没有人能够逃避这一场环境闪电战，因为根本就无路可逃。但是如果我们能够对正在发生的事情做出诊断，我们就可以削弱变革之风的烈度"。"我们不能蜷缩在象牙塔中哀叹变革，而是应该纵身跳入电力技术的漩涡，而且要通过理解它来支配新的环境——也就是要把象牙塔改变为控制塔。"①

　　乡土文化的传统基因中蕴含着中国先民对自身生存环境与社会关系的独特理解，所以，作为最早产生于科学技术和生产力均较为低下的古代社会的一种文化形制，乡土文化是脱胎于古代原始宗教信仰和宗教活动的，因此具有较强的仪式性、精神性和神秘感。在中国的传统乡土社会中，人们的精神信仰和文化生活主要是通过三种方式的对话完成的：（1）人与大自然之间的对话；（2）人与"神界"的对话；（3）人与人之间的对话。大自然是人类生存环境的"物界"范畴，人际关系则构成了群体文化生活的"人界"空间，而人们脑海与心中神灵的位置则属于神圣的"神界"，这是乡土社会的人生活与生存所必须具备的三个空间维度。人与"神界"的对话总是要通过"人界"空间内的对话与交流，才能达成与"神"进行对话的一致性仪式规则与活动法则，然后再通过"物化"的方式根据群体的"合约""合意"，实施具体的信仰表达行为和活动。比如，中国乡土社会中最为常见的祭天仪式一般都是按照非常严格的程序进行的，人们要表达对神灵的敬畏，或传递美好愿望，通常要在一些禅师、法师或阴阳先生等的指引下实现。在这些"通灵人"的指引下，人们会通过摆设贡品、上香祈祷、跪拜作揖等方式表达对"神"的虔诚或自己的美好祈愿。于是，"人界"空间的精神和信仰"合意"就通过具体的"物"，比如一份猪头祭礼、一炷香等，而与"神界"进行了沟通。通渭社火、通渭小曲等都是具有强烈宗教仪式色彩的乡土文化形式，最早都产生于人们的宗教祭祀和"娱神"活动。通过表演社火和小曲，通渭人与他们心中的"神"进行了沟通，向"神"传递了他们的美好生活理想和愿望。这样，"人界""物界"与"神界"形成了一个由人们的精神世界所维系的循环闭路，这是中国传统乡土社会精神信仰活动共同的表达与

---

　　① ［加］埃里克·麦克卢汉、弗兰克·秦格龙：《麦克卢汉精粹》，何道宽译，南京大学出版社 2000 年版，第 398—399 页。

传播模式。然而，现代传媒技术的高速发展搅乱了这一循环闭路的表达与传播模式，使得"人界""物界""神界"之间的相互交流与对话方式断裂。乡土文化所具有的神秘性、仪式性和精神性在现代传媒的强力逻辑下受到了消解，乡土社会神圣的精神生活空间出现裂痕。

乡土社会精神生活空间的破裂首先表现在传统乡土文化中"人界"与"物界""神界"交流的循环终结。现代传媒技术使乡土文化失去了精神空间的神圣性与神秘感，这表现出它所具有的"祛魅"效应。乡土文化与乡土艺术最早发源自原始的宗教信仰，甚至巫术活动，一般都暗含趋吉避凶的文化意涵，它是传统乡土社会的精神表达。费孝通认为，土地是乡土社会的"根"，是乡土社会的"神"。了解到这一点，我们就不难理解为什么中国的民间艺术、民间传说、民间歌谣、民间戏曲等中有那么多有关土地崇拜和劳动耕作的内容了，就连中国人传统的物质观——金、木、水、火、土的"五行观"中，"土"要素都是居中的。毫不夸张地说，乡土文化的生命正在于乡土社会"人界"与"物界""神界"的精神沟通，尤其是与"土地神"——人类的"大地母亲"之间的诗性对话，而现代传媒技术打破的正是乡土文化赖以彰显自身存在价值的对话方式。麦克卢汉的"媒介即人的延伸""媒介即讯息"等观点旨在说明媒介对社会及其文化的深刻影响力，但如果现代媒介真成了人类视、听、说、触的"官能"，人们的精神感受力与精神生活的重要性自然就会消退，那么，在这种情况下乡土文化所赖以彰显存在价值的对话方式又有什么精神意义呢？所以，现代传媒通过消解乡土文化精神空间的方式使得乡土精神信仰及其意义"隐退"甚至丧失，同时导致乡土文化的传播与传承价值发生断裂。麦克卢汉的论断过分强调了媒介技术的功能与现实作用，是从物质外化的层面认识媒介影响的，而对人的本质精神——主观能动性——却有所忽视。但无可辩驳的是，现代传媒在延伸人的官能的同时也确实扰动并挤压了乡土文化的精神传播空间——一种特有的诗性的"天、地、人、神"交流方式。

其次，乡土社会精神生活空间的破裂还表现在乡土文化传统人际传播场域的式微。前文讲到，乡土文化传统的传播与传承方式非常依赖人际传播，也正因为乡土文化特殊的人际传播模式，导致它只能是在一定的区域范围内进行传播才具有特定的意义。因此，乡土文化是具有群体边际性的，其文化影响力随着区域的扩大而呈现递减趋势，这也造就了其地方性知识的文化品格。乡土文化的边际性在客观现实中造成了乡土文化呈现方式与表现形式的多样性，但多样的乡土文化又都属于中华文化大传统下的"小"文化①。借助这些百花齐放的"小"文化，乡土社会的民众情感得以表达，意义得以分享，人际关系得以协调和确立。这种特殊的传播方式决定了乡土文化的人际传播具有强烈的"场域性"，在这个由人际关系交织成的场域中，人们面对面地口耳相传、言传身教，通过信息交流和意义分享，乡土文化演化为一个群体共同的文化意识。当然，在乡土文化的民间传播场域中流淌着的不仅仅只有文化信息，其中还有人们的思想感情和情绪氛围。通渭小曲就是在民间人际传播所钩织出的"十字架"传播模式下得以永续传播与传承的。通过实地调查，笔者发现，作为经常在春节期间演出的乡土艺术形式，通渭小曲带给人们的不仅仅是"一根"小戏那么简单。借助通渭社火这个载体，通渭小曲在元宵节期间的分享表演蕴含着村庄与村庄之间的人气、人脉和村庄的凝聚力，村民的礼仪文明、和睦祥和，口齿智慧和待客的热情周详等方面的竞争和比赛，它能够动员村庄全员自觉参与，营造节日快乐祥和的氛围，这是通渭人独特的情感交流和意义分享过程。经过文化信息的"场域"流动，通渭地域群体的文化意识得以确立和巩固。

综上所述，传统的乡土文化是在"人界"空间通过人与人之间的对话交流而得以传播的，这种传播形式具有强烈的"场域性"。乡土文化一旦超出"场域"边际，意义分享、情感交流、文化意识、文化氛围等都将无从谈起。然而，现代传媒是一种极具自由与开放特征的媒介形式，它恰恰模糊了传播范围的边际性，打破了乡土文化传统的人际传播"场域性"。因此，现代传媒一定程度上隔阂了人际间的文化互动，导致人际关系的疏远化，使得乡土文化原有的以人际传播为主要形式的传播与传承场域受到了极大的冲击。在通渭调查期间，笔者了解到，通渭人自愿去庙会看秦腔、小曲等戏曲戏剧的人在逐年减少，其中一个重要的原因是随着社会物质条件的改善，老百姓家里有了 VCD、电视、电脑等现代传媒设备，

---

① 这里的"小"文化侧重于说明乡土文化与中华文化之间宏观与具象、整体与部分的特殊关系，而不是文化学中的"小文化"（culture with a small c）概念。

他们可以足不出户地观看到他们所喜爱的戏曲戏剧节目。无可否认，现代传媒带给人们以便利，但同时也改变了乡土社会的文化生活方式，冲破了乡土文化传统的人际传播"场域"和审美空间，造成了人际交流的式微，导致乡土社会精神生活空间的破裂和群体文化意识的淡化。

"大众传播是一个过程，在这个过程中，职业传播者利用机械媒介广泛、迅速、连续不断地发出讯息，目的是使人数众多、成分复杂的受众分享传播者要表达的含义，并试图以各种方式影响他们。"① 以大众传媒为代表的现代传媒借助其强大的传播力与影响力，深刻影响着乡土文化的内在属性与内在品质，受其影响的一个重要表现就是乡土文化的均质化发展趋势。"大众传媒所对之加以取舍的唯一标准，则是是否能够让人'耳热'、'眼红'、'心动'……不难发现，这（大众传播）所有的一切实际上都是一种话语，那就是时尚话语，其中最为核心、最为根本的要求无非是：最新、最快、最刺激、最时髦、最有意思、最引人瞩目、最令人捧腹、最令人难忘、最令人震惊、最令人羡慕、最令人伤感、最令人沮丧等等。"② 这就决定了借由大众传媒传播的文化信息是具有大众性与庸俗性的。当大众传媒覆盖了乡土社会的人际传播"场域"之时，大众文化的意义符号系统就侵蚀了乡土文化的民间审美信仰和精神空间，从而完成了以大众传媒为代表的现代传媒对传统乡土社会精神文化生活空间的消解。于是，乡土社会"人界""物界""神界"的文化交流与对话形式式微，物化与感官化的文化形式充斥于耳目，"娱乐至上"法则亦步亦趋地逼迫着文化走向堕落，媒介技术逻辑主导下的新文化空间最大限度地攫取快感的狂欢审美。

按照逻辑惯性推理，我们应该可以得出这样的结论，即乡土社会因为传媒技术带来的娱乐形式的丰富化而显得满意十足，但现实却不总是按照我们想象中的理想逻辑来展开图景。在通渭实地调查期间，笔者发现，由于以电视为代表的现代传媒的普及化，通渭民间社会的信息接收方式和娱乐手段确实极大地丰富化，但部分民众却感觉到现在的日常生活，尤其是

---

① ［美］梅尔文·德弗勒等：《大众传播通论》，颜建军等译，华夏出版社1989年版，第12页。

② 潘知常、林玮：《大众传媒与大众文化》，上海人民出版社2002年版，第164页。

逢年过节没有以前那么热闹和有意思了，看电视看多了反而会觉得无聊、乏味和孤独，一种怀旧的情绪在民间普遍蔓延。

谈到 2013 年的春节，通渭县平襄镇曹家山村村民曹彦斌说：

> "早先（以前）过年要忙着招呼亲戚朋友、演故事①、听小曲，热闹得很，现在都简单了。现在的三天年，就忙活了一样事情——'吃喝睡'，实在没意思了就出去寻几个人打一下麻将。"②

村民曹强说：

> "今年电视上的节目还是老一套，重播多得很。春节晚会也不好看，过来过去都是那些（熟悉的）演员，节目也没意思，赵本山今年都没上（春晚）。"③

过度迷信现代传媒的技术逻辑与力量是不可取的，但它确实严重冲击了乡土文化的精神气质和生存空间，其"一对多"式的映射传播模式打破了乡土文化以人际传播为纽带缔造的"十字架"传播与传承模式，创造了乡土文化现代媒介语境下的"媒介奇观"。大众传媒遵循现代商业逻辑的运作方式，使得由其造就的大众文化将娱乐主义与消费主义作为重要的精神内核。虽然乡土文化与借由现代传媒传播的大众文化在精神气质和价值逻辑方面存在着相互冲突的地方，但处于现代语境中的乡土文化如果不借助现代传媒技术努力提升自己的审美品格，延展自己的生存空间和传播场域，其自身的精神与审美空间可能会萎缩，以至于坍塌，这是乡土文化面对现代媒介不得不思考与处理的现实悖论之一。

联合国教科文卫组织向全世界推荐的十首世界上最具影响的民歌之一《康定情歌》就是成功化解现实悖论，超越时代而创新发展的典型。《康定情歌》的雏形是流传于四川宣汉一代的一首民歌，后经中国校园歌曲

---

① "耍社火"之意，通渭方言。
② 笔者对曹彦斌的访谈，2012 年 2 月 15 日。
③ 笔者对曹强的访谈，2012 年 2 月 15 日。

的奠基人李依若采用巴山名歌的典型风格"溜溜调",创作出了《康定情歌》的原生态《跑马歌》,在此基础之上,在康定采风的著名音乐家江定仙等最终将其整理并改编成了《康定情歌》。《康定情歌》在此后的岁月里借助现代传媒与科技,逐步唱遍大江南北,唱响了全世界。在20世纪90年代,美国国家太空局曾发射了一颗旨在寻找宇宙中人类知音的人造地球卫星,这颗人造地球卫星上除携带了录制的各种各样的动物鸣叫声与人类语言外,还携带了十首世界上最为经典的名曲,其中一首就是中国民歌《康定情歌》。《康定情歌》也因此成为我国第一首飞向太空的民歌,被人们美誉为"宇宙情歌"。它现已成为四川省康定县的重要文化"名片",它让康定走出了大山,走出了盆地,走出了国门,一定程度上促进了康定当地的旅游经济和社会发展。由于自身传播与发展的需要,《康定情歌》现在主要有四种演唱形式,分别是原生态的"溜溜调"、舞曲、爵士乐和流行版。"西部歌王"王洛宾的作品《在那遥远的地方》《达坂城的姑娘》《掀起你的盖头来》《阿拉木汗》《半个月亮爬上来》《玛依拉》《可爱的一朵玫瑰花》《在银色的月光下》和《青春舞曲》等也是与《康定情歌》一样根据西部民歌重新改编与创作而来,是艺术家民间追寻与创新的结晶。音乐家们赋予了这些已在民间广为传唱的歌曲以现代性的形式和内容,而现代传媒则让这些民歌的文化精神与审美价值得以重新彰显和书写,这极大地延展了它们的传播生命与空间。

当然,当现代传媒挤压着乡土文化的精神价值与生存空间的时候,作为延续了成百上千年的草根文化形态,乡土文化不完全是被动的"他者",乡土社会精神生活空间的破裂也并不意味着文化的彻底消逝。在现代社会中,乡土文化更可能会化整为零,像珍珠一般散落于现代人的集体文化意识之中,幻化为隐形的精神价值,这就是中国文化与身份认同默然而毫不费力便可达成的重要原因。这种隐形的文化精神与文化意识成为现代中国传媒攫取审美内容,开掘文化价值的重要来源,也是现代大众文化需要努力吸吮的营养内核。

现代传媒不仅冲击和挤压了乡土文化的精神价值与生存空间,而且导致了乡土文化"人界、物界、神界"的交流对话方式和人际传播场域的破裂与式微,但同时也为乡土文化的现代传播提供了多样可能性。乡土文化唯有借助现代媒介实现与人的对话,逐步融入现代中国人的生命体系,从而在提升国人现代性方向展现新张力，才能走出传统的窠臼，与现代生产力"共振"，真正实现自身的现代化及其时代价值。总之，面对自身与现代生产力、现代传媒之间的逻辑与现实悖论，乡土文化不得不敞开其精神空间，提升自身的精神意涵，进行现代性发展。就像李依若、王洛宾等人进行的民间追寻那样，当传统与现代之间的对立被彻底打破后，乡土文化就能重拾其生命张力，在商业主义与物质逻辑盛行下的现代中国，找回那个久已模糊的充实、连续和完整的审美空间。

（四）公共空间的私人化

对于公共空间的定义，学界众说纷纭。沃尔泽（Walzer）将其界定为"我们与陌生人，与那些非亲非故的非工作关系的人共享的空间。它是为政治、宗教、商业、运动服务的空间；是和谐共处和非个性化交往的空间"①。卡尔（Carr）则将其视为公共场地，"人们在那里从事功能性的和礼仪性的活动，从而使整个社区凝聚起来，无论是在日常生活的正常活动中，还是在定期的节假日中"②。沃尔泽和卡尔将公共空间看作一种共享空间或公共场地，如文艺活动场、公园、寺庙、广场等，这属于狭义的定义。笔者认为，广义上的公共空间不仅是一个公共性的空间或者地理概念，还应该包括该地理与空间中的人，连同他们在其中进行的信息交流行为、人际关系互动、日常休闲娱乐、集体性的政治、经济和文化等的广泛参与及其活动等，是蕴含着多样性活动与人际联系的、具有群体开放性与公共性特征的社会相互作用的场域。

我国乡土社会中存在着各种各样的公共空间形式，它有可能是前文讲到的庙会戏场，也可能是宗祠与寺庙，还可能是村落附近的打碾场或一片空地，甚至是一个乡村小卖部。这些公共空间是应乡土社会的日常生活功用和人们交流沟通的需求而生，在乡土社会扮演着重要的群体沟通和文化传播的角色。费孝通在《乡土中国》一书中认为，我国传统的乡土社会是血缘与地缘关系维系下的宗法社会，"血缘是稳定的力量。在稳定的社

---

① 转引自［美］阿里·迈达尼普尔《城市空间设计——社会—空间过程的调查研究》，欧阳文、梁海燕、宋树旭译，中国建筑工业出版社 2009 年版，第 146 页。

② 同上。

会中，地缘不过是血缘的投影，不分离的。'生于斯，死于斯'把人和地的因缘固定了"①。"大体上说来，血缘社会是稳定的，缺乏变动；变动得大的社会，也就不易成为血缘社会。"② 在稳定而缺乏大的变动的乡土社会，人们进行信息与文化交流的途径必然是稀缺的，在这种情况下，将公共空间作为集体文化生活与信息交流的平台就成为乡土社会民众的不二选择。在乡土社会的公共空间里，个人的物质与精神需要均得到了满足，文化与情感得到了传播与交流，从而在客观上达到了群体价值、文化意识、身份认同和群体凝聚力的巩固与加强，这是乡土公共空间所具有的独特实用功能。乡土社会公共空间中的人际传播与关系伦理是造就费孝通笔下的"差序格局"与"熟人社会"的重要途径。在"熟人社会"中，人们"以'己'为中心，像石子一般投入水中，和别人所联系成的社会关系，不像团体中的分子一般大家立在一个平面上的，而是像水的波纹一般，一圈圈推出去，愈推愈远，也愈推愈薄"③。反过来，"熟人社会"又为乡土社会公共空间的存在提供了伦理保障与情感支撑。因此，二者相辅相成，谁都离不开谁，无论是"熟人社会"，还是乡土社会的"公共空间"都是借由人际传播与人际关系而联结为整体的。

　　在文章"仪式主导下的狂欢与凝聚"一节中讲到的一般在民居庭院或集体空地演出的"通渭社火"，其实就是公共空间在乡土文化中的一种表现形式。社火从筹备、协调到"出马"演出，人们都是自愿和主动参与的，一摊社火凝聚了一个村庄男女老幼的集体劳动与智慧。虽然没有任何的奖励与报酬，但村民们还是乐在其中，它是一种寄寓民众热烈而朴素的文化追求、宗教热情和社群感情的"中国式狂欢"。在进行社火演出的同时，人们通过互相交流，社会与人际关系得到了协调，人们的文化共识得到了又一次升华和聚合，共同的信仰、价值体系和文化表征使得文化群体具有了强大的凝聚力和向心力。

　　但是，中国社会的快速现代化严重挤压了乡土文化的公共空间，使其逐渐走向萧条与坍缩。造成乡土文化公共空间坍缩的原因很多，但跟前文

---

① 费孝通：《乡土中国》，北京出版社 2005 年版，第 101—102 页。

② 同上书，第 100 页。

③ 同上书，第 34 页。

讲到的造成乡土文化传播与传承模式变迁的原因大致相似，比如市场经济、政治因素、大众传媒与移植文化等的影响。乡土社会是一个"熟人社会"，而市场经济讲求商品的流通和交换，流通与交换意味着人际关系必然要突破"熟人社会"的相对静止性，通过人际的流动与交往使商业价值最大化，这是由市场经济利益逻辑所决定的。这样一来，费孝通先生笔下的"熟人社会"就向"生人社会"全面转型，转型的结果就是人与人之间关系的疏远化，而借由"熟人社会"人际传播与关系伦理所营造出的"公共空间"也将被瓦解。可以说，市场经济环境是造成乡土文化生活公共空间坍缩的一个重要背景。

再次，由社会现代化过程带来的系统性影响，如社会行为方式、思维方式和生活方式等的全面变迁，也是造成乡土文化公共空间萎缩的重要原因。马克斯·韦伯将"现代性"视为"一朵带刺的玫瑰"，认为现代社会中"价值理性"逐渐远去，而"工具理性"却像铁笼一般笼罩着人们的生活，使得人们的生活失去了"灵魂"；哈贝马斯也对现代社会的工具理性取向导致的人的"异化"和"物化"现象进行了严厉批判，认为只有通过"合理交往"才可能化险为夷。中国社会现代化的发展使得人们生活的工具理性色彩逐渐加深，价值理性慢慢消退，传统乡土社会中公共文化空间内的人际交流与情感沟通逐渐减少。调查结果显示，造成通渭乡土艺术与文化式微的一个重要原因是年轻人忙于外出打工，缺少对乡土文化的认知与生命体验，造成乡土文化传播与传承后继无人的局面。乡土文化传播与传承主体的缺失必然导致乡土文化公共空间的坍缩。牛谷河横穿渭县城而过，姜家滩与县城隔河而望。与其他村子一样，姜家滩的村民也喜欢闹社火，村中有很多"社火头"，其中既有六七十岁的老者，也有十七八岁的毛头小伙子。历史上，姜家滩大多数年份会"演故事"，这是村民们农闲时节的一件"大事"，一件"喜事"。但这件"大事"和"喜事"最近几年都泡汤了，原因是参与的人越来越少了。2013年春节期间，姜家滩许多热衷于社火的人在四方奔走，筹措"车马钱粮"，想再组织一次社火，好好娱乐娱乐、放松放松，最后却无果而终，原因不是别的，而是缺人。村民姜星亮有些无奈地说：

"人想热闹一下得很，我说今年'办'（筹办）上一个'故事，

（社火），现在不缺钱么。等到正儿八经'办'的时候，才发现没人。人都走光了，打工的打工，挣钱的挣钱，会唱歌的学生娃娃都开学了。"①

乡土社会向现代化的迈进，使得人们被绑定在了市场经济高速转动的车轮上，传统的"土地神"让位于金钱的魔棒，人们不再有太多的兴趣与闲暇一瞥昔日的"喜事"与"大事"。虽然这不是全部解释，但却是乡土文化空间坍缩的另一重要原因。

除此之外，以电视为代表的现代传媒的普及是乡土文化公共空间萎缩的重要影响因素，它直接导致了乡土文化公共空间私人化。② 根据调查，通渭民间影响力最大的现代媒介主要是电视，它是通渭民众的重要信息来源和休闲娱乐方式。互联网虽然已经逐步走进一些家庭，但由于购置成本和使用技术门槛较高等原因，目前在当地还没有成为主导型媒介。乡土社会公共空间的一个重要特征就是公开性与开放性，它是人们情感交流、人际沟通和文化传播的重要平台。然而，电视等现代媒介"一对多"的映射传播模式打破了乡土社会原有的人际传播场域，使得乡土文化公共空间的功能出现退化。电视凭借"视听合一"的直观性，利用声波和光波信号直接刺激人们的感官，具有强烈的冲击力与感染力。当其以迅雷不及掩耳之势将信息瞬间传达给受众之时，人们的注意力不约而同地被固定在了那个色彩斑斓却又冷冰冰的平面之上。我国城乡电视的普及始于 20 世纪 90 年代，到目前为止，平均普及率已经超过 85%。伴随电视的普及，乡土社会的民众逐渐将更多的闲暇时间花费在了荧屏上，自然而然地，与其他人的交往与交流就相应地减少了，参与公共空间内乡土文化生活的人也就越来越少了。在公共空间变得冷清的同时，一个有趣的新现象出现了，那就是电视逐渐成为家庭关系与家庭生活中重要的一环。茶余饭后，人们会看着电视，或与家人聊天，或就某一电视画面品头论足，电视实质上不仅成为一种新的信息接收方式，而且也变成了一种新的家庭生活方式，它

---

① 笔者对姜星亮的访谈，2013 年 1 月 16 日。
② 部分观点参考自原明明《电视对乡村生活方式变迁的影响研究》，硕士学位论文，西北师范大学，2009 年，第 44—49 页。

在家庭关系的协调与和睦方面扮演着重要角色，这是电视作为媒介的衍发功能。受电视的影响，乡土社会生活原子化，人们各自为战，走向疏远，而乡土文化的公共空间也由于人际关系的疏远而遭遇冷落。"魔弹论"虽然过于夸大了大众传媒的效果与功能，但电视在乡土社会确实产生了魔术一般的影响。一些人选择待在家里观看"精彩纷呈"的电视节目，而丧失了对乡土文化生活的兴趣与热度。以电视为代表的现代传媒自有其优点，它给乡土社会打开了一扇窗，让世界里与世界外相连，但同时也关上了一扇门，使门内与门外阻隔，让借由血缘和地缘维系下的乡土社会扁平化。受现代传媒的影响，越来越多的乡土文化形式在乡土社会的公共空间内留下了空白，对此，我们不需要悲观，只需要努力填补。

二 传统与现代：传播模式的比较

全媒体时代的到来意味着由共时性横轴与历时性竖轴组成的乡土文化"十字架"传播传承模式将会发生巨大变迁，乡土文化在审美方式、传播空间和时间性等方面都将发生严重位移。传统传播模式与现代传播模式，都是乡土文化生存所必需的，缺少任何一方，对乡土文化的发展都是不利的。以互联网为代表的新媒体具有交互性、虚拟性、数字化、即时性和多媒体性等特点，对乡土文化而言，它们的出现既是机遇，又是挑战。机遇是源于现代传媒所具备的传播优势提供给乡土文化的发展机会，挑战是因为其所蕴含着的传播弊端和风险。任何技术，包括传媒技术都是一把双刃剑，优劣利弊全在"舞剑者"，但要舞好这把剑，就需要充分认识它的特点以及可能带来的风险。

第一，现代传播技术钩织出的媒介环境使得乡土文化传播与传承虚拟化、间接化。

诸如通渭小曲等乡土艺术的表演，现场性都非常强，传播与反馈一气呵成，表演者在现场就可以第一时间接收到来自观众的信息反馈。但在全媒体时代，乡土文化实践由于媒介技术的介入而出现了"拟态化"的趋势。李普曼所谓的"拟态环境"不是对客观现实"镜子式"的、全面的和真实的反映，而是与客观现实发生了一定的偏差和位移。乡土文化借助现代传媒的传播客观上在乡土社会营造了一个由乡土文化信息构成的拟态化环境。根据李普曼的理论，如果乡土社会民众是从拟态环境中接收乡土文化信息的，那么，随着信息接收方式的根本性改变，对乡土文化的认知偏差也将在所难免。这种认知偏差表现形式很复杂，但有一点毋庸置疑，即乡土文化传播与审美空间虚拟化、媒介化了。

现代媒介营造出的乡土文化"媒介奇观"是媒介影响文化存在方式的重要表征，也是乡土社会民众文化审美空间的重要"填充物"。媒介象征性信息提示与引导下的文化接受引发的真实社会行为最终会回归并表现于真实的社会环境。在实地调查过程中，笔者发现，很多"学院派"通渭小曲传承者在唱词或唱调方面被认为"不正宗"，主要是由于他们的学习途径——间接的媒介材料造成的。这些受过良好音乐教育的小曲传承者具有扎实的音乐专业知识，他们识曲谱，懂曲调，会演奏，但他们的唱词和唱腔为什么会被当地人认为是"怪怪的""不地道"呢？笔者了解到，这些"学院派"小曲传承者因为平常忙于专业学习与学业，一般没有特别充裕的时间按照传统的方式"拜师学艺"，他们主要是通过自学成才。在自学过程中，他们主要借助录音与录像资料、电视机、互联网和汇编曲谱进行学习，这种通过间接媒介进行学习的方式显然不如传统的"传帮带"形式，即人与人面对面的传习方式来得准确和直接。媒介资料反映出的仅仅是通渭小曲文化信息的绝大部分，但却不是全部，至少通渭小曲中的一些非语言、非文字象征性符号与信息，比如某种眼神的意涵，就不是媒介能够完全涵盖的。这些"不地道"的通渭小曲唱腔在通渭坊间的流传就难免有些"以讹传讹"的味道了。因此，通过现代数字技术包装与处理，乡土文化与艺术虽然得以媒介化生存与艺术化再现，并提供给人们以新的虚拟化审美体验，但其传播空间与传承方式的间接化也是不争的事实。

第二，乡土文化的传统与现代媒介传播模式在时间性方面表现出了巨大差异。

本书的"乡土文化传播与传承模式的流变"部分业已讲到，乡土文化传统传播模式中，传播者与受众一般是面对面地进行传播与反馈的，具有高度双向互动、快速、直接和即时的特点，人际传播特征明显。以通渭小曲为例，表演者与观众、观众与观众在表演现场构成了一个以"人"为纽带的传播系统以及观众与表演者之间进行对话与交流的"即时场域"。小曲演员与观众通常是共时性参与表演过程的，交流与反馈可以在现场第一时间完成，他们共同营造与感受着即时即刻的现场气氛与情景。在舞台之下，观众之间互相交谈，相互影响，在交流中产生共鸣。所以，传统的乡土艺术是以"人—人"为其主要传播模式的，人际传播是具有宰制性的，这个模式包含着乡土社会人与人之间的热闹与温情。

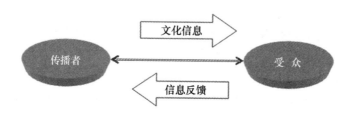

图5—1 乡土文化传统传播模式

现代传媒技术的进步，使乡土文化的呈现方式与传播渠道得到了延展与丰富化。对于受众而言，现代传媒带给他们的是信息接收方式的便利性，人们足不出户便可以欣赏到自己感兴趣的乡土文化媒介信息。但与此同时，无论是乡土文化的数字化与媒介化生存，还是乡土文化的媒介传播，都打破了乡土社会文化传播过程中的人际关系链条。乡土文化传统的"人—人"传播模式被"人—机—人"模式所置换，互动与反馈的"即时与直接"为"滞后与间接"所替代，而其中的"热闹与温情"也被"冷漠与疏远"所取代。

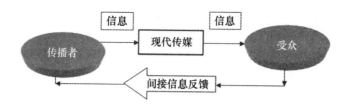

图5—2 乡土文化现代传播模式

　　第三，乡土文化的传统与现代媒介传播模式的差异还表现在审美的"在场"与"非在场"。

　　如前文分析的那样，通渭小曲、影子腔、秦腔等乡土艺术的表演形式具有强烈的现场性。在演出现场，演员与观众构成了一个高度互动的传播主客体间对话的闭合循环系统。在这个系统中，表演者通过精湛的表演感染着观众，观众又以强烈的感情反馈影响着演员。在相互的感染中，表演者获得了职业认同和表演动力，而观众则获得了文化审美与娱乐欲求的满足。如果说由演员与观众之间相互互动营造的"现场性"是由传播主体与传播客体、台上与台下不对称传播关系构筑起来的话，那么，乡土艺术演员与演员、观众与观众之间的相互影响与群体感染，则是一种相对较为平等和随意的现场表现。乡土文化的即时性传播场域是台上与台下、观众与观众、演员与演员之间的交流与互动共同构成的，它是民间共时性传播场域的一个重要组成部分。在这个即时性传播场域中，人际的交流、交谈、品评，连带着审美行为和文化信息蔓延扩散开去，在时间的一致性与群体审美的"场效应"机制作用下，一种传受主客体交互传播与反馈的"共鸣"效应产生了。

　　在实地调查过程中，笔者发现了一个有趣的现象：很多来现场看小曲表演的人却不知道小曲具体的表演内容，还有一些人压根儿不喜欢看，或者根本看不懂。但他们为什么还会来到现场而乐此不疲呢？笔者认为，通渭小曲的群体交往功用是造成这种现象的重要原因。像其他乡土艺术形式一样，通渭小曲也具有娱人乐神的文化功能，但与此同时也给乡土民众提供了一个重要的人际交往与交流的场合与平台。于是，民众来观看小曲演出却不一定是真正来欣赏艺术表演的，其中一部分人是带有其他目的和动机的。有些人或许纯粹为凑热闹而来，有些人是专程来"看人的"。事实上，在过去较为封闭与封建的中国社会，戏场与庙会是很多男女青年私下约会，互诉衷肠的重要场所，就连元宵节的赏花灯活动也是有情人表情达意的重要机会。直到现在，文化的"展演场"仍是社会交往的重要场域，好奇心、图热闹、出风头、表现欲、交往欲和其他动机都可能是凑成这个"文化盛宴"的推手。

　　既然通渭小曲等乡土艺术具有社会交往的文化功用，那么，由其缔造的文化审美体验就更能体现出互动性特征了。人是社会性动物，也是群体性动物，这决定了当人类同处一个文化体验场之时，群体内的感染、交流与互动将不可避免。演员与观众之间的相互感染与交流渲染了一种文化接受的氛围，在喝彩声与鼓掌声的助推下，文化审美空间高潮迭起，这是"人—人"传播模式所能造就的真实现场效应。而在台下，观众与观众之间的交流切磋，更容易引发"共鸣"。当自己的审美体验与其他文化群体成员达成默契之时，个体的文化审美情趣油然而生，审美自信洋溢得"盆满钵满"，这是乡土艺术传统人际传播模式所具有的独特文化"审美在场"效应。

乡土文化的现代媒介传播模式则打破了这种"审美在场"效应，这是由现代媒介的"中介效应"引发的。在现代媒介传播模式中，人的审美过程是原子化、机器化的。通过"人—机—人"的传播方式，人们获得了审美体验，但这种审美体验缺乏温情，产生不了群体共鸣，情感得不到有效的回应与宣泄，属于审美"非在场"的单向式虚拟文化体验。现代传媒带给乡土社会的审美空间与审美体验是均质化、隔离化、原子化和去语境化的。譬如，在乡土社会影响力与覆盖面最大的电视"使用每一个人都能理解的简易编码，使不同社会地位的所有观众都能理解它的信息，从而打破了社会群众之间的界限。通过将人口中不同阶层结合为一体，电视创造了一种单一的观众，一个文化活动场所"①。在社会的高速现代化与城市化的过程中，乡土文化面临着生态性困境，文化精神与审美空间出现了破裂现象，而现代媒介以其技术优势一定程度上填充了文化传统破裂后的空白，带给民众以便利性的审美满足，延展了自我审美的自由度，但审美的"非在场"也让其审美价值大打折扣。即使新媒体有可能营造出虚幻的"共鸣"，但同样不能与真实情景中的情感吐纳与宣泄同日而语。② 以通渭小曲为例，它是一种"想象的审美"，即观众只有通过想象才能最终完成审美建构与体验，其"拿腔捏调"间蕴含着的是有待开掘的文化与思想意涵。通过现代传媒呈现的通渭小曲则非常直观化，它机

---

① 转引自［美］戴安娜·克兰《文化生产：媒体与都市艺术》，赵国新译，译林出版社2001年版，第4页。

② 上述部分观点参考自魏瑶《民间皮影艺术与现代传播技术融合研究》，硕士学位论文，华东师范大学，2010年，第31—33页。

械地复制了通渭小曲的审美方式，这就消解了观众的审美联想，导致了审美氛围与审美意涵的丢失，这是乡土文化现代传媒传播模式的审美局限。

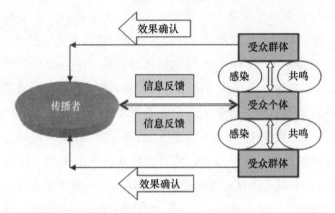

图 5—3 审美"在场"传播模式图

　　总之，现代传媒技术极大地改变了乡土文化传统的生存方式与审美空间，而且也扩大了乡土文化的受众面，使其超越了地方性知识的边界，成为区域文化形象的新塑造者。从此，以前处于相对割裂状态的各种乡土文化有了相互借鉴、相互学习的机会，尤其是以网络为代表的新媒体的蓬勃发展，使得传统大众传媒的单向性文化传播的审美体验有可能被打破，其交互性传播特征有望找回传统大众传媒业已丢却的"审美在场"。在全媒体时代媒介融合趋势愈演愈烈的大背景下，乡土文化借助现代传播技术实现"全媒体生存"，创作出符合时代审美要求的传媒作品，实现从传播上游，再到中游，直至下游的系统化、专业化创新，才能真正拓展受众市场与生存空间。虽然新媒体带给社会的影响及其发展前景至今尚不能定论，但它提供给乡土文化发展的多种可能性同样值得期待。

三　传播模式的"文化后果"

　　乡土文化口耳相传的人际传播模式是人类最古老的信息传播模式，从人类文明诞生的那一天起，它就始终伴随着人类社会发展的进程。在发挥文化信息传播功能的同时，它深刻地影响与塑造了人类文化的品格与内涵，造就了世界多样化的"文化模式"。时至今日，它依然是人类文化传承和延续的重要形式，有着现代媒介所无法取代的文化塑造功能。

有关媒介效果，自 20 世纪 30 年代甚至更早至今已经有了大量的探讨。从媒介与受众过于简单的"刺激—反应"关系出发，认为传播媒介无所不能，甚至可以直接支配受众行为，将受众看作是完全被动客体的唯意志化的"魔弹论"；到 40 年代以"传播流"研究、说服性传播效果研究、"使用与满足论"等为代表全面否定"魔弹论"，认为传播媒介的效果受到各种因素的制约而有些无力的"有限效果论"；70 年代后以"沉默螺旋论""议程设置论""培养理论""知沟论""编码—解码论"等为典型，旨在探索传媒在社会信息环境与现实条件下的长期、综合的"宏观效果论"；再到最近十几年以互联网、自媒体、社会化媒体等为探讨对象的新媒体研究，传媒效果研究经历了漫长而艰难的发展历程，其发展轨迹也显示了人类思维的宿命——极端后的"中庸"。①

大部分传播效果研究基本都是基于这样一个信念：传媒内容及其特点是产生一定传播效果的主导因素，而受众的"媒介使用"只是一个中介因素。在《大众传播模式论》一书中，麦奎尔将这种信念下的传播结果称为"效果"，但"在许多过程中，结果更多的是使用的结果而不是内容特点的结果。媒介活动能排除、防止或减少其他活动，它也可能引起像依赖特殊媒介这样的心理后果。当使用是结果的主要起因时，这种结果被称为'后果'"。② 可以看出，麦奎尔强调了媒介使用本身所能产生的社会意义和社会影响。通常情况下，"媒介结果"的产生是媒介内容与媒介使用两者合力的结果，麦奎尔将其称为"效—后果"。"效—后果"理论给我们的启示是，不同媒介在文化功能上可能是相近的，但其对乡土文化的传播"后果"却可能是完全迥异的，因为具有不同传播"后果"的媒介会造就不同的文化表象和文化品格。

按照麦奎尔的理论，乡土文化人际传播模式与现代传播模式之间肯定会产生不同的"效—后果"，这就关涉乡土文化的传播结局问题。前文已

---

① 参见陈嬿如《心传：传播学理论的新探索》，厦门大学出版社 2010 年版，第 197—205 页。

② ［英］丹尼斯·麦奎尔、［瑞典］斯文·温德尔：《大众传播模式论》，祝建华、武伟译，上海译文出版社 1987 年版，第 112 页。

经讲到，传统乡土文化是一种审美"在场"的文化传播形式，而现代传媒打破了这种"场性"，使得受众之间隔离化、原子化和疏远化。这就造就了乡土文化传统与现代传播方式之间最为显著的两个差异：传者层面的传播路径之差；受众层面的文化接受方式之异。那么，乡土文化人际传播与现代传媒传播方式到底会造成什么样的不同文化"后果"呢？由于乡土社会中使用最普遍、影响力最大的现代传媒依旧是电视，因此，下文还是以电视为现代传媒的主要代表就乡土文化传统与现代的传播方式造成的文化"后果"① 进行分析。

（一）共同意义空间：减小还是扩大？

美国学者米德、布鲁默、西布塔尼、特纳等人提出并逐步完善了"象征性互动理论"②。他们认为，人是具有象征性互动行为的社会动物，象征性互动行为是人类创造灿烂辉煌文化的动力源泉。"象征性互动理论"的核心议题是对以象征符为媒介的人际互动关系进行阐释与研究，"意义""社会互动""解释"是其理论的三个关键词。米德等人认为，只有互动双方具有一定的共同意义空间，他们之间的社会互动与意义交换才有可能达成。"共同的意义空间"既包括对语言、文字意义等的相同或相似理解，也包括较为一致的社会生活经验与文化背景。象征性互动加深的过程就是共同意义空间扩大的过程，共同意义空间扩大意味着互动双方理解的深入，是社会交往与互动的必然结果。每个社会个体之间都存在着异同之处，传播与互动就是为了消灭异见，增加共识。因此，我们可以将乡土文化的传播也看作是获得文化认同、增加群体共识的过程。

传统的乡土文化人际传播本质上是一种特定文化群体内的象征性互动行为，通过社会成员间的长期互动，群体内的共同意义空间最大化，从而造就了一个具有共同价值文化、共同身份认同、共同文化背景的社会群体。人际传播主要依靠面对面的口语传播，这使得文化信息在被传播了无

---

① 部分观点参考自周福岩《民间传承与大众传播》，《民俗研究》1998 年第 3 期。

② 参见［美］米德《心灵、自我和社会》，霍桂桓译，译林出版社 2012 年版；［美］理查德·韦斯特、林恩·H. 特纳：《传播理论导引：分析与应用》（第 2 版），刘海龙译，中国人民大学出版社 2007 年版；郭庆光：《传播学教程》，中国人民大学出版社 1999 年版。

数次后会变得"面目全非"。当乡土文化信息被歪曲得完全陌生的时候，它也就到达了文化群体的边际。乡土文化是具有边际性的地方性知识，它具有自己的生存半径，一旦超过一定的范围，它也就失去了象征性互动的基础——群体共同的意义空间，这就是通渭小曲、影子腔、社火等乡土艺术形式只在一定的区域内流传的原因。乡土文化的人际传播就是对米德理论中"共同意义空间"的创造和"相异意义空间"的克服过程。由于同处一个文化群体，导致互动双方的"共同意义空间"重叠度很高，相异对抗性很小。因此，在传统的乡土文化人际传播模式中，"相异意义空间"的克服不再那么艰难，而"共同意义空间"的创造才是最为重要的。在这个过程中，每个人都充当了"信息编码者"与"信息解码者"的角色。当文化信息超过了特定的群体范围，经过无数次传递而变得"面目全非"的文化信息与另一群体文化之间存在着很大的"相异性"，使得该文化信息的传播不能够再发挥原本的群体文化确立与认同功能，甚至还可能成为拉大彼此间文化差异、引发文化冲突的诱因。在这种情况下，乡土文化的媒介传播就成为标识群体身份与文化差异的标签。

反观以电视为代表的现代传媒，其一对多的共时性、均质化传播模式，打破了依赖人际传播的空间壁垒，直接超越了具有"共同意义空间"的文化群体。面对现代传媒信息，受众是相对"被动"的接收者，他们不再是享有信息编码权利的"把关人"。霍尔将信息传播过程看作是符码的"编码—解码"过程，"符码完全或不完全地传达、中断或系统地扭曲所传达的一切"。霍尔认为，受众对于信息的解读可以分为三种方式：（1）同向解读（preferred reading）——根据讯息原本意义进行解码；（2）妥协式解读（negotiated reading）——对讯息原本意义根据个人理解进行部分解读；（3）对抗式解读（oppositional reading）——对讯息原本意义做出完全相反的解读。与人际传播相比，大众传播是一种不对称、不平等的信息传播方式，"所谓'扭曲'和'误解'恰恰因传播交流的双方缺乏对等性而产生"①。编码者与解码者之间不对称的关系与地位决定了"误读"与"理解"的程度。受众解码方式的千差万别，使得现代传播既

---

①　[英]斯图亚特·霍尔：《编码，解码》，罗钢、刘象愚编：《文化研究读本》，中国社会科学出版社2000年版，第348—349页。

有可能是"共同意义空间"的缔造者，也可能是维系者，还可能是瓦解者。现代传播也因此不再必定具有克服"相异意义空间"，扩大"共同意义空间"的文化功能。由于现代传媒是按照都市与商业逻辑进行产品生产的，因此，其信息必然是与乡土社会具有较大"相异意义空间"的。在传受双方媒介象征性互动过程中，现代媒介扮演了合法"代理人"的角色，受众与信息间较差的共同意义空间"契合度"必然会成为全媒体语境下新乡村文化建设的一道天然屏障。

（二）情感定势与文化模式

霍尔在信息传播的"编码—解码"模式中认为，传播者编码与受众解码的"符码"是存在一定程度的不对称的，"对称的程度——即在传达交流中'理解'和'误解'的程度——依赖于'人格化'、编码者—生产者和解码者—接收者所处的位置之间建立的对称/不对称（对等关系）的程度"[①]。乡土戏曲的每个表演者均具有与众不同的"人格"。"人格"（personality），又称为个性，是个体所具有的特定特质模式和行为倾向的统一体，包括个人的性格、气质、能力、名誉、品质、品德、良心以及由此而形成的尊严和魅力等。现代传媒与人际传播在"人格"因素方面表现出了巨大差异，这深刻影响了乡土戏曲的传播实践及其效果。

在乡土文化的传播实践中，"人格"因素是影响文化信息能否顺利到达文化接受者，并实际发挥作用的重要影响因子。通渭小曲通常是农闲时分在农家庭院或公共场地进行"地摊"清唱和表演。表演过程中，观众不仅仅是通过观看实际的现场表演进行文化信息的处理与吸收，其文化审美过程通常还会掺加进各种情感因素，这其中非常重要的一种就是对表演者个人素质与人格因素的评价。在通渭小曲的演出场内如此，而在演出场外的传播与传承过程中"人格"因素或许影响力更为巨大。所以，在乡土社会中，通渭小曲的"明星们"有那么多的"粉丝"和"慕名而来者"不仅仅是因为人们对文化的热衷，事实上还包含着一种对"明星们"的人格情感。在民间，"志趣相投"成为文化信息传播与交流发生的重要

---

① ［英］斯图亚特·霍尔：《编码，解码》，罗钢、刘象愚编：《文化研究读本》，中国社会科学出版社 2000 年版，第 348 页。

前提，很难想象，两个人格相异甚至相斥的人会顺利展开文化的交流。

因此，传统乡土文化的审美空间是由情感和"人格"因素参与构建起来的认知定势，依据这种认知定势，人们判断文化信息的可靠性及其审美价值。这种认知定势外在表现为一种文化行为，内在表现为一种文化意识与情感，它是由人际传播在一定的社会群体内借由情感与"人格"判断而建立的。这种情感定势的广泛传播，造就了具有共同文化意识与审美取向的文化群体，而文化群体的存在又反过来强化了这种文化意识与审美取向，为文化群体成员提供了认知、态度和行为等多维度的意见参考。当文化成员的认知、情感、态度和行为与该文化群体的情感定势与审美取向相左时，个体可能会由于群体压力而进行自我修正，或者保持沉默，以保持"认知协调"，避免被其他成员孤立，这事实上就是一种文化模式所具有的群体规范性与约束力的具体表现。情感定势与审美取向实质上是对群体人格的一种概括，是传播造就的文化"结果"。

与乡土文化人际传播不同的是，现代传媒不是人与人面对面进行文化信息交流与传播的。面对冷漠的机器，传统乡土文化传播模式中的"人格"因素与情感定势完全被忽视，人们不再能够对乡土文化信息基于"人格"与"情感"变量进行判断。如果说传统乡土文化人际传播方式是文化个体审美能力提升、道德升华和社会化的重要途径的话，那么，现代传媒因素的介入就打断了这个途径，使得文化个体不再有机会进行伦理道德与精神审美能力的攀升。

尼尔·波兹曼对电视媒介影响下的文化蜕变现象进行过批判。在《童年的消逝》一书中，波兹曼认为，电视的匀质化传播使得儿童与成人的符号世界在文化特征上日趋统一，这就造成了"童年的消逝"现象。波兹曼所谓的"童年的消逝"反过来讲，其实是对"成年的消逝"的哀叹。儿童与成人合二为一的电视文化是社会文化"孩子化""幼稚化""娱乐化"和"肤浅化"的蜕变转向。① 现代传媒通过技术优势播散"非人格化"信息让乡土社会民众失去了依据"人格"与"情感"定势塑造文化共识的机会，从而成为接受机械化、大众化和肤浅化媒介信息的"被动"客体。虽然用"被动"来形容受众有些言过其实，但全媒体时代

---

① 参见［美］尼尔·波兹曼《童年的消逝》，吴燕莚译，广西师范大学出版社 2004 年版。

的受众只能以实际态度和行为"回绝"或拒绝传媒信息，而不能逃离媒介信息环境本身。从这个意义上来说，"被动"是实实在在的。

"人—机—人"单向度的被动信息接收模式让乡土社会文化的"人格"与"情感"因子的影响力大为减弱，以电视为代表的现代传媒的传播模式，通过瓦解乡土社会情感定势与审美取向形成基础的方式，实现了对乡土社会文化模式的全面入侵与蚕食。通过量贩式兜售匀质化、肤浅化的媒介信息，大众传媒营造了另一种完全有别于乡土文化的非人格化的文化模式——大众文化，这又是媒介传播模式所导致的文化"后果"的一种重要表现。在具体的文化实践中，比如新乡村文化的建设中，对于媒介的不同文化"后果"需要认真考量。

（三）传播"后果"与文化品格

乡土文化人际传播方式不仅造就了"人格化"的群体情感定势和文化模式，也由于人与人之间的互动，黏合了人与人之间的情感力量，使文化个体具有了人际与精神的归属感。乡土文化传播不再是一种纯粹而简单的文化信息在乡土社会的流通，而是具有"人格"的文化模式的缔造者。从人际关系角度来看，乡土文化传播实质上已经超越了文化信息本身而具有人际调适和关系互动的媒介功能。在现实生活中，通渭人就是借助通渭小曲等乡土艺术进行娱乐活动和人际交往的。在雨雪农闲或三五月明之际，三五爱好者或一二十人凑在一起，拨弦弄琴，碰铃打瓦唱将起来；有可贺之事或遇庙会佳节就演唱同乐；甚至人在困乏、失意、孤单时也会不自觉地哼唱起来。在社会经济欠发达的西部小城，小曲依旧是人们驱散阴霾、共享欢乐、凝结民心士气的最简单最有效的方式之一。这种精神文化生活方式是以人际传播作为媒介的，它是一种文化传播历程，但同时它也建构了乡土文化品格，是文化与传播"同构"关系的现实演绎。

与此同时，以电视为代表的现代传媒具有传播速度快、覆盖面广、可复制性强、保真性高等技术特点，具有一些人际传播无可比拟的媒介功能，因而对乡土文化传统的传播模式造成了巨大冲击。但因为它产生于社会工业化的浪潮，因此，由其产生的文化就与传统的乡土文化在品格方面有很大差别。当我们将目光投向麦奎尔所谓的文化"后果"的时候就会发现，借由大众传媒传递的大众文化是割裂人际关联的"非人格化"和省略化信息，它简单抽取了一些与大众传媒逻辑相符并能够进入技术处理环节的信息，而对乡土文化中的人格因素、情感因子、人际文化背景等予以忽视。这种状况造成的结果就是，大众传媒传递的是符合技术逻辑与要求的信息，是一种简单化、机械化和匀质化的文化片段，而形成群体文化认同不可或缺的文化语境、情感参与、人际交往等因素在其中则集体失语，这使得借由其传播的大众文化难免具有物质化、庸俗化、功利化和单一化的特征。

现代传媒"去语境化""去人格化"的特点使得乡土社会民众的文化实践参与度大大降低，这种情况导致的直接不良后果是乡土文化价值认同与身份认同等社会化功能效果的减弱，对文化个体而言意味着自身文化审美能力要求的大大提高，因为没有任何的文化可以仅仅停留在"拟态环境"中就能真正转化为个体的文化意识。媒介是工具，当中介工具不再与文化实践直接对接，文化参与就显得尤为艰难了，此时，文化实践也就具有了工具理性色彩。面对疾风骤雨般的现代媒介信息，人们囿于媒介所营造的信息谜团，而将真正的文化追求抛之脑后，价值择取的缺位，一定程度上会导致信息全盘接受的鲁莽行为。"知识"的媒介索取代替了文化追求，这是文化生活方式的一种倒退。"'大众'，就其成分来说，是一个含糊、游移无定、人为、多变的概念。'大众'的成分不同于本土的民众，它由各式各样的人组成。"① 站在媒介内容生产者的角度来看，众口难调的受众逼迫他们不得不尽其所能生产出迎合广泛大众口味的媒介产品。当迎合大众成为一种必然逻辑，文化品格就不可能走在高端，而只能是向下拉平、拉齐，走向平庸在所难免。加之现代传媒信息复制与量产的惊人能力，使得缺乏文化参与和审美实践的文化产品能够被快速地制作出来，这客观上放大了大众文化的不良文化"后果"。

乡土文化传统与现代的传播模式具有迥然不同的文化建构力，这深刻影响了借由它们产生的文化形式的品格。在《个体文化与大众文化》一书中，路易·多洛认为，大众文化"并不具备民间文化的真实性。和民间文

---

① ［法］路易·多洛：《个体文化与大众文化》，黄建华译，上海人民出版社1987年版，第87页。

化相反，它不是创造性的，而是传播性和倍增性的"①。如果对现代传媒主导下产生的"文化工业"和"文化产业"存有片面的认知，在乡土文化传播中过分注重商业与经济因素，而忽视其自身的文化价值与功能，就可能导致乡土文化虚假繁荣的"海市蜃楼"和文化价值精髓的丢失。

诚然，不同的传播模式能够塑造不同的文化品格，这是麦奎尔所谓的文化传播的"后果"问题，它不仅重要，而且不易被人发觉。笔者不否认现代传媒的优点，但却对现代传播的不良文化"后果"抱有警惕。现代传媒是现代化的产物，在现代化语境中，不管是乡土文化的媒介化生存，还是乡土文化的"媒介奇观"，都不能背离文化的核心精神和价值初衷，把握住这一原则，一切问题都是浮云。不管是传统模式，还是现代方式，都有其优劣，孰优孰劣，全在于人的媒介使用。因此，新乡村建设语境中的乡土文化传播与传承，只有扬各媒介之长，避各家之短，充分实现"媒介调和"，才能收获最优化的全媒体传播"文化后果"。

四　与现代媒介相融共生

在当今的中国乡土社会，电视依旧是影响力最大、覆盖面最广、最有话语权的大众媒介。在以电视等现代媒介为载体的大众文化严重侵蚀着乡土文化审美空间的同时，现代媒介也为乡土文化提供了传播空间扩大化的可能性。以电视为例，它改变了人类的时空观，给不同的文化提供了交流与分享的便利，在拓展乡土文化传播空间与受众面的同时，也改变了乡土文化的主体呈现方式与客体感知方式。正如前文所言，现代媒介是一把双刃剑，它带给乡土文化的既有挑战，也有机遇。电视等现代媒介产生于工业文明之中，与产生于传统农耕文明的乡土文化在诞生背景上存在巨大差异，这使得现代媒介与乡土文化天生具有一些不相协调的地方。然而，现代媒介的现实影响力令人刮目相看，这是乡土文化在现代语境下无法回避的时代背景。因此，通过媒介"调和"，实现与现代媒介的相融和"共生"，达到传播创新，是乡土文化生命涅槃的必须和必由之路。下面主要

---

① ［法］路易·多洛：《个体文化与大众文化》，黄建华译，上海人民出版社1987年版，第87页。

以在乡土社会影响力最大的电视媒介为主要对象，就乡土文化的媒介调和与共生问题①进行分析和探讨。

第一，乡土文化媒介传播的"众声喧哗"与主体融合创新。

乡土文化是具有突出草根性特征的区域性文化，本质上是一种地方性知识。我国地理条件和历史发展脉络的复杂性造就了乡土社会五彩缤纷的文化形式。在传统乡土社会中，由于传播手段的局限与约束，乡土文化只能在特定的文化群体范围内进行传播，而与其他文化形式交流的机会与频次较少。现代传媒冲破了时间与空间所钩织出的文化"牢笼"，让乡土文化有了在互相学习与交流中实现创新发展的机会。马克思在《共产党宣言》一文中说："过去那种地方的和民族的自给自足和闭关自守状态，被各民族的各方面的互相往来和各方面的互相依赖所代替了。物质的生产是如此，精神的生产也是如此。各民族的精神产品成了公共的财产。"② 对现代媒介而言，成为"公共财产"的乡土文化不仅可以充实节目内容，吸引跨区域受众的审美视线，而且也是其发挥社会文化"促进器"和"增殖器"功能的重要方式。

作为有社会责任感的现代传媒，为不同形制的乡土文化提供交流与学习的舞台是其内在整合作用的具体表现，同时也为自身节目内容"逃离"狭窄区域性创造了条件。五彩斑斓、异彩纷呈的乡土文化是中华文化的衍生品，它们虽然在具体的文化形制和呈现方式上存在较大差异，但在精神内核和文化气质方面却具有很多共同点，这些共同点反映出的是广大乡土社会民众普适的精神心理和审美需求。以通渭小曲为例，它就是在西北地区广为流传的"大戏"——秦腔的影响下诞生的。通渭小曲在其历史发展进程中综合吸收了很多秦腔成分，其唱腔、唱词、乐器、化妆等都全面借鉴了秦腔表演艺术，就连其经典曲目（如《李彦贵卖水》《张连卖布》《梅降雪》等）的故事情节都源自秦腔。这种衍生关系必然造就了通渭小曲与秦腔之间在精神内核与审美价值方面具有很多共同性，这种现象在中华文化系统内是普遍存在的。乡土文化在内在精神核心与文化气质方面所

---

① 部分观点参考自陈再红《试论电视媒介与民间文化的相融与共生》，《北京青年政治学院学报》2009 年第 4 期。

② 《马克思恩格斯选集》（第 1 卷），人民出版社 1972 年版，第 254—255 页。

具有的共同性为现代传媒发挥审美整合功能扫清了障碍，让具有明显地域特征的乡土文化的现代传播具有了审美普适性。借助现代媒介搭建的平台，不同形制的乡土文化通过相互交流和借鉴学习，可以进一步提升精神内涵与文化品格，这是乡土文化本体实现融合传播创新的又一重要方式。

第二，乡土文化的科学化传播与媒介效果创新。

乡土文化传统传播方式依赖口耳相传的人际传播，这与电视等现代媒介的传播特点有着巨大差异。因此，乡土文化的现代媒介传播需要遵循媒介技术逻辑和规律进行创造性加工与改造，这样才能达到乡土文化媒介传播效果的最优化。这就意味着创作主体不仅要具有乡土文化素养，也要具备充分的媒介素养。创作者不仅需要对现代媒介的传播特性与规律有深入的把握，还需要对乡土文化有深刻的理解与审美认知，这样才能将乡土文化以现代方式做最优化的技术处理，将两者融合得合情合理、丝丝入扣，这是实现乡土文化科学化传播与效果创新所必备的。在现代媒介时代，乡土文化传统的人际传播方式让渡给了机器传播方式，并由此带来了一系列的不良后果（例如：审美"场效应"的流失）。因此，实现乡土文化在现代媒介时代的科学化传播与效果创新，需要努力做到以下几点：

首先，要努力挽回从真实空间到媒介空间转换所造成的"场效应"流失。乡土文化是仪式主导下的"狂欢场"，其传播空间是借由人际传播和口语传播填充丰满的，而电视等现代媒介"人—机—人"的传播模式打破了这种"场效应"。在镜头的推拉位移之间，审美"在场"被驱逐于画面之外，这是现代媒介的技术宿命。无论是力图真实记录与还原的纪录片，还是乡土文化舞台化表演的转播，都无法完全复制传统文化空间中集体分享和狂欢的审美精神。电视等现代媒介也只有尽可能地让"互动"与"参与"元素加入到传播环节中来（例如，加入对传承人的采访、邀请观众亲身体验、增加与受众的转播互动等方式），才能部分地找回流失了的现场"共鸣"和"场效应"。

最近几年，有一些乡土戏曲文化节目在电视转播过程中取得了不错的成绩，例如，《梨园春》创下了25%左右的平均收视率，长期雄踞河南卫视龙虎榜首位。《梨园春》栏目是河南卫视为化解中原传统戏曲——豫剧的生存危机，以弘扬传统豫剧文化为主旨，于1994年10月创办的一档全国性大型电视戏曲综艺类节目。这档节目以传统戏曲为内容依托，巧妙地将戏曲与电视传媒有机融合，创造性地实现了戏曲与电视媒介的联姻，书写了民族文化现代传播的"梨园春现象"。

据央视—索福瑞调查数据显示，最近几年，《梨园春》创下了 25 %左右的平均收视率，目前已成为河南卫视观众最喜爱、收视率最高的节目。[①] 据粗略统计，《梨园春》每期节目的固定收视人数约为 1 亿，综合收视人数约为 3 亿，成为该频道名副其实的名牌栏目。《梨园春》的繁荣让我们看到了乡土艺术现代传播的乐观前景，但殊不知它也经历了坎坷的发展历程。

在栏目创办之初，《梨园春》节目形式与内容均比较稚嫩和单一，收视率也不高。直到 1999 年进行了大改版后，《梨园春》才迎来了发展的春天。1999 年《梨园春》大改版最为成功之处在于通过推出平民色彩浓厚的"戏迷擂台赛"环节增加了互动元素，从而充分调动了民众参与节目的积极性，满足了观众的审美期待。"戏迷擂台赛""普通人攻擂、普通人打擂、普通人打分"的参与规则让观众与节目的距离无限地被拉近，各行各业的普通老百姓均踊跃参加节目，纷纷报名登台打擂，年少者有稚气未脱的儿童，年长者有白发苍苍的耄耋老翁。"戏迷擂台赛"环节的引入一改传统电视文艺节目传播者"唯我独尊"的强势姿态，转而与观众融为一体创造性地进行民族文化传播，客观上增加了节目的真实感和"场效应"。从传播学角度来看，《梨园春》栏目中"戏迷擂台赛"等环节充分考虑了受众需求与欣赏心理，以受众参与节目的方式复制了传统乡土文化集体分享和狂欢的审美精神，打破了"你演我看"的常规电视文艺节目传播方式，这是《梨园春》成就品牌栏目的重要原因。

除此之外，《梨园春》还利用新媒体与观众直播互动，通过栏目所开设的"网络论坛"使全国观众能够跨越时空障碍直接参与互动和交流，在当地营造出了"一时人人说戏"的壮丽景象。[②] 客观来说，《梨园春》就像是一所戏曲学院，在培养观众的戏曲素养，传播普及戏曲文化方面

---

① 梨园春戏曲网：《河南卫视梨园春栏目简介》，http：//www.liyuanchun8.com/lyc_news/53.htm，2010 年 2 月 23 日。

② 参见张艳红《论河南地方戏曲的繁荣与发展——来自"梨园春现象"的思考》，硕士学位论文，河南大学，2007 年；王志华《河南卫视〈梨园春〉的栏目特色研究》，硕士学位论文，河北大学，2010 年。

"厥功至伟"。

其次，增加接近性与兴趣点。大众传媒匀质化、单调化的信息内容总是为人所诟病，借由其传播的乡土文化信息也会存在互动性不强、民众参与度不高等缺点。因此，增加乡土文化大众传播中的趣味性是取得良好传播效果、吸引受众参与的重要方式，这可以通过增加内容接近性和兴趣点的方式部分实现。增加接近性意味着让现代媒介内容包含更多的贴近民众生活的信息，这有助于调动观众观看节目的积极性。比如，通渭地方电视台在《通渭新闻》和《印象通渭》栏目中常常会报道或播放有关通渭社火的内容。据笔者观察，人们对这类节目观看兴趣很高，常常是一经播出，大家立刻会互相催促提醒着收看，而且这类节目还会成为人们茶余饭后的重要谈论话题。为什么会出现这样的情形呢？笔者认为，主要是因为电视节目中的社火表演内容与当地民众有切身的联系，它符合信息传播的"接近性"原则。对通渭民众而言，这些电视节目中的社火表演或是邻村的，或是朋友参与的，有的甚至是自己亲身参与和组织演出的。"接近性"促发的观看兴趣使这类节目产生了强大的"吸睛力"，甚至具有了文化生活的"议程设置"功能。因此，减少匀质化和简单重复性的内容，通过邀请当地文化传承人和嘉宾参与节目，为观众参与创造更多的机会，尽力增加媒介信息内容的贴近性，是实现乡土文化媒介传播效果创新之细微但却重要的创作原则。

再次，进行场景的多维切换，实现立体化传播。电视等现代传媒能够提供给乡土文化以媒介化与数字化生存的条件，借助现代传媒，乡土文化能够以资料形式永久性地得以保存和保护，从而避免了乡土文化传统人际传播模式短暂性、一次性传播的缺陷。乡土文化是在乡土社会复杂生活语境中生存与发展的，其"语境化"的特征决定了无论是进行媒介传播，还是以资料形式进行保护和保存，都需要充分考虑乡土文化赖以存在的生活语境和场景并进行立体化传播。立体化传播意味着不仅要展现乡土文化本身的面貌，还要搭建乡土文化展演的舞台，更要搜集、整理、挖掘和传播乡土文化存在与发展所必需的语境化和背景化资料。从平面化的节目，到立体化的舞台，再到生活化的社会背景，传播实现了多维空间的穿越。三度空间的转换让一个更加真实、更加全面、更加立体的乡土文化展现在了观众的面前，这无论是对节目的传播效果，还是乡土文化资料数据库的丰满，都具有重要意义。

《我们的节日——中华长歌行》是央视主办的一档旨在宣传弘扬中华民族优秀传统节日文化的大型电视文化栏目，是一档突出思乡、念家、爱国、恋土、孝亲、敬人等一系列大爱之情主题的专题片。该栏目自 2009年开办以来，已在全国各地成功录制了以春节、元宵节、清明节、端午节、中秋节等传统节日文化历史与现状为主题的多期节目，并在央视综合（CCTV - 1）、科教（CCTV - 10）、中文国际（CCTV - 4）等频道向国内和国外观众播出，取得了良好的收视效果，被誉为一台高洁佳美、悦目爽心的"文化春晚"①。

该栏目取得成功的原因之一就是它综合运用了镜头真实记录、文化专家访谈、背景资料介绍、舞蹈与声乐等不同的语境化表现元素，给观众以立体化的真实文化体验。为了加强节目的原创性，突出节日文化的地域性特点，央视社教中心文化专题部派出了十多个共百余人参与的摄制组分别在广东、四川、江苏、湖南、河北等地展开跟踪性实景拍摄。在时间紧、任务重的情况下，他们克服了重重困难深入社区、街道、乡镇、景点等文化实践第一线进行节目的拍摄和录制。为了扩大观众的参与面，把节目办成群众性、有创意的文化盛宴，栏目组还面向广大观众征集了与节目相关的好素材、好创意和好诗文，同时还募集了民间文化节目表演志愿者。因此，它的吸引力离不开节目组对传统节日文化内涵和精神实质的充分挖掘，更离不开对民间文化背景和社会语境资料的实地性考察。

第三，乡土文化传播的现代意识与受众策略创新

中国现代化理论研究的开拓者罗荣渠将现代化概念分为广义与狭义两种，在其广义的概念中，他将现代化看作是由传统农业社会向现代工业社会的大转变过程。除了罗荣渠，世界上很多著名学者都将"工业化"看作现代化过程的一个典型特征，这个特征也伴随着当今中国社会的发展历程。前文讲到，乡土文化产生于中国农耕文明之中，是具有泥土芬芳并与农耕文化生态紧密相连的传统民间文化形式。中国传统的以农业历法为依据制定的节日节气、礼仪庆典和宗教活动等都是其生存和发展的依托和载体。但是，工业主义在当今中国社会的盛行，使乡土文化存在的根基——农耕文化受到了严重冲击。生存生态和依托载体的变迁让乡土文化不得不

---

①　参见央视网《中华长歌行》栏目介绍，http://tv.cntv.cn/videoset/C23609。

自我转型，这种转型是阵痛的、艰难的，但却是前途攸关的。"变则新，不变则腐；变则活，不变则板。"因此，全媒体环境下乡土文化要适应时代变迁，实现传播创新，就要引入现代传播意识。站在媒介的立场，积极引入现代传播理念，立足于受众本位，是乡土文化传播现代意识的体现。

全媒体环境下的乡土文化现代传播意识意味着乡土文化不能仅仅局限于保护与传播固有的传统，而更要以积极的态度和崭新的姿态适应时代变迁。否则，滞后于时代的、僵化呆板的乡土文化将会失去传播"活性"，迟早要被人们遗忘于历史的偏僻角落。站在媒介的立场，'积极引入现代传播理念，立足于受众本位，是乡土文化传播现代意识的具体体现。现代传播意识不仅涉及乡土文化的媒介包装、媒介加工和媒介呈现等技术问题，也涉及传播理念问题。乡土文化现代传播的终极目标是要服务现代受众，而现代受众与传统受众在价值观、心理特征、生活环境等方面的差异决定了乡土文化现代传播必须充分把握现代受众的心理和特点，这是乡土文化与现代媒介能否相融与共生的关键，它关系到乡土文化媒介化生存的命运与前景。

作为现代媒介，准确定位受众，采取恰当的、符合时代要求的受众传播策略是乡土文化媒介内容能否取得最终传播效果的关键所在。在这一点上，河南卫视《梨园春》节目给了我们很多启发，值得我们借鉴和思考。除了增加上文所述及的互动性与参与性，《梨园春》节目的成功还与准确而恰当的受众定位密不可分。通过增加戏曲歌、擂台赛、综艺戏曲节目等具有现代元素的环节，《梨园春》赢得了青少年观众的青睐；通过名家名段、地方戏曲选段等传统节目，成功留住了中老年观众的目光。《梨园春》的聪明之处在于，通过准确的受众定位，并采取合理的节目传播策略，尽可能地扩大了节目受众的群体范围，在维系和保有核心受众规模的同时，发展了一大批潜在和边缘的受众群体，尤其是节目观众中青少年比例的增加，更是给传统乡土文化式微背景下的古老戏曲注入了新的希望。

据《梨园春》栏目统计，2005 年到 2009 年这五年时间中，该栏目 4

岁到 14 岁少年儿童观众的比例达到了令人欣喜的 16.6%。① 可以说，对不同年龄段观众的"分众化"传播策略是《梨园春》取得成功的重要原因之一，因此，树立受众意识、找准受众定位，创新受众传播策略，是乡土文化媒介传播取得成功的关键因素之一。既有对受众心理需求的准确把握和考量，又有时代元素的填充，何愁节目不精彩。以现代意识作为乡土文化媒介传播的宗旨，既是现代传媒实现传播目的的重要保障，也是乡土文化与现代媒介相融共生的根本法则。

在谈及传播在社会发展中的作用时，罗杰斯认为，传统的人际传播和当今的大众传媒两者之间具有很强的互补性，因此，既可以利用传统媒介传递现代化的信息，也可以利用大众媒介传播传统节目。② 乡土文化的时代困境在于传播创新的困局，乡土文化现代传播只有"尊古"而不"泥古"，与时俱进地引入现代元素与现代意识，赢得现代受众的认可与喜爱，才能实现与现代传播手段的充分融合而获得重生，到那时其遭遇的文化困境也许会自动解围。

五 媒介文化——新乡村的建设者

媒介技术与乡土文化融合而产生的"媒介文化"具有强大的文化建构力，由于精神文化是新乡村建设的核心，这就让"媒介文化"在新时代舞台有了发挥文化整合与文化建构的机会。在探讨媒介文化的文化建构与整合功能之前，有必要先对其概念做一简要回顾与说明。

媒介文化的概念很复杂，截至目前，还没有一个为学界所公认的统一概念。凯尔纳在其代表作《媒体文化》一书中写道："'媒介文化'一词既意味着文化工业的产品所具有的性质和形式（即文化），也表明了它们的制作和发行的模式（即媒介技术和产业）。"③ 张国良认为，"所谓媒介

---

① 王志华：《河南卫视〈梨园春〉的栏目特色研究》，硕士学位论文，河北大学，2010 年，第 6 页。

② Everett M. Rogers, "Communication in Development", *The Annals of the American Academy of Political and Social Science*, *The Information Revolution*, Vol. 412, March 1974, pp. 44 – 54.

③ ［美］道格拉斯·凯尔纳：《媒体文化——介于现代与后现代之间的文化研究、认同性与政治》，丁宁译，商务印书馆 2004 年版，第 60 页。

文化，顾名思义就是大众媒介所生产的文化产品及其意蕴乃至样式"①。
秦志希认为，"所谓媒介文化，就是媒介产品所表征的意义及其受众的解
读，它包含着从文化产品的生产、文本的呈现到文本的接收、运用这样一
个过程。这实际上就是文化视域的媒介传播的一个既封闭而又开放的循环
往复的过程，它几乎无所不包。媒介文化的两端深植于社会的土壤之
中"②。显然，上面三位学者把媒介文化主要看作是文化产品及其生产和
传播过程。

　　除此之外，还有学者把媒介文化看作是大众传媒时代人们的生活方式
和亚文化系统。戴元光、邵培仁等人认为，媒介文化是"在社会总体文
化体系中，以媒介影响人的方式为主要原因而构成的亚文化系统"③。持
此观点者还有童兵教授。孙聚成则将媒介文化看作是"媒介传播过程中
制造的文化效果，是媒介社会结构与制度的综合反映，具有改变人类社会
实践的价值功能"④。媒介文化是复杂的，就像是文化概念一样，任何试
图对其进行"完美"理论概括与界定的行为都是徒劳的，但综合来说，
它无外乎包括两个层面：（1）文化的媒介加工、制作与传播，即媒介化
的文化；（2）媒介及其传播活动所产生的生活方式和文化形态，即媒介
式的文化。本节的论述主要侧重于媒介文化的第一层面，即媒介化的乡土
文化。

　　现代传媒对文化转型与文化变迁具有深远的影响，现代文化的深层结
构不仅隐现出媒介化的特征，而且现代文化本身经由现代传媒传播与积
淀，形成了蔚为壮观的文化"媒介奇观"。"媒介化的文化"和"媒介式
的文化"都彰显出现代传媒的文化建构力，以及它作为文化传播装置所
具有的巨大聚合力和推动力。那么从传播学和文化学的角度来看，乡土媒
介文化对新乡村的文化建构作用又体现在哪些方面呢？

　　第一，媒介文化文本结构是"多声部"和"众声喧哗"的，其"聚
合"与"倍增"效应延展了新乡村建设的文化空间。

---

①　张国良：《新闻媒介与社会》，上海人民出版社 2001 年版，第 87 页。

②　武汉大学新闻传播研究所：《"传媒文化研究"笔谈》，《武汉大学学报》（人文科学版）
2005 年第 4 期。

③　戴元光、邵培仁、龚炜：《传播学原理与应用》，兰州大学出版社 1988 年版，第 242 页。

④　孙聚成：《信息力——新闻传播与国家发展》，人民出版社 2006 年版，第 367 页。

随着媒介技术的发展，媒介融合的趋势越来越引人注目，报纸、广播、电视、网络、手机等多种媒介逐渐跨越技术与行业壁垒而"聚合"发展，全媒体的传播格局已然形成。技术的多媒体化和行业的跨媒体化产生的信息传播"聚合效应"为乡土文化的全媒体传播提供了可靠的技术与现实基础。现代传媒具有传播速度快、覆盖面广、倍增性强等特征，它改变了人类信息传播的时间观与空间观，世界的面貌也因此而改头换面为麦克卢汉笔下的"地球村"形态。借助现代媒介的扩张性和"倍增效应"，乡土文化的传播空间势必会得到极大延展，这也客观上丰富和延展了乡土社会的文化空间。

与此同时，媒介式乡土文化由于其文本与话语系统的杂糅性，以及其所遵循的现代媒介与商业逻辑，使得它关涉不同文化符号、不同话语体系、不同媒介话语与技术系统之间的组合与拼贴，这就造成了其文本的"多声部"和"众声喧哗"，具有非常明显的"非中心化"的多元共生特征。作为重要的传播信道，现代媒介为文化的呈现提供了越来越多的可能方式，对于不同文化的兼容性也在逐渐增强。这是一个多元文化、多元价值融合与争鸣的时代，是丹尼尔·贝尔所谓的"同时信奉多种神祇的混杂状态"，诸如豫剧、秦腔、黄梅戏等乡土文化形式都可以在现代媒介那里找到属于自己的位置。这种"混杂状态"为新农村建设开辟了巨大的文化发展空间，以前那种相对割裂的、隔离的和自我存在的状态或许能够被打破，取而代之的是一种全新的借由现代媒介"聚合"而成的全新文化形制，这又是对乡土社会文化空间与形式的一种拓展。

第二，文化自觉意识下的"主体"和"他者"再现。

在费孝通的"文化自觉论"中，"各美其美，美人之美，美美与共，天下大同"的十六字方针是其简练概括与思想浓缩。"各美其美，美人之美"意味着首先要有文化主体意识和自知之明；"美美与共，天下大同"意味着文化需要在交流中互相学习、互相借鉴，这样才能实现自身的创新与发展，实现文化的价值意义。费孝通在"文化自觉论"中强调的文化创新发展的自觉意识和自知之明都是文化"主体意识"的表现，但他同时也强调了"主体"之外的文化"客体"之于"主体"文化发展的重要性，即"他者"文化对于"主体"文化的建构性。诚如鲁迅所言："明哲之士，必洞达世界之大势，权衡校量，去其偏颇，得其神明，施之国中，翕合无间。外之既不后于世界之思潮，内之仍弗失固有之血脉，取今复古，别立新宗。"[1] 对待现代中国文化的发展，应该以宽阔的胸怀和眼光，在杜绝"偏颇"的基础上，继承与拿来主义并重，以"世界之新潮"和"故有的血脉"为根本，"别立新宗"，实现独立的创造性发展。

舆论学大师李普曼认为，现代媒介通过对象征性事件进行有目的的选择、加工和传播，营造出了一种不同于现实社会的信息环境，他把其称为"拟态环境"。"拟态环境"不是对现实社会客观的、镜子式的反映，它与现实社会存在一定的偏差，但人们却是通过"拟态环境"来认识周遭环境的。之后，日本学者藤竹晓进一步提出了"拟态环境的环境化"命题。他认为，人们通过媒介信息来认识环境，调整认知，并对真实环境做出反应，并采取行动，从而使得现实环境越来越具有拟态环境的特征，以至于人们很难将拟态环境与现实环境加以明确区分。李普曼的"拟态环境"论强调的是现代社会媒介信息环境对人类社会生活的深刻影响：由媒介信息构建而成的"拟态环境"是现代社会人们感知周遭环境，形成社会认知，进而改变态度，产生社会行为的主要依据。如果我们把媒介化的乡土文化也看作是李普曼所谓的"拟态环境"的一部分的话，那么，乡土社会中文化认知、文化意识、文化态度和文化行为的形成与发生就必然会与这个信息环境发生密切关联。

从主体认同方面来看，媒介化文化可以分为"关于主体"的和"关于客体"的两个类别：其一，"主体"文化的呈现，即如何对自身文化进行象征性选择、加工、改造与传播的问题；其二，"客体"文化的再现，即如何对"他者"文化进行系统性媒介传播。

作为拟态环境的重要组成部分，"关于主体"的媒介化文化和"关于客体"的媒介化文化都会对人们的文化认知、文化意识和文化价值体系产生重要影响。媒介化乡土文化的"主体"呈现关系到乡土文化传统精神核心与价值内涵的传播与传承问题，因此，恰当的、符合时代要求的媒介化乡土文化的主体呈现显得尤为重要。不合乎乡土文化主体表达与价值取向的媒介呈现会戕害拟态环境中的文化受众，损害传统文化的优秀价值内涵与精神品格。

---

[1] 《鲁迅全集》（第1卷），人民文学出版社2005年版，第57页。

与此同时，"他者"文化的再现则会影响到主体文化的转向与发展。"文化自觉"不仅是文化主体意识的强化和唤醒，而且也是文化精神分享的胜利。"拟态环境"中的"他者"文化再现不仅提供给"主体"文化以比对学习的参考对象，也会通过信息环境影响到具有"主体"文化意识的乡土社会民众的文化认知。从这个意义上来说，媒介化乡土文化的"主体"与"他者"呈现都关涉了媒介环境下乡土文化的前途与未来问题，对"主体"的呈现强化我们的文化意识和文化认同，对"他者"的呈现扩展文化的创新空间，这都反映出了媒介化乡土文化所具有的文化建构力。

第三，"回响效果"下的乡土主流文化"涵化"建构。

20世纪六七十年代，美国传播学者格伯纳等人针对电视上的凶杀和暴力内容与社会犯罪之间的关系进行了研究，他们不仅对电视受众的态度进行了一系列测量，还对电视凶杀和暴力进行了内容分析，最终提出了媒介效果研究的重要理论——培养分析。"培养理论"又称"涵化理论"或"教化分析"①，其核心观点是大众传媒能够潜移默化地"培养"受众的认知、态度和行为，从而建立与媒介提示的象征性意义较为一致的世界观和价值观，该理论强调大众传媒所具有的长期和长远的影响。

之后，"培养理论"取得了进一步发展，其中，"主流效果"论和"回响效果"论是两个非常重要的补充性理论。"主流效果"论认为，受众的多元世界观、人生观和价值取向由于受到电视等大众传媒的长期的影响而与大众传媒所提示的象征性信息中的主流意见有趋于雷同的现象。"主流效果"现象与大众传播的"沉默螺旋"论有很多相似之处，都说明大众传媒在制造社会"合意"和"共识"方面所具有的强大影响力。只不过"沉默螺旋"论是站在受众心理的立场说明受众因为害怕自己的观点与多数受众相左而受到孤立，最终选择"沉默"，导致少数人的声音越来越弱，多数人的声音越来越强的"螺旋式"上升趋势。

与此同时，"回响效果"指出，电视等大众传媒所提示的象征性信息

---

① 参见［美］沃纳·赛佛林、小詹姆斯·坦卡德：《传播理论：起源、方法与应用》，郭镇之、孟颖等译，华夏出版社2000年版；［美］格兰·斯帕克斯：《媒介效果研究概论》，何朝阳、王希华译，北京大学出版社2008年版。

与受众的观点和观念较为相符时，受众与媒介信息之间会产生"共鸣"，因而其"培养"效果会更加明显，这又与拉扎斯菲尔德的"选择性接触"假说不谋而合。"如此，几乎可以肯定地说，个人会从看电视的过程中学习，学到的东西取决于电视节目的内容。简而言之，不能再把电视当成一种娱乐工具而轻易放过；它也是上百万人进行观察性学习的主要来源。"①借此，由现代传媒与乡土文化联姻而产生的媒介化乡土文化有了巨大的潜在"涵化"建构力。

由于"拟态环境"的存在，人们认知、理解和观察现实世界的方式逐渐虚拟化、媒介化和间接化，因此，人们的"主观现实"和"客观现实"之间的偏差无可避免。格伯纳的"培养分析"理论向我们描绘了媒介信息所造成的两种完全不同的社会影响：一方面，如果经由媒介选择、加工和传播的象征性信息内容是客观的、真实的、积极的和全面的，受其"涵化"影响的受众就更容易树立健康向上的人生观和价值取向；另一方面，如果媒介提供给受众以虚假的、落后的、偏颇的和歪曲的象征性信息，受众则会受其影响建立不健康和不正确的世界观、人生观和价值观。格伯纳的"培养"理论主要是把暴力内容与社会犯罪率之间的关系作为主要考察对象，但它对现代媒体环境中的新农村文化建设同样具有很强的启示意义。

首先，媒介传播效果"回响效应"的存在启示我们，传递乡土媒介文化信息要将受众作为主要的传播起点和最终归宿。只有与受众心理和需求较为吻合的媒介文化信息，才可能与受众在情感、态度和心理上产生"共振"，最大地拓展其传播效果。这对媒介信息的传播者一方提出的要求就是传播行为要贴近实际、贴近社会、贴近群众，只有充分把握受众心理，才能制作出具有"回响效应"的媒介文化产品。《秦之声》是陕西电视台创办于1979年的一档秦腔戏曲栏目，至今已经走过三十余年的风风雨雨，共播出1700多期节目。它在祖国西部五省和其他地区赢得了广大观众的热烈掌声和诚挚欢迎，尤其是在陕西107个县的基层群众当中影响力最为巨大。与国家"戏曲下乡"活动相配合，《秦之声》栏目的收视率

---

① ［美］洛厄里、德弗勒：《大众传播效果研究的里程碑》，刘海龙译，中国人民大学出版社2009年版，第344页。

曾一度达到20%左右，创造了陕西基层群众"上至九十九，下到刚会走，人人都会唱，遍地都在吼"的壮观场面，《秦之声》也因此而成为陕西电视台三大金牌节目之一。究其原因，其实很简单，该栏目与当地民众在审美情趣和文化价值观方面达成了天然的默契，产生了像声波一样的"回响效应"，这是受众对媒介文化信息内容真实和真诚的反馈。这种良好的传播效果不仅培养了大批潜在观众，扩大了秦腔文化的传播面和影响力，而且也为陕西电视台赢得了良好的社会声誉与经济效益。

其次，媒介传播的"主流效果"决定了媒介式文化要以健康、积极和有益于社会发展的信息内容示人。大众传媒所具有的长期的、潜移默化的影响，以及在建立社会"共识"方面所具有的巨大潜力，决定了新农村文化建设中媒介式文化的"正向"建构力的产生是以健康信息内容为基点的。通过长期的影响，大众传媒可以"涵化"出众多的现代公民，并营造出一种积极向上的新农村建设的文化氛围和社会共识，促发社会凝聚力和向心力的产生，从而客观上推动乡土社会的精神文明向前发展。

"培养理论"认为，只有社会成员对社会环境和客观事物存有较为统一的认知，社会整合才能达成，社会行为才有评价和评判的依据。因此，社会"共识"是一个社会协调发展所必需的，而现代传媒的一项重要任务就是促成这种社会"共识"。"主流效果"的存在昭示着现代媒介要有强烈的社会责任感，始终以社会发展为己任，以培养具有现代素质和文明修养的新农村人为逻辑起点和归宿，着力构建一套符合现代中国社会发展的主流文化价值体系。"回响效果"下的乡土主流文化"涵化"建构是乡土文化转型和受众现代性转向可以依靠的重要推动者与核心力量。

第四，媒介文化是新乡村现代化思想和身份认同的重要构建者。"人的现代化"理论的创立者英克尔斯始终把人的现代化看作是一个国家真正实现现代化的根本标志和先决条件。在英克尔斯眼中，没有人的现代化就没有国家的现代化，人是国家实现现代化的价值前提和最终归宿，任何的发展目标都是以人作为重要制定依据的。英克尔斯甚至将民众对大众传媒信息的信任程度作为区分现代人与传统人的一个重要维度，"在评价和接受这些信息时，较现代的人对于新的现代的大众传播工具较信任，而不太现代的人则信赖传统的消息来源"①。

作为社会现代化的产物，现代传媒对现代社会民众施以各种各样的影响，它既是信息的传递工具，也是现代人精神面貌和思想的塑造者。通过传播新思想、新观念、新知识、新事物，它可以塑造现代人格，提升民众的现代性，体现出现代传媒所具有的社会发展的"助推器"功能。因此，媒介文化在社会发展过程中可以将一整套先进的现代价值观念体系和行为道德准则传递给民众，塑造出有益于中国社会发展的现代文化意识，提升民众的现代性，构建现代人格，而民众具备了现代文化意识也意味着乡土文化创新具有了思想与观念基础。

那么，什么样的乡土媒介文化才是适合现代中国民众的呢？这个问题是包括通渭小曲、秦腔、眉户等在内的所有传统乡土艺术都需要认真思考的。随着中国西部社会的现代化，西部人也在发生着变化。作为社会主体的"人"的现代特征、现代需求、审美情趣、人格特征和价值系统等都是媒介文化创新发展过程中无法回避的重要参考变量。现代人的时代转型决定了乡土媒介文化也必须相应地做出合理转型，以更加自由、更加洒脱、更加开放、更加创新的形式传播于人。以通渭小曲为例，虽然很多精彩绝伦的传统曲目（如《大赐福》《张连卖布》《伯牙抚琴》《五更鸟》等）依旧熠熠生辉，深受当地老百姓的喜爱，但部分曲目已与现代社会有些脱离和隔阂，显得陈旧、落后，甚至腐朽，这在一些宣扬封建伦理道德观和价值观的曲目中表现尤为突出，需要经过去伪存真、去粗取精过滤化处理和化腐朽为神奇的创新转换。现代化的进程在时时刻刻召唤着乡土文化及现代传媒的深刻转型，只有与现代民众的健康需求对接的媒介文化，才是真正有价值的，也只有从新农村人的文化心理出发对审美取向进行纠偏，并实现内容和形式的双重创新，才能点石为金。

另外，媒介文化通过影响民族文化身份认同的方式凸显出其在新农村建设中的文化建构价值。文化身份主要由角色定位、自我认同和他者认同三方面组成。在全球化的浪潮中，唤醒文化自觉意识，合理进行民族文化定位，形成自我文化认同，最终得到"他者"的认可，是确立民族文化

① ［美］阿历克斯·英克尔斯：《人的现代化——心理·思想·态度·行为》，殷陆君编译，四川人民出版社 1985 年版，第 141 页。

身份的必由之路。良好的民族和文化形象有益于开创国家现代化发展的国际舆论和话语环境，对抵制文化侵略和文化霸权，捍卫文化安全和文化主权，保持民族特色和独立的话语权，具有重要的国际传播意义。所以，面对全球化的版图扩张和民族文化身份的认同危机，有必要在现代媒介引导下，建立起一套主流媒介文化价值体系，鼓励媒介文化的多元化发展，创新传播形式和内容，消除媒介文化中"反文化"的成分及其不良影响，在全社会形成积极向上的健康文化观。

"传播即是文化，文化即是传播"，文化与传播之间具有很强的"同构作用"。"'媒体文化'一词的好处还在于，它意味着我们的文化是一种媒体文化，说明媒体已经拓殖了文化，表明媒体是文化的发行和散播的基本载体，揭示了大众传播的媒体已经排挤掉了诸如书籍或口语等这样旧的文化模式，证明我们是生活在一个由媒体主宰了休闲和文化的世界里。因而，媒体文化是当代社会中的文化的主导性形式与场所。"① 现代传媒通过传播已选择加工过的象征性文化符号可以实现文化的再造，因此，作为具有强大文化建构力的"媒介文化"，就注定要走上现代舞台，在新农村建设进程中扮演重要角色。

---

① ［美］道格拉斯·凯尔纳：《媒体文化——介于现代与后现代之间的文化研究、认同性与政治》，丁宁译，商务印书馆 2004 年版，第 61 页。

第六章

结　论

　　解决未来冲击的方法不是"以不变应万变"，而是以一种不同类型的变动来疏导。[①]

一　人即是传播[②]，传播即是重建

　　传统乡土文化严重依赖于人际传播，其传播模式是由共时性的民间传播场与历时性的专业传承场共同组成的"十字架"模式。乡土文化的共时性传播，是乡土社会人际关系调适和情感表达的重要方式，具有重要的社会凝聚和仪式狂欢功能，对于乡土社会文化身份认同和文化意识的产生具有举足轻重的作用。中国社会的现代化对乡土文化的影响首先就表现在对乡土文化传统的"十字架"传播模式的冲击方面。由于市场经济、现代传媒、城市移植文化等因素的影响，乡土文化传统的传播与传承空间逐渐被消解，导致其内源化的发展危机，这是乡土文化在现代化进程中所面临的根本性危机。

　　解铃还须系铃人，解除乡土文化内源化的发展危机，需要从危机发端

---

　　① ［美］阿尔文·托夫勒：《未来的冲击》，蔡伸章译，中信出版社 2006 年版，第 206 页。

　　② 此观点的提出受到了麦克卢汉"媒介即讯息"、陈嬿如"人即讯息"和阮艳萍"媒介即是遗产"论点的启发，分别参见［加］埃里克·麦克卢汉、弗兰克·秦格龙《麦克卢汉精粹》，何道宽译，南京大学出版社 2000 年版，第 227—244 页；陈嬿如《心传：传播学理论的新探索》，厦门大学出版社 2010 年版，第 77—94 页；阮艳萍《媒介即是遗产——数字媒介对文化遗产传承与表述影响初探》，《理论月刊》2011 年第 11 期。

的本质和核心着手，只有恢复与保证了乡土文化传统的"十字架"传播形式，乡土文化才能真正获得内在生命力。因此，以乡土社会普通民众和专业传承者为建设纽带，巩固与重塑乡土文化的传播模式，是乡土文化走出文化困局，实现复兴的必由之路。可以说，乡土文化的人际传播特征决定了它的复兴之路必然是由"人"及其传播行为所决定的，也只有拓展了人际传播的乡土社会场域，乡土文化才能真正化困境为浮云，在现代化进程中实现华丽再生。那么，如何实现乡土文化的华丽再生呢？笔者认为，从乡土文化赖以生存的传播模式中我们就可以找到部分答案。

在共时性的传播场域中，民众既是乡土文化的传播者，也是乡土文化的受众，甚至还是创造者。所以，培养乡土民众的文化热情和审美素养，就成为共时性传播轴线实现乡土文化再建的重点。人类的文化行为常常表现为一以贯之的文化习惯和习俗，因此，乡土民众的文化热情和审美素养的培养需要内化到其文化习惯和文化意识当中，简单而肤浅地灌输乡土文化知识显然不是上乘的方法。所以，可以考虑由政府主导，社会各方力量，包括普通民众全员参与，将乡土文化与民众的日常生活紧密联系起来，实现乡土文化传播场域的再造。对于中国社会城乡二元发展的现实格局所造成的城乡文化发展不平衡现象，不仅可以让先进的现代文化价值观念逐步融入到乡土文化当中来，也可以考虑以乡土文化"反哺"城市的方式，让城市也从乡土文化中汲取养分，从而提升全社会的精神文化生活品格。最近几年由政府文化部门组织实施的"送文化下乡""送戏曲下乡"等活动在乡土社会受到了热烈欢迎，产生了相当好的反响，这说明乡土社会是需要文化的。乡土文化的式微一定程度上是由于现代化进程让乡土民众失去了享受文化生活的平台和机会所造成的，作为积极推进全面小康社会和新乡村建设的现代中国，通过再造乡土民众的文化热情，恢复乡土社会的文化记忆，是乡土社会精神文明向前发展的重要方式。

在历时性的传承轴线上，培养乡土文化的专业传承人是实现乡土文化复兴的关键所在。传统的乡土文化传承方式主要依靠"传帮带"和"家族式"传承，这种传统的人际传承方式依旧是再建乡土文化的重要方式。但面对乡土文化的现代困局，我们还需要采取一些更为现代和非传统的方式以助于专业传承人的培养。笔者认为，比较可能的方式还是由政府文化部门组织实施一系列有针对性的乡土文化培训，建立完善一整套乡土文化传承人培养和发展制度。当然，传承人制度在中国社会基层的实施过程中也出现了诸如流于形式等各种各样的问题，但这并不代表这个政策本身是错误的，要完善和改进这一制度还需要其他的一些配套和监督措施。另外，学校教育也是乡土文化传承人培养不可忽视的一个环节。可以考虑在全国各个地区的中小学校开发和设置较为完善配套的具有地域特色的乡土文化课程，并与社会实践相结合，使青少年学生在教育传播环节就能获得乡土文化知识，树立乡土文化意识。在高等学校，则可以开设选修课或乡土文化讲座，甚至可以将部分较为成熟的乡土文化分支作为一个研究方向和研究专业，让一些对乡土文化有浓厚兴趣的学生有机会做进一步深入的研究和学习。

人即是传播，传播即是重建。有了乡土社会的人际基础，乡土文化赖以生存的传统模式就能得以保留。文化与传播具有很强的"同构作用"，乡土文化"十字架"传播模式有了从个体，到社会，再到学校的立体化保障，乡土社会的文化重建也将指日可待。

二 与时俱化，传播创新——生存发展之根本

由于复杂的历史原因，中国社会在现代化进程中出现了城乡二元经济不均衡发展的状况，这种不均衡状况表现在文化领域，就是中国社会城乡之间精神文化发展的不协调和不同步现象。与此同时，在整个社会结构层面，中国物质现代化的速度要比文化现代化快，这就造成了中国社会当前精神文明建设相对滞后于经济发展的局面。无论是城乡二元的不均衡发展状况，还是社会整体的"文化滞后"现象，都是影响和阻碍中国社会更健康、更平稳和可持续向前发展的关键因素。离开了精神文明建设，中国社会就会迷失发展方向，陷入强烈的工具理性和拜金逻辑的旋涡，中国的现代化也因此而背离了真正的价值初衷。良好的伦理道德风貌和精神价值观是实现全面现代化的保障，也是现代化目标的真实归宿，离开精神文明建设，一切发展和现代化目标都是没有价值意义的。因此，无论是要破解城乡二元文化对立发展的困境，还是实现中国社会全面现代化的目标，乡土文化的创新与发展都是核心议题。

创新是文化生命之源，传播是文化生命之要。作为中国文化的典型代

表，乡土文化的传播与创新既是中国社会发展的客观需要，也是化解其自身危机的根本途径。当前中国社会处于急速的转型期，物质生产力和生产关系的发展日新月异。按照马克思的观点，一定的物质生产力与生产关系需要与相应的精神生产力和生产关系保持同步协调，这样才能让人类社会更健康、更快速地发展，才能实现人类的物质生产的丰富和精神产出的满足。因此，在新乡村建设语境下，乡土文化创新就是为了达到中国社会精神生产与物质生产同步和协调发展的目标，让中国的现代化找到真实的价值归属。

从社会个体的微观层面来看，乡土文化创新则是为了适应和满足不断变化的现代民众的文化需要。社会的现代化必然连带引发人的现代转型，因此，如果乡土文化不实现自我创新，就无法满足现代民众的文化需要和审美期待。失去了受众的乡土文化就像是无源之水、无本之木，迟早要退出历史的绚丽舞台。换一个角度来说，作为具有重要社会发展推进功能的乡土文化，如果没有与时俱化，而固守于曾经的那片小天地，就无法实现其社会整合、社会凝聚和文化维模的社会功能。

"文化的生命在于创新"，乡土文化的创新是中国社会变迁促发的客观要求。作为起源于农耕文明之中的乡土文化，面对工业化、城市化和商业化浪潮的冲击，要将传统延续，绝不能呆板地固守，与时俱进地创新发展才是乡土文化在现代语境中前进的方向。通渭小曲、通渭社火和影子腔等乡土艺术的式微不仅仅是外源化的社会环境变迁造成的，其自身内源化的矛盾性和落后性也是造成发展困境的重要原因。因此，消弭现代化所带来的文化阵痛，填补乡土文化空间裂隙的唯一方法就是在批判继承基础之上进行传播创新。文化即是传播，传播即是重建。乡土文化创新从传播学角度来看，就是要实现自身在各传播环节上的与时俱进。按照拉斯韦尔的"5W"分析法，我们可以粗略地列举出乡土传播创新可能的突破环节。

（1）传播者的建设。这一点只要抓住"人即是传播"这一核心要领就可以充分理解其重要意义了，培训、教育、文化下乡政策等有益于乡土文化人际传播网络重建的措施都是这一环节的备选项。（2）乡土文化信息创新。虽然麦克卢汉将当今信息的内容隐喻为媒介本身，但媒介实践证明，一切有传播力和穿透力的信息都是与受众有"回响效应"的，内容虽然不是绝对至高无上的，但缺少了内容价值的信息却绝对是碌碌无为的。这就要求乡土文化的创新者必须深切了解现代受众的心理和需求，贴近生活、贴近群众、贴近实践地挖掘素材，实现信息内容创新。（3）媒介创新。乡土文化要发挥影响力需要通过一定的媒介通道进行传输，因此，媒介建设就关系到乡土文化能否实现社会流通。媒介创新需要软件和硬件建设双管齐下，既要培养具有良好审美素养和文化修养的媒介"把关人"，也要建设乡土文化全媒体传播的硬件生态。（4）现代民众是乡土文化的服务对象，因此，他们的乡土文化意识和审美素养决定了乡土文化社会功能能否顺利实现。笔者认为，培育现代民众的乡土文化素养需要与人们的日常生活结合起来，由国家和社会提供乡土文化活动的空间和平台，逐渐恢复乡土集体文化生活这一至为关键的环节。（5）互动反馈机制建设。与民互动，及时了解和掌握群众的意见和需求，乡土文化传播才能形成从源头到终点的循环闭路；以民为本，倾听来自基层的声音，乡土文化才具有传播创新的实践依据。因此，建设反馈机制与渠道，增加互动和交流，是提升乡土文化现实传播效果的重要途径。

与此同时，乡土文化的综合创新需要完成现代化价值体系和价值观的重建。现代文化价值体系和价值观继承了传统文化精髓，但又区别于传统价值体系和价值观，是一种在"文化自觉"意识主导下通过文化主体与文化"他者"之间的交流和学习进行融合创新的产物。现代文化价值体系是中国社会的精神脊梁，是由现代性中的价值合理性部分（譬如，自由、平等、公平、正义等）和传统乡土优秀文化成分（如和谐理念、人本观念等）有机整合而成。它可以消除现代化所带来的文化阵痛，弥合传统与现代之间的裂隙，让中国的现代化除却工具理性色彩，绽放价值理性和人性光芒。

"未来的中国文化将是中国的与世界的、传统的与现代的、科学的与人文的有机结合或统一。"[1] "批判继承，传播创新"，这是传播学视野中的"综合创新论"。乡土文化既需要坚守传统的精神精华，保存鲜明的文化个性，还要批判性地继承，与时代共呼吸，创造出符合现代中国社会发展规律和需求的新文化。这不仅是实现乡土文化自身现代转型的需要，也是现代中国与新乡村的时代精神需求。传统与现代是相对的概念，而不是

---

[1] 洪晓楠：《当代中国文化哲学研究》，大连出版社 2001 年版，第 28 页。

绝对的对立方，传统有其现代价值，现代也得益于传统而永续发展。作为现代人，我们"不肯俯首帖耳地跪倒在传统精神之下，做奴隶、囚犯和盲信者。一句话，现代人比传统人更理解历史遗产的价值，更主动地赋予传统以新的生命力和存在形式"①。

三　文化生态建设——化解危机之关键

在历史演进过程中，不同形式和不同种类的乡土文化及其要素形成了相互依存共生的复杂而紧密的联系，这些千丝万缕的文化关系共同钩织出了乡土文化生存与发展的网状传播生态。乡土文化在其内部和外部凝结而成的文化生态本质上是一种文化联系，是乡土文化在演进过程中形成的内在规律性的体现。乡土文化生态不仅包括某一文化赖以生存的外部环境因素，也包括文化系统内部由各文化要素联结而成的"生态链"。中国社会的现代化造成的乡土文化危机表现形式多样，其中之一就是乡土文化内在与外在生态系统和生态链的扭曲和断裂。例如，通渭小曲、秦腔、社火等乡土文化形式都是依托庙会这一文化空间而活跃于民间的，所以，一旦庙会这一文化空间破碎，就会引发多种乡土文化"流离失所"的窘境。从文化生态学角度来看，由现代化引发的乡土文化危机本质上就是其赖以生存的内在与外部的传播与传承空间的坍缩，因此，化解乡土文化的现代困境就要从恢复乡土文化传播生态着手。

乡土文化生态建设既要从乡土文化所依赖的物质环境、硬件设施等"硬生态"切入，还要将文化气氛、文化参与热情等"软生态"作为突破口。乡土文化是具有强烈"场性"特征的文化形态，所以，文化生态建设的目的之一就是要恢复乡土文化的"在场"，扩大其传播空间。有了良好的传播生态，乡土文化也就有了生存和发展的土壤，其现代性困局也将迎刃而解。中国社会在现代化的道路上愈行愈远，社会物质和精神层面都在经历急剧的变迁，这个过程是不可逆的，不以人的意志为转移，所以，笔者认为，完全恢复传统的乡土文化传播与传承生态是不现实的。中国社

---

① ［美］阿历克斯·英克尔斯：《人的现代化——心理·思想·态度·行为》，殷陆君编译，四川人民出版社1985年版，第60页。

会快速工业化、城市化的现实决定了乡土文化生态不可能再恢复到传统农业社会中的那种状况，唯一可能的重建方式就是"创新式"重建。"创新式"重建意味着乡土文化生态的恢复要充分尊重现代社会的发展规律性，杜绝陷入为了恢复而恢复的固执逻辑中。譬如，传统戏曲是中国民间广受欢迎的一种群众性乡土文化形式，它一般依托于民间庙会、仪式庆典、传统节日等文化空间而存在。面对当今社会的变迁和自身的文化困境，传统戏曲也逐渐走向了市场化和剧台化表演，从而实现了从依附民俗向独立艺术的时代嬗变。这种嬗变本质就是乡土文化传播空间与生态的创新式转变，是与时俱化的结果。

新乡村建设需要生态文明，生态文明既包括自然生态的恢复，也包括文化生态的复兴，因此，乡土文化生态建设也就变成了新乡村建设的一项重要内容。乡土民众和乡土社会都在经历变迁，乡土文化只有与现代语境相调适，并经过自我创新才能重获新生。乡土文化的复兴与其说是简单的复活，还不如说是新语境下的生命再造，是从文化形式到内容，再到文化生长环境的创新与再造过程。新乡村建设本质上是一种生态文明建设，因此，文化生态的创新性和建设性修复就成为新乡村建设的基础性工程，其中既包含诸如文化氛围、群体记忆、文化认同等"软生态"的建设，也包括文化设施、文化平台、文化活动场地等"硬生态"的建设。

四 "调和"与"共生"——媒介化生存的最优化策略

"新媒介对我们感知生活的影响和新诗的影响差不多。它们不是改变我们的思维而是改变我们世界的结构。"① 随着媒介技术的快速发展，人类已经步入"媒介化社会"。媒介已经不再是连接人类主观世界和真实世界的中介，其本身也是一种"真实"的世界，因为它随心所欲地塑造着世界的面貌。这个"真实"的世界改变了乡土社会文化的呈现、传播、接受和反馈的方式，在它的魅力感召下，乡土文化出现了"媒介景观化"的趋向。全媒体的媒介环境召唤出的是全媒体的文化"媒介奇观"，当媒

————————

① ［加］埃里克·麦克卢汉、弗兰克·秦格龙：《麦克卢汉精粹》，何道宽译，南京大学出版社 2000 年版，第 409 页。

介成为"现实",我们只能最大限度地利用它的各种特性,而不是试图限制它。媒介不再只是文化传播的载体,乡土文化也不再能够拒绝现代传媒而自我陶醉于传统传播方式的有限天地,显然,乡土文化的全媒体生存成为一种现实必然性,是媒介技术提供给它的一种重生假设。

但需要指出的是,现代媒介产生于工业社会,通常遵循着商业逻辑进行运作,因此,这与产生于农耕文明背景下的乡土文化存在着天然的裂隙。乡土文化是自发性的、草根性的、创造性的,而媒介文化是商业性的、均质化的、大众性的,这让乡土文化与现代传媒在逻辑对话方面产生了巨大分歧,这是媒介现实与传统文化之间存在的现实悖论。那么,如何化解这种矛盾呢?笔者认为,"媒介调和"是乡土文化媒介化生存的最优化策略。

不同的媒介有着不同的特性和特点,"每一种传媒都有偏向,其扭曲性都远远超过了弥天大谎的偏向"①,每一种媒介也有自己的优势和劣势。传统乡土文化的人际传播方式有着人格性、交互性和传播距离短等优点,但同样存在一次性、易逝性和传播范围小等缺点,是一种非常典型的偏向"时间"的传播方式。大众传媒虽然有着传播范围广、可复制性、快速性等优势,但却牺牲了人际情感,增加了传播距离,导致信息传播的虚拟化和间接化。没有哪一种传播方式是完美无瑕的,因此,乡土文化的媒介化生存要综合利用各种媒介的不同优点,在扬长避短中实现乡土文化在新环境和新时期的新张力。

就像麦奎尔所言,不同的传播方式不仅具有不同的"效果",还可以塑造出完全迥异的文化"后果"。正如大众传媒营造出的大众文化那样,它是缺乏创造性的,是均质化、大批量和消解边界性的文化样式,它带给现代社会的潜在危机是巨大的,娱乐和信息的二元分割甚至都被它打破了,这在批判学派学者眼中甚至成了现代人的梦魇。因此,在乡土社会文化创新与再造过程中,不同媒介文化的"后果"是需要认真考量的一个问题。在新乡村建设和现代语境中,乡土文化的媒介化生存只要遵循着文化传播的规律,以民众的健康文化需求和文化心理为出发点,始终不背离

---

① [加]埃里克·麦克卢汉、弗兰克·秦格龙:《麦克卢汉精粹》,何道宽译,南京大学出版社 2000 年版,第 408 页。

文化的精神内核与价值初衷，就能成功实现乡土文化的现代转向。

乡土文化的媒介化也是乡土文化传播渠道创新的一种具体体现，是乡土文化与时俱化地实现生命涅槃的重要方式。与所有的新事物和新技术一样，现代传媒也有利弊两面性。对乡土文化而言，现代传媒的出现既是机遇，也是一种挑战。它挤压着乡土文化的生存空间，大量抽取了乡土文化的受众，但同时也提供给乡土文化创新发展的动力和可能。媒介本来是中性的，存在即是合理的。乡土文化全媒体生存需要全媒体传者和全媒体受众，他们不仅要具备足够的乡土文化素养，还要有充分的全媒体知识。可以说，良好的媒介素养是乡土文化全媒体传播的重要前提和保障，也是现代人的一项基本素养，正如麦克卢汉所言的那样："你必须熟悉各种媒介，否则你如今就不是真正意义上的'有文化'的人。"①

总之，乡土文化只有与媒介"调和"，并实现媒介间"调和"，实现全媒体生存，才能收获最优化的"文化后果"，这是通渭小曲等乡土文化形式创新与发展需要共同遵循的重要指南。

五　形散而神不散——乡土文化的表象与未来

根据《2011 年我国农民工调查监测报告》，截至 2011 年，我国农民工总量已超过 2.5 亿人，其中外出务工人员近 1.6 亿人，中国进入了名副其实的"流动"社会。伴随着人口的流动，乡土社会的家庭结构和规模、生产生活方式、文化价值观等都发生了巨大的变化与变迁。社会转型期与现代化进程中的乡土文化的命运会如何？是否已经到了穷途末路？这是一个被穷追不舍的问题。

对于乡土文化的现状与未来，很多学者已经做了大量的探讨，整体倾向性的判断就是受现代化的影响，乡土文化受到了严重侵蚀，生存空间受到了极大的压迫，已经开始向城市文化趋同发展。学者们的观点确实也指出了乡土文化所面临的发展困境与生存危机，但却不免带有城市中心主义的偏见，因为城市中的人总是会以传统乡土社会的淳朴与美好印象比照当

---

① ［加］埃里克·麦克卢汉、弗兰克·秦格龙：《麦克卢汉精粹》，何道宽译，南京大学出版社 2000 年版，第 141 页。

下的乡土社会现实，从而得出"前景黯淡""危机重重"之类的结论。

这种精英主义和中心主义倾向在中国新乡村建设的历史演进当中一直存在。当我们追溯新乡村建设的先驱之时，我们会发现学者大都是把中国乡村看作一个"问题乡村"，从而把改造"问题乡村"作为其毕生努力目标的。晏阳初是民国时期著名的乡村建设家和平民教育家，他主张通过平民教育根治中国乡村民众"贫、愚、弱、私"的四大病患，造就乡村"新民"，全面实现政治、经济、自卫、卫生、教育、礼俗的"六大整体建设"。著名爱国实业家、教育家、社会活动家卢作孚则倡导通过兴办实业实现乡村现代化。有"中国最后一位儒家"之称的梁漱溟则希望通过亲自发动乡村学校化实现新乡村建设目标，主张通过乡村文化的自我拯救实现文化复兴。这三位乡村建设的先驱都把乡村看作"问题"，因而都强调要瓦解乡土社会，进而实现乡村及其文化的重生，这显然是带有一种逻辑偏见的认识。

撇开偏见，就事论事。"离土中国"是农民"主动"选择与被迫选择一起造成的社会现实。如果说农村劳动力的严重过剩是农业人口外流的客观性"逼迫"原因的话，那么，农业生产效益和收益的低下则是农业人口外流的主观性"逼迫"原因。现代语境中的中国，大量农村人口背井离乡，但他们又有很深的乡土情怀，这都与一个"土"字有关，难怪费孝通先生将土地比喻为乡土社会的"神"。在《乡土中国》一书中，费孝通向人们描绘了一幅以家庭为基本单位，以地缘与血缘为纽带的三位一体的乡土精神维系下的乡土社会画面。时过境迁，费先生所描绘的乡土中国现在又变成了什么样？越来越多的研究显示，在现代城市中，流动人口依旧是以地缘和血缘为纽带组成信息交换网与人际关系网的。正是在具有强烈乡土精神的信息交换网和人际关系网中，人们寻求庇护与信任，获得身份与价值认同。在乡土与城市的时空转换之间，乡土社会的精神价值始终没有根本性改变，乡土社会的社会资本与关系网络依旧是"流动中国"获得归属的最重要方式。因此，与其说乡土精神是被现代化的洪流冲刷殆尽，还不如说乡土文化是在现代化适应过程中发生了变迁，创新了形式。

现代化对乡土文化的冲击是巨大的，造成的危机也是严峻的，但这绝不是说乡土文化将是一败涂地的。对乡土文化前景持有极端悲观主义情绪的人看到了乡土文化的危机，却没有看到发展机遇，看到了乡土文化的传统，却忽视了乡土文化的现代与创新。换个角度来看，乡土文化不单单是乡村空间存在的文化，只要是产生于"土地"的文化都是乡土文化，因此，中国的现代城市中乡土文化元素也比比皆是。城市空间与乡村空间的差异使得留存于城市的乡土文化的形式发生了诸多变迁。比如，窗花在传统乡村一般会贴在九宫格状的窗格内，但由于城市中没有这样的窗户与窗格，取而代之的是玻璃窗。于是，逢年过节城市人会贴一些简化剪纸于玻璃窗，或者装框悬挂于室内。这种形式的变化是为适应文化表现空间变迁而做出的，是乡土社会固有文化元素的一种变体。在城市中，中国传统的乡土文化散落于边边角角，但从未曾失去它的位置，表现出了极强的适应力与生命力。乡土文化的变迁是其发展困境之"形"，而活跃于城市与乡村的乡土文化价值体系乃是其"神"。形散而神不散，这是目前乡土文化发展现状的实质。

"文化在我们探询如何去理解它时随之消失，接着又会以我们从未想象过的方式重现出来了。"[1] 现代化是新乡村建设的契机，新乡村建设的关键在于乡土文化，文化的生命力又在于创新。乡土文化的创新不是简单的复活，而是要实现其在全新文化空间中内容与存在形态的革新。从文化创新的视角来看，新乡村建设就是要实现乡土文化生态的创造性重塑，其中涵盖的内容很广泛，既有文化认同和文化意识的重构，也有民间兴趣与记忆的恢复，更有文化空间的拓展与重建等，它们都是乡土文化生态建设的关键组成部分。可以说，现代化和新乡村语境下的乡土文化创新，究其本质就是重构其理想的生存生态。我们有理由相信，乡土文化所具有的良好适应力和生存惯性决定了它有一个美好前景。作为当前中国社会发展的主旋律，现代化的确给乡土文化的发展带来了挑战，但同时也为新乡村建设勾勒出了美好蓝图：乡土社会在传统与现代、城市与乡村的对话互动中永续发展并成为诗意的精神家园。

---

[1] ［美］萨林斯：《甜蜜的悲哀：西方宇宙观的本土人类学探讨》，王铭铭、胡宗泽译，生活·读书·新知三联书店 2000 年版，第 141 页。

附　　录

附录 1

访谈提纲

一　乡土艺术工作者与艺术团体（结合具体艺术类目提问）

您是如何与乡土艺术结缘的？能简要介绍下您的艺术经历吗？

您所在的行当一般是如何进行传承的？您是通过什么途径学习的？

您所在的艺术协会或团体一般有哪些组织活动？具体的活动组织情况是什么样的？

在您的印象中，当前的乡土艺术与过去相比有区别吗？如果有，主要是哪些区别？您觉得中国社会的发展对乡土艺术产生了哪些影响？

您认为老百姓喜爱乡土艺术吗？您觉得喜欢乡土艺术的人多了还是少了？为什么？您感觉老百姓最喜欢的是哪些内容？

您觉得年轻人喜爱乡土艺术吗？现在学习乡土艺术的年轻人多了还是少了？为什么？您觉得什么样的乡土艺术能够吸引年轻一代？

您和您所在的艺术团体或协会主要有哪些困难？活动资金主要来源于哪里？政府和社会力量有过哪些支持或帮助？

您和您所在的艺术团体下基层次数多吗？跟外地的交流多吗？主要有哪些交流与宣传方式？

您认为电视等现代传媒对乡土艺术造成了哪些冲击和影响？您自己会利用 VCD、电视机、网络等现代传媒搜集或传播乡土文化信息吗？您觉得乡土文化与这些现代传媒如何互相促进和发展？

您认为目前的乡土艺术是否能满足老百姓的精神文化生活需要？如果不能，您觉得主要问题和障碍是什么？您认为乡土艺术应该如何发展？

二　普通民众

您喜欢通渭小曲、影子腔等乡土艺术吗？为什么？

您经常会观看或参与演出活动吗？如果是，您一般喜欢看或参与哪些节目？

您的空闲时间一般是如何打发的？您觉得现在的乡土文化活动丰富吗？能吸引您吗？

您觉得乡土文化活动跟以前相比，发生了什么样的变化？为什么会有这种变化？您喜欢过去的乡土文化活动，还是现在的？为什么？

您一般通过电视等现代传媒观看有通渭小曲、秦腔等内容的节目吗？如果有，您觉得跟大伙儿一起看有什么区别吗？请谈下您的观后感。

您对通渭小曲、社火、庙会等乡土文化有什么期待？您希望看到什么样的乡土文化电视节目？

三　学校教育

贵校开设了哪些文化和艺术类课程？这些课程的具体设置和实际实施情况如何？

有没有乡土文化相关的内容？如果有，教材来源是哪里？实际的课程设置和开展情况是怎么样的？碰到的困难有哪些？

学生们喜欢这类课程吗？为什么？有没有专门的培训班或兴趣小组？

学校有没有乡土文化类课程的长远规划？您觉得学校教育应该开设这类课程吗？为什么？

四　党政文化与宣传部门（宣传部、文广局、文化馆、图书馆、书画院等）

针对乡土文化，你们是否有一些政策或资金方面的支持？如果有，请具体介绍一下情况。

实施这些政策的目的是什么？您觉得这些政策或支持措施效果如何？老百姓对这些措施的反映是怎么样的？

你们在开展工作中碰到的最大困难是什么？

你们部门有没有建立网站或借助现代传媒宣传乡土文化？有没有建立较为系统的数据库和资料库？

你们是否有长远的文化保护规划？下一步有关乡土文化的工作计划是什么？

五 媒体（电视台、广播、杂志、网站等）

请对你们的节目播出或业务情况做一简要介绍。

你们的工作内容与乡土文化有关的多吗？具体有哪些？

为什么会有这些内容？是因为上级的要求还是其他原因？

这些内容播出效果如何，您觉得老百姓喜欢不？为什么？您觉得哪些方面还可以进一步提升和完善？

你们做这些工作主要的困难有哪些？受到过帮助和支持吗？如果有，具体情况是什么样的？

您觉得做有关乡土文化内容的节目或业务对你们而言有好处吗？为什么？

有没有一些长期的或者马上要实施的与乡土文化有关的工作计划？

您对乡土文化媒介传播有什么看法？

六 其他

（一）农家书屋管理者姜效臣

能否介绍一下您所管理的农家书屋的建设和管理情况？您为什么要担任农家书屋管理员？

农家书屋的使用情况怎么样？一般借书的是哪些人？

农家书屋里乡土文化方面的书籍多不多？借阅量怎么样？一般什么人会借阅？

您觉得农家书屋这个国家文化工程好吗？整体的实施效果怎么样？农民的文化生活是否真的受益了？

您所管理的农家书屋主要面临的问题有哪些？有其他什么需要讲出来的故事吗？

（二）专家访谈

您认为乡土文化和艺术的重要性和时代价值有哪些？现代人该如何让这种价值得到升华？

您认为中国社会的快速城市化、现代化对乡土文化和艺术产生了哪些影响？目前它的生存面临哪些困难？

您认为应该如何保护乡土文化和艺术？

您认为通渭乡土文化和艺术应该如何创新发展？您觉得什么样的乡土文化和艺术才是符合现代社会和现代人的需求的？

您认为发展通渭乡土文化和艺术对通渭的社会经济发展有哪些好处？

您认为树立什么样的通渭形象更有利于通渭的发展？

附录2

通渭访谈的人员、时间、地点（以访谈时间先后为序）

访谈人员	访谈时间	访谈地点	备注
王　琛	2012.8.15 上午	通渭县城王琛家中	
	2012.8.31 下午	通渭县民兴超市	
许克俭	2012.8.21 傍晚	通渭县城景毓斋画廊	
	2012.8.22 晚上	通渭县城景毓斋画廊	
	2012.8.25 下午	通渭县城梁守义家中	
张高祥	2012.8.21 下午	通渭县城景毓斋画廊	
李自强	2012.8.21 下午	通渭县城景毓斋画廊	
魏文清	2012.8.21 下午	通渭县城景毓斋画廊	
姜效祖	2012.8.22 下午	通渭县城艺雅阁画廊	
姜　智	2012.8.23 上午	通渭县城祥云宾馆	
党文博	2012.8.23 下午	通渭县广电局2楼办公室	
张　雁	2012.8.23 下午	通渭县图书馆馆长室	
王维亲	2012.8.24 上午	通渭县博物馆馆长室	
刘宏业	2012.8.24 上午	通渭县文化馆馆长室	
杨　凯	2012.8.24 下午	通渭县文化馆办公室	
姚子峰	2012.8.24 下午	通渭县文化馆馆长室	
曹宾虹	2012.8.25 上午	通渭县城景毓斋画廊	
梁守义	2012.8.25 下午	通渭县城梁守义家中	
刘来胜	2012.8.25 下午	通渭县城梁守义家中	
陈效平	2012.8.25 傍晚	通渭县城景毓斋画廊	
	2012.9.15 下午	通渭县城景毓斋画廊	
王　斌	2012.8.26 下午	通渭县城王斌艺术工作室	
邢振中	2012.8.26 下午	通渭县城邢振中家小卖部	
郭庆多	2012.8.27 下午	通渭县文广局书记室	
王炳文	2012.8.27 下午	通渭县文化馆馆长室	
张晓燕	2012.8.28 下午	通渭县书画院院长办公室	

续表

访谈人员	访谈时间	访谈地点	备注
宋义	2012.8.29 中午	通渭县魏家庙庙管会	
陈志云	2012.8.29 下午	通渭县魏家庙庙管会	
张效良	2012.8.30 下午	通渭县城张效良家中	
张大发	2012.8.31 下午	通渭县民兴超市	
张永明	2012.9.01 下午	通渭县爱乐音乐培训中心	
王赟	2012.9.02 上午	通渭县第一中学教学楼 3 楼教师休息室	
白东亮	2012.9.02 下午	通渭县城景毓斋画廊	
	2012.9.15 下午	通渭县城景毓斋画廊	
张星明	2012.9.04 上午	通渭县星明影视工作室	
	2012.9.05 上午	通渭县城张星明家中	
张叔铭	2012.9.05 上午	通渭县城张叔铭家中	
南永明	2012.9.13 下午	通渭县城姜浩家中	
孙宏远	2012.9.15 下午	通渭县城景毓斋画廊	
曹俊儒	2012.9.23 上午	通渭县马营镇曹俊儒家中	
李艳春	2012.9.23 上午	通渭县马营镇杜启明家中	
杜启明	2012.9.23 上午	通渭县马营镇杜启明家中	
王继云	2012.9.23 下午	通渭县马营镇曹俊儒家中	
闫剑锋	2012.9.23 下午	通渭县马营镇曹俊儒家中	
柴政伦	2012.9.23 下午	通渭县马营镇柴政伦家中	
夏旭东	2012.9.23 傍晚	通渭县马营镇夏旭东 TCL 电器专卖店	
卢奉礼	2012.9.21 下午	网络访谈	
	2012.10.19 晚上	网络访谈	
	2012.10.20 中午	网络访谈	
	2013.3.26 上午	网络访谈	
姜效臣	2013.1.10 早上	通渭县城姜效臣家中	
姜星亮	2013.1.16 晚上	通渭县城姜星亮家中	
曹彦斌	2013.2.15 中午	通渭县平襄镇曹家山曹彦斌家中	
曹强	2013.2.15 下午	通渭县平襄镇曹家山曹强家中	

参考文献

中文书籍类：

费孝通：《乡土中国》，北京出版社 2005 年版。

费孝通：《江村经济》，上海人民出版社 2007 年版。

费孝通：《文化与文化自觉》，群言出版社 2010 年版。

潘家华、魏后凯：《城市蓝皮书：中国城市发展报告 NO.5——迈向城市时代的绿色繁荣》，社会科学文献出版社 2012 年版。

梁漱溟：《梁漱溟全集：第二卷》，中国文化书院学术委员会编，山东人民出版社 2005 年版。

梁漱溟：《乡村建设理论》，上海人民出版社 2011 年版。

梁漱溟：《中国文化要义（第 2 版）》，上海人民出版社 2011 年版。

钟敬文：《钟敬文文集（民俗学卷）》，安徽教育出版社 1999 年版。

钟敬文：《民间文艺学及其历史：钟敬文自选集》，山东教育出版社 1998 年版。

钟敬文：《话说民间文化》，人民日报出版社 1990 年版。

钱理群、刘铁芳：《乡土中国与乡村教育》，福建教育出版社 2008 年版。

薛毅：《乡土中国与文化研究》，上海书店出版社 2008 年版。

李小云、赵旭东、叶敬忠：《乡村文化与新农村建设》，社会科学文献出版社 2008 年版。

祈述裕、窦维平：《文化建设案例集（第 2 辑）》，中国社会科学出版社 2010 年版。

［美］罗吉斯、伯德格：《乡村社会变迁》，王晓毅、王地宁译，浙江人民出版社 1988 年版。

［德］马克斯·韦伯：《新教伦理与资本主义精神》，李修建、张云江译，

中国社会科学出版社 2009 年版。

［美］尼尔·波兹曼：《娱乐至死》，章艳译，广西师范大学出版社 2004
年版。

［美］尼尔·波兹曼：《童年的消逝》，吴燕莛译，广西师范大学出版社
2004 年版。

［美］梅尔文·德弗勒等：《大众传播通论》，颜建军等译，华夏出版社
1989 年版。

潘知常、林玮：《大众传媒与大众文化》，上海人民出版社 2002 年版。

［美］阿里·迈达尼普尔：《城市空间设计——社会—空间过程的调查研
究》，欧阳文、梁海燕、宋树旭译，中国建筑工业出版社 2009 年版。

［英］丹尼斯·麦奎尔、［瑞典］斯文·温德尔：《大众传播模式论》，祝
建华、武伟译，上海译文出版社 1987 年版。

［美］路易·多洛：《个体文化与大众文化》，黄建华译，上海人民出版社
1987 年版。

［德］马克思、恩格斯：《马克思恩格斯选集（第 1 卷）》，人民出版社
1972 年版。

［美］阿历克斯·英克尔斯：《人的现代化——心理·思想·态度·行
为》，殷陆君编译，四川人民出版社 1985 年版。

［美］C. E. 布莱克：《比较现代化》，杨豫、陈祖洲译，上海译文出版社
1996 年版。

罗荣渠：《现代化新论（增订版）》，商务印书馆 2004 年版。

段若鹏、钟声等：《中国现代化进程中的阶层结构变动研究》，人民出版
社 2002 年版。

何传启：《第二次现代化》，高等教育出版社 1999 年版。

路日亮：《现代化理论与中国现代化》，宁夏人民出版社 2007 年版。

王义祥：《发展社会学》，华东师范大学出版社 1995 年版。

［美］丹尼尔·杰·切特罗姆：《传播媒介与美国人的思想——从莫尔斯
到麦克卢汉》，曹静生、黄艾禾译，中国广播电视出版社 1991 年版。

［美］R. E. 帕克等：《城市社会学》，华夏出版社 1987 年版。

［美］李普曼：《舆论学》，华夏出版社 1989 年版。

［美］威尔伯·施拉姆、威廉·波特：《传播学概论》，陈亮、周立方、李

启译，新华出版社 1984 年版。

申凡等：《传播媒介与社会发展：媒介功能理论研究》，人民出版社 2009 年版。

张国良：《新闻媒介与社会》，上海人民出版社 2001 年版。

陆扬、王毅：《大众文化与传媒》，三联书店 2000 年版。

邵培仁：《传播学》，高等教育出版社 2000 年版。

李良荣：《新闻学导论》，高等教育出版社 1999 年版。

[美] 施拉姆：《大众传播媒介与社会发展》，金燕宁译，华夏出版社 1990 年版。

课题组：《新闻事业与中国现代化》，新华出版社 1992 年版。

裘正义：《大众传播与中国乡村发展》，群言出版社 1993 年版。

张国良：《中国发展传播学（九卷本）》，浙江大学出版社 2007 年版。

张国良：《社会转型与媒介生态实证研究》，上海交通大学出版社 2007 年版。

徐晖明：《中国发展传播学（总报告）》，浙江大学出版社 2009 年版。

姚君喜：《社会转型传播学》，上海交通大学出版社 2008 年版。

姚君喜：《甘肃大众传播与社会发展报告（2002—2003）》，甘肃民族出版社 2005 年版。

戴元光、邵培仁、龚炜：《传播学原理与应用》，兰州大学出版社 1988 年版。

[美] 米德：《心灵、自我和社会》，霍桂桓译，译林出版社 2012 年版。

[美] 理查德·韦斯特、林恩·H. 特纳：《传播理论导引：分析与应用（第2版）》，刘海龙译，中国人民大学出版社 2007 年版。

郭庆光：《传播学教程》，中国人民大学出版社 1999 年版。

[美] 沃纳·赛佛林、小詹姆斯·坦卡德：《传播理论：起源、方法与应用》，郭镇之、孟颖等译，华夏出版社 2000 年版。

[美] 格兰·斯帕克斯：《媒介效果研究概论》，何朝阳、王希华译，北京大学出版社 2008 年版。

[美] 洛厄里、德弗勒：《大众传播效果研究的里程碑》，刘海龙译，中国人民大学出版社 2009 年版。

[美] 柯克·约翰逊：《电视与乡村社会变迁》，展明辉、张金玺译，中国

人民大学出版社 2005 年版。

洪晓楠：《当代中国文化哲学研究》，大连出版社 2001 年版。

［美］萨林斯：《甜蜜的悲哀：西方宇宙观的本土人类学探讨》，王铭铭、胡宗泽译，生活·读书·新知三联书店 2000 年版。

强月新、张明新：《转型社会的媒介景观》，武汉大学出版社 2007 年版。

方晓红：《大众传媒与农村》，中华书局 2002 年版。

谢泳才、李红艳：《中国乡村传播学》，知识产权出版社 2005 年版。

李红艳：《乡村传播与农村发展》，中国农业大学出版社 2007 年版。

李红艳：《乡村传播学》，北京大学出版社 2010 年版。

谭英：《中国乡村传播实证研究》，社会科学文献出版社 2007 年版。

郑保卫：《冲突·融合：新闻传播与社会发展》，新华出版社 2006 年版。

陈崇山、孙五三：《人·媒介·现代化》，中国社会科学出版社 1997 年版。

于忠广：《社会转型与对农广播》，中国广播电视出版社 2009 年版。

仇学英：《社会主义新农村发展传播模式论》，中国传媒大学出版社 2011 年版。

郑欣：《对农传播——基于受众的实证分析与对策探讨》，浙江大学出版社 2011 年版。

郭建斌：《独乡电视：大众传媒与少数民族乡村日常生活》，山东人民出版社 2005 年版。

吴飞：《火塘·教堂·电视：一个少数民族社区的社会传播网络研究》，光明日报出版社 2008 年版。

张宇丹：《传播与民族发展》，新华出版社 2000 年版。

崔保国：《媒介变革与社会发展》，南京师范大学出版社 1999 年版。

陈嬿如：《与和谐同行：大众传播与社会发展》，厦门大学出版社 2008 年版。

陈嬿如：《中国市场经济时代的传播战役与民族凝聚力》，厦门大学出版社 2002 年版。

陈嬿如：《心传：传播学理论的新探索》，厦门大学出版社 2010 年版。

［英］丹尼斯·麦奎尔：《麦奎尔大众传播理论（第四版）》，崔保国、李琨译，清华大学出版社 2006 年版。

［加］哈罗德·英尼斯：《帝国与传播》，何道宽译，中国人民大学出版社
　　2003 年版。

［加］哈罗德·英尼斯：《传播的偏向》，何道宽译，中国人民大学出版社
　　2003 年版。

［加］马歇尔·麦克卢汉：《理解媒介——论人的延伸》，何道宽译，商务
　　印书馆 2009 年版。

［加］埃里克·麦克卢汉、弗兰克·秦格龙：《麦克卢汉精粹》，何道宽
　　译，南京大学出版社 2000 年版。

［美］约书亚·梅洛维茨：《消失的地域：电子媒介对社会行为的影响》，
　　肖志军译，清华大学出版社 2002 年版。

孙聚成：《信息力——新闻传播与国家发展》，人民出版社 2006 年版。

郭建斌：《文化适应与传播》，云南大学出版社 2007 年版。

［美］詹姆斯·W. 凯瑞：《作为文化的传播》，丁未译，华夏出版社 2005
　　年版。

［德］哈贝马斯：《交往行为理论（1—2 卷）》，张博树译，重庆出版社
　　1994 年版。

［德］哈贝马斯：《交往与社会进化》，张博树译，重庆出版社 1989 年版。

［德］哈贝马斯：《公共领域的结构转型》，曹卫东译，学林出版社 1999
　　年版。

许正林：《欧洲传播思想史》，三联书店 2005 年版。

李友梅：《快速城市化过程中的乡土文化转型》，上海人民出版社 2007
　　年版。

戴元光：《传播学研究理论与方法》，复旦大学出版社 2003 年版。

李彬：《传播学引论（增补版）》，新华出版社 2003 年版。

南国农、李运林：《教育传播学》，高等教育出版社 1995 年版。

柯惠新、王锡苓：《传播研究方法》，中国传媒大学出版社 2010 年版。

陈向明：《质的研究方法与社会科学研究》，社会科学出版社 1999 年版。

风笑天：《社会学研究方法》，中国人民大学出版社 2001 年版。

王伯昂：《乡土教材研究》，商务印书馆 1948 年版。

［英］泰勒：《原始文化》，上海文艺出版社 1992 年版。

［美］戴安娜·克兰：《文化社会学》，王小章、郑震译，南京大学出版社

2006 年版。

张岱年、方克立：《中国文化概论》，北京师范大学出版社 1994 年版。

朱增朴：《文化传播论》，中国广播电视出版社 1993 年版。

阎云翔：《礼物的流动》，李放春、刘瑜译，上海人民出版社 2000 年版。

［英］尼克·史蒂文森：《认识媒介文化》，王文斌译，商务印书馆 2001
年版。

冯连惠、孙震、杨乔等：《精神文明辞书（续编）》，人民中国出版社
1995 年版。

吴飞、王学成：《传媒·文化·社会》，山东人民出版社 2006 年版。

刘守华、白庚胜：《中国民间文艺学年鉴 2005 年卷》，华中师范大学出版
社 2007 年版。

［德］马克斯·韦伯：《经济与社会（上下卷）》，林荣远译，商务印书馆
1997 年版。

尹保云：《什么是现代化——概念与范式的探讨》，人民出版社 2001 年版。

［法］佩鲁：《新发展观》，张宁等译，华夏出版社 1987 年版。

［德］乌尔里希·贝克：《风险社会》，何博闻译，译林出版社 2003 年版。

王铭铭、潘忠党：《象征与社会：中国民间文化的探讨》，天津人民出版
社 1997 年版。

［美］威廉·A. 哈维兰：《当代人类学》，王铭铭译，上海人民出版社
1987 年版。

王毅：《中国民间艺术论》，山西教育出版社 2000 年版。

唐家路：《民间艺术的文化生态论》，清华大学出版社 2006 年版。

宋贵生：《当代民族艺术之路——传承与超越》，人民出版社 2007 年版。

［英］马雷特：《心理学与民俗学》，张颖凡、汪宁红译，山东人民出版社
1988 年版。

王海霞：《透视：中国民俗文化中的民间艺术》，太白文艺出版社 2006
年版。

［美］威廉·费尔丁·奥格本：《社会变迁——关于文化和先天的本质》，
王晓毅、陈育国译，浙江人民出版社 1989 年版。

［意］葛兰西：《实践哲学》，徐崇温译，重庆出版社 1993 年版。

［意］保罗·巴尼奥利：《狱中来信》与《狱中札记》，［意］萨尔沃·马

斯泰罗内：《一个未完成的政治思索：葛兰西的〈狱中札记〉》，黄华光等译，社会科学文献出版社 2000 年版。

［意］安东尼奥·葛兰西：《狱中札记》，曹雷雨、姜丽等译，中国社会科学出版社 2000 年版。

［美］爱德华·霍尔：《沉默的语言》，刘建荣译，上海人民出版社 1991 年版。

毛泽东：《毛泽东选集》第 2 卷，人民出版社 1952 年版。

吴予敏：《无形的网络——从传播学的角度看中国的传统文化》，中国国际文化出版公司 1988 年版。

［美］斯蒂芬·李特约翰：《人类传播理论（第 9 版）》，史安斌译，清华大学出版社 2009 年版。

［法］居伊·德波：《景观社会》，王昭风译，南京大学出版社 2006 年版。

［美］道格拉斯·凯尔纳：《媒介奇观：当代美国社会文化透视》，史安斌译，清华大学出版社 2003 年版。

［美］道格拉斯·凯尔纳：《媒体文化——介于现代与后现代之间的文化研究、认同性与政治》，丁宁译，商务印书馆 2004 年版。

朱恒夫：《中国文化史教程（修订本）》，江苏教育出版社 2004 年版。

通渭县志编纂委员会：《通渭县志》，兰州大学出版社 2010 年版。

郑红伟：《通渭人家》，中国文联出版社 2004 年版。

中共通渭县委宣传部主管，强盛主编：《书画之乡掠影》，内部资料，1993 年。

陈维山：《通渭史话》，甘肃文化出版社 2008 年版。

通渭县喜龙山庙管会：《喜龙山庙志》，内部资料。

通渭县文化馆：《国家级非物质文化遗产名录项目申报书——传统戏剧》（通渭小曲戏），内部资料，2007 年。

通渭县书画院：《通渭县书画事业发展情况》，内部资料，2013 年 8 月。

通渭县书画院：《通渭县 2010—2015 年书画产业发展规划》，内部资料，2010 年 4 月。

潘守宽：《通渭小曲锦集》，甘肃人民出版社 2009 年版。

王赟：《通渭小曲选》，通渭县第一中学校本教材，内部资料，2012 年。

中文论文类

费孝通、方李莉：《关于西部人文资源研究的对话》，《民族艺术》2001年第1期。

陈嬿如：《转型时期中国传媒社会功能界定》，载郑保卫《冲突·融合：新闻传播与社会发展》，新华出版社2006年版。

陈嬿如：《建设有中国特色的发展传播学》，《新闻春秋》，厦门大学出版社2004年版。

张学洪：《我国农村新闻传播现状研究》，陈崇山、弭秀玲：《中国传播效果透视》，沈阳出版社1989年版。

职茵：《"大唐西市论坛"开讲：冯骥才谈及"非遗"保护——不能只有GDP，还应该有DNA》，《西安晚报》2008年10月30日，第4版。

骆尚木：《"乡土文化教育"的"柯岩实验"》，《绍兴日报》2011年12月2日，第7版。

赵健杰：《土地关联：家园依托与社会保障——新型工资劳动者角色规定及价值选择的基本条件》，《中国工运学院学报》2000年第4期。

许海：《"资本积累"与转型社会中的媒介功能》，《江淮论坛》2011年第1期。

祝建华：《上海郊区农村传播网络的调查分析》，《复旦学报》（社会科学版）1984年第6期。

胡正娥、赵建华：《复旦大学文化与传播研究中心和美国东西方中心文化传播研究所联合举办中国城乡文化观念变革国际讨论会》，《新闻大学》1988年第4期。

段京肃、段雪雯：《乡村媒介、媒介乡村和社会发展——关于大众传播媒介与中国乡村的几个概念的理解》，《现代传播》2010年第8期。

段京肃：《"信息断裂"与弱势群体的边缘化（上）（下）》，《淮海工学院学报》（社会科学版），2006、2007年。

丁未、张国良：《网络传播中的知沟现象》，《现代传播》2001年第6期。

申凡：《论民间传播及其对中华文化的影响》，《华中理工大学学报》（社会科学版）1996年第1期。

马威：《民间构建"新民族主义文化"之路——人类学视角下的民族文化传播》，《国际新闻界》2008年第9期。

高小康：《非物质文化遗产与乡土文化》，《人文杂志》2010 年第 5 期。

孙庆忠：《离土中国与乡村文化的处境》，《江海学刊》2009 年第 4 期。

吕新雨：《戏剧传统在大众传媒时代的命运》，《安徽大学学报》（哲学社
   会科学版）2000 年第 5 期。

龙海清：《全球化时代民间文化的困境与抢救保护策略》，《理论与创作》
   2003 年第 4 期。

吴晓：《媒介化时代民间艺术的文化转型》，《毕节学院学报》2011 年第
   2 期。

解松：《乡村文化建设与社会主义新农村建设——兼谈苏南地区乡村文化
   建设》，《江南社会学院学报》2007 年第 3 期。

周福岩：《民间传承与大众传播》，《民俗研究》1998 年第 3 期。

黄灿：《媒介技术与中国民间文化的复兴》，《现代传播》2009 年第 5 期。

王洪：《新媒介语境中"民间文化"的再现与传播》，《大连理工大学学
   报》（社会科学版）2011 年第 3 期。

梅雨恬：《民间审美空间的断裂与追寻》，《大众文艺》2008 年第 10 期。

孙珉：《民艺传播论》，《设计艺术》2003 年第 1 期。

陈再红：《试论电视媒介与民间文化的相融与共生》，《北京青年政治学院
   学报》2009 年第 4 期。

徐红：《试析乡村仪式传播对乡土社会维系的作用》，《新闻世界》2011
   年第 10 期。

李岗、郑馥璇：《四川民间传说传播模式初探》，《西南交通大学学报》
   （社会科学版）2009 年第 1 期。

倪姗：《乡村文化与现代化的乡村建设》，《闽江学院学报》2008 年第
   3 期。

贾焕银：《乡土社会现代化及其现代性问题简析》，《理论观察》2006 年
   第 2 期。

黄文彩：《乡土文化的"断裂"及其合理走向》，《柳州师专学报》2009
   年第 3 期。

高晶：《以人为本的民族民间艺术电视传播理念》，《中国音乐》2007 年
   第 2 期。

陈向明：《社会科学中的定性研究方法》，《中国社会科学》1996 年第

6 期。

阮艳萍：《数字传承人：一类遗产表述与生产的新型主体》，《西南民族大学学报》（人文社会科学版）2011 年第 2 期。

阮艳萍：《媒介即是遗产——数字媒介对文化遗产传承与表述影响初探》，《理论月刊》2011 年第 11 期。

彭兰：《媒介融合方向下的四个关键变革》，《青年记者》2009 年第 6 期。

刘小帅、张世福：《3G 时代：传媒价值链的重构》，《网络传播》2009 年第 7 期。

［美］J. 希利斯·米勒：《论全球化对文学研究的影响》，郭英剑编译，《当代外国文学》1998 年第 1 期。

［英］斯图亚特·霍尔：《编码，解码》，罗钢、刘象愚编：《文化研究读本》，中国社会科学出版社 2000 年版。

陈雯：《当前乡村文化建设困境审思》，《中共福建省委党校学报》2009 年第 5 期。

单波：《跨文化传播的基本理论命题》，《华中师范大学学报》（人文社会科学版）2011 年第 1 期。

武汉大学新闻传播研究所：《"传媒文化研究"笔谈》，《武汉大学学报》（人文科学版）2005 年第 4 期。

通渭县文化出版局主办：《通渭文化》，2010—2012 年。

定西市美术馆、定西市画院主办：《陇中景象》，2011 年第 1 期：创刊号。

原明明：《电视对乡村生活方式变迁的影响研究》，硕士学位论文，西北师范大学，2009 年。

何华湘：《非物质文化遗产的传播研究——以女书为例》，博士学位论文，华东师范大学，2010 年。

夏宁博：《非物质文化遗产的传承途径探究》，硕士学位论文，云南艺术学院，2011 年。

常君睿：《教育主导的乡土艺术文化变迁——通渭书画热的社会成因研究》，博士学位论文，西南大学，2008 年。

李春霞：《多维的民艺传播》，硕士学位论文，南京艺术学院，2007 年。

魏瑶：《民间皮影艺术与现代传播技术融合研究》，硕士学位论文，华东师范大学，2010 年。

周军:《中国现代化进程中乡村文化的变迁及其建构问题研究》,博士学位论文,吉林大学,2010年。

孙珉:《民艺传播四论》,硕士学位论文,东南大学,2004年。

曹丽君:《通渭小曲调查研究》,硕士学位论文,西北师范大学,2008年。

黄波:《文化认同与社会网络:转型期民间艺术的发展路径》,博士学位论文,上海大学,2008年。

于影丽:《社会转型期乡村文化传承与发展研究》,博士学位论文,西北师范大学,2009年。

董天策:《消费时代的中国传媒文化研究》,博士学位论文,四川大学,2006年。

张艳红:《论河南地方戏曲的繁荣与发展——来自"梨园春现象"的思考》,硕士学位论文,河南大学,2007年。

王志华:《河南卫视〈梨园春〉的栏目特色研究》,硕士学位论文,河北大学,2010年。

英文文献

Harold D. Lasswell, "The Structure and Function of Communication in Society", in Lyman Bryson (ed.) *The Communication of Ideas: A Series of Addresses*, New York: Harper Collins, 1949, pp. 37 – 51.

Wright, C. R., "Functional Analysis and Mass Communication", *Public Opinion Quarterly*, Vol. 24, No. 4, 1960, pp. 605 – 620.

Lazarsfeld & Merton, "Mass Communication, Popular Taste and Organized Social Action", in Lyman Bryson (ed.) *The Communication of Ideas: A Series of Addresses*, New York: Harper Collins, 1949, pp. 95 – 118.

Pye. L. W., *Communications and Political Development*, Princeton: Princeton University Press, 1963.

Schramm, W., *Mass Media and National Development: The Role of Information in the Developing Countries*, Stanford: Stanford University Press, 1964.

Lerner, D., *The Passing of Traditional Society: Modernizing the Middle East*, Glencoe, Ill.: Free Press, 1958.

Everett M. Rogers, *Diffusion of Innovations* (5th Edition), New York: Free

Press, August 2003.

Everett M. Rogers & Lynne Svenning, *Modernization among Peasants: The Impact of Communication*. New York: Holt – Rinehart & Winston, 1969.

Everett M. Rogers, "Communication in Development", *The Annals of the American Academy of Political and Social Science*, *The Information Revolution*, Vol. 412, March 1974, pp. 44 – 54.

M. Tahranian, "Communication and Development", in David J. Crowley & David Mitchell (ed.), *Communication Theory Today*, Stanford: Stanford University Press, 1994, pp. 275 – 307.

A. A. Alemna, Joel Sam, "Critical Issues in Information and Communication Technologies for Rural Development in Ghana", *Information Development*, Vol. 22, No. 4, November, 2006, pp. 236 – 241.

Vanek. J, Jarolímek. J, Vogeltanzová. T., "Information and Communication Technologies for Regional Development in the Czech Republic – Broadband Connectivity in Rural Areas", *AGRIS On – line Papers in Economics and Informatics*, Vol. 3, No. 4, 2011, pp. 67 – 76.

Siriginidi Subba Rao, "Role of ICTs in India's Rural Community Information Systems", *The Journal of Policy*, *Regulation and Strategy for Telecommunications*, *Information and Media*, Vol. 6, No. 4, 2004, pp. 261 – 269.

Mashinini, M. J, "Challenges of ICT Policy for Rural Communities: A Case Study from South Africa, 2008", in IFIP *International Federation for Information Processing*, Vol. 282, *Social Dimensions of Information and Communication Technology Policy*, Chrisanthi Avgerou, Matthew L. Smith, Peter van den Besselaar (Boston: Springer), pp. 125 – 137.

Wolfe. Arnold S, Loy. Mike, Chidester. Phil, "Mass Communication and Identity Construction: Theory and a Case Study of Song – Recordings by a Popular Musician", *Journalism and Communication Monographs*, Vol. 11, No. 1, Spring 2009, pp. 67 – 113.

LI Junjie, ZHU Konglai, WANG Xiang, "A Study of Cultural Soft Power under the Construction of New Rural Areas", *Cross – Cultural Communication*, Vol. 8, No. 1, 2012, pp. 52 – 55.

Alan J. De Young, "Constructing and Staffing the Cultural Bridge: The School as Change Agent in Rural Appalachia", *Anthropology & Education Quarterly*, Vol. 26, No. 2, Jun 1995, pp. 168 - 192.

Redfield Robert, *Peasant Society and Culture*, Chicago: University of Chicago Press, 1956.

后　记

　　中国社会迄今已历经了三十余年的快速现代化，取得了举世瞩目的经济和物质建设成就。在社会急剧转型过程中，产生于乡土社会的诸多乡土文化形式的发展也面临着新的挑战与困境。新型语境中，如何实现乡土文化的留存与发展，使其在新时期焕发新的生机，助力精神文化建设，这是很多学者在努力思考和探索的具有巨大现实价值的论题。本书主要围绕乡土文化的现代化生存议题展开相关问题的探索和思考，力图从现代化和传播学角度来探讨乡土文化的发展困境和涅槃重生的可能路径。

　　在完成本书主体实证材料的采集过程中，我有幸深入乡土社会实践的一线，目睹了以戏曲为代表的乡土文化的现实留存状况，对乡土文化在现代化语境中的逐渐消逝深感担忧，对乡土社会精神文化生活的贫瘠感到痛心，对乡土文化现代化转型和发展的迫切性有了更深的认识。在田野调查过程中，我对乡土文化实践进行了参与或非参与式观察，还对活跃于乡土文化实践中的各类人群进行了深入访谈。印象最为深刻的、触动最为强烈的莫过于在甘肃省通渭县魏家庙等庙会进行的实地调研。庙会原本是多种乡土艺术形式并存和相互依托呈现的重要场所，它既是传统戏曲的展演场，也是各种非物质文化遗产的留存之地。每逢各庙大神圣诞之日，庙里常会举行戏曲表演活动（俗称"唱大戏"）。作为一名研究者，自然也不会放过近距离观察这一重要文化盛宴的机会。调研期间，心头不由自主地萦绕起前所未有的对传统戏曲发展前景的担忧。偌大的戏场，人头攒动，熙熙攘攘，但看戏的人大多数是中老年人，青年人寥寥无几，其中有且仅有的若干位也大都是在戏场内外卖点小吃、饮料，做点小生意。这个现象看起来无关文化发展的大局，但仔细想来，未必如此。一般来说，一种文化，只有流转于传播过程，才是真正有活力的、真正有生命力和有发展前途的。乡土文化如若不能吸引青年人，意味着乡土文化未来传播链条的断裂，这是一种致命的危机。

学界在关注传统文化发展议题的时候，衍生出了"非物质文化遗产"这一概念，而且以此为关键词产生了大量的从国家到地方的科研项目，与之相关的一大批论文也如雨后春笋般破土而出。把文化当作"遗产"来看，虽然表示了我们对祖宗文化的珍视，但同样说明祖宗文化已经到了需要在博物馆进行展示和保存的地步，这对一个以文化和文明为傲的民族来说，是一件不幸的事情。文化传播学者爱德华·霍尔曾说"文化是传播，传播是文化"。霍尔强调了文化与传播之间"同质同构"的强烈关系。任何文化，离开了传播的链条，就失去了活力，成为僵的、死的、遗产的文化。庙会戏场里没有了青年的身影，原因很多，很复杂。有人说年轻人要工作，要奔波，要挣钱，所以没时间去戏场；也有人说戏曲缺乏吸引力，不对青年人的味儿。原因是多样的，但表象和结果只有一个：乡土戏曲遭遇现实冷落。作为乡土戏曲生存和发展的关键，文化信息的流传还得依靠社会成员的集体兴趣和群体参与，但显而易见的是，乡土文化的接受群体在现代化语境中断层了。那么，一个非常拷问学界的终极问题就来了：乡土文化要如何做，才能回归我们的生活？

近年来，对乡土文化的保护，从国家到地方各个层面均出台了一系列的扶持政策，力图以国家之力鼎力文化发展，在此背景下，非物质文化遗产保护项目也在全国铺展开来。2015 年 7 月 17 日，国务院办公厅还专门发布了《关于支持戏曲传承发展若干政策的通知》，其中提出要培育有利于戏曲活起来、传下去、出精品、出名家的良好环境，形成全社会重视戏曲、关心支持戏曲艺术发展的生动局面。国家的意图是好的，但在扶持发展过程中也暴露出了诸多以政策推动文化发展而出现的生涩和不适应，各地文化相关部门为了报项目、申资金、搞政绩也多有急功近利之举。有国家扶持甚好，但说到底，乡土文化的根还需要扎在民间的土壤中，让"罗马的归罗马，凯撒的归凯撒"，乡土文化才能"传下去"，并真正"活起来"。

乡土文化产生于我国历史悠久的农耕文明之中，费孝通先生说它带有天然的"土"气，但随着中国社会急剧现代化转型，孕育乡土文化的土壤发生了翻天覆地的变化。人们在拷问现代化的多宗罪时，也不得不思索乡土社会的文化走向问题。学界对于现代化和现代性的热讨，依然在继续。但刨根问底什么是现代化，其实对当下的中国而言，答案很简单，就是全面"工业化"。中国社会的全面工业化，在注重物质发展成就和唯GDP论的今天，显得尤为重要，影响也尤为深远。那么，在全面工业化过程中，乡土文化的生存发展问题就产生了。植根于农耕文明中，具有天然"土"气的乡土文化，在机器与工厂的轰鸣声中显得那么格格不入。我想，这是造成乡土文化在当代语境中逐渐式微的根本原因。

现代化是中国社会的一股洪流，不可阻挡。那么，乡土文化的发展又该如何汇入这股滚滚洪流中呢？笔者认为，让乡土文化"活起来、传下去"的根本解决路径还得从文化传播的链条着手。有人曾调侃传统曲艺，说"他大舅他二舅都是他舅，高桌子低板凳都是木头"的唱词千年不变，难怪他"外甥"不喜欢了。乡土文化不吸引人，尤其不吸引青年人，说明它从传播内容，到传播形式，到传播途径，再到传播效果已不能满足现代人的审美需求。在此情况下，必须实现自我创新，才是现代化生存和自我救赎的基本路径。历史长河中，任何保守的、落后的、迟滞的文化发展策略都是注定要失败的。此外，还要注重人际传播。乡土文化的传承和传播，非常依赖人际传播。传统的文化传承主要通过师徒之间的"传、帮、带"形式进行，文化信息的传播也是在人们的日常生活和交往中发生。不论是专业传承，还是日常的传播，都是以"人"为纽带进行的。因此，乡土文化要扎根现代社会，就要培养具备足够文化兴趣和审美能力的群体，这样才能变"遗产"为"活"的文化，使其徜徉流淌于人们的生活实践中，实现"活起来、传下去"的终极目的。

2014年，中国GDP首次突破10万亿美元大关，成为继美国之后第二个"10万亿美元俱乐部"成员。截至2016年，仍稳居世界GDP排名第二，是第三名日本的3倍多。应当说，中国改革开放后物质建设成绩斐然，造就了巨大的经济体量。但中国要在世界之林成为强国，除了经济和物质体量，还得具备强大的软实力，而民族文化是提升软实力可资依靠的宝藏之一，它是保持民族独立、维系身份认同、凝聚士气的精神法宝，也是抵御文化入侵、捍卫文化主权的利器。从此意义上来说，乡土文化的涅槃式再造与发展，具有一定战略意义。因此，本书立足田野，希望能以小见大、见微知著，就此议题进行探讨。

　　本书写作得到了恩师厦门大学陈嬿如教授的悉心指导，她对我国，尤其是西部欠发达地区的社会与文化发展议题极为关切。受恩师影响，作为任教于西部高校的一名青年后学，同样将目光投射于西部社会与文化发展议题上，希望能栖身学术领域，对西部社会发展尽一丝绵薄之力。同时，本书的出版得到了西北大学新闻传播学院和中国西部传媒与社会发展研究院各位领导、各位专家和同仁的鼎力支持，一并表示感谢。

　　谨以此书献给我爱的和爱我的父母、妻王亚娟、儿姜来及所有与我有缘之人。

姜鹏于西北大学

2016 年 11 月 16 日